O LADO POSITIVO

Actual Editora
Conjuntura Actual Editora, S.A.
Rua Luciano Cordeiro, n.º 123 - 1.º Esq.
1069-157 Lisboa
Portugal

Tel.: (+351) 21 3190243
Fax: (+351) 21 3190249

www.actualeditora.com

A member of BPR
www.businesspublishersroundtable.com

Título original: *The Upside:*
The 7 Strategies for Turning Big Threats into Growth Breakthroughs.

Copyright: © 2007 Oliver Wyman
This translation is published by arrangement with Crown Business,
an imprint of Random House, Inc.

Edição: Actual Editora – Maio 2011
Todos os direitos para a publicação desta obra em Portugal reservados
por Conjuntura Actual Editora, S.A.

Tradução: Miguel Menezes
Revisão: Luís Abel Ferreira
Design da capa: FBA
Paginação: MJA
Impressão: Papelmunde

Depósito legal: 328997/11

Biblioteca Nacional de Portugal – Catalogação na Publicação

SLYWOTZKY, Adrian J., e outro

O lado positivo : estratégias para transformar ameaças em
oportunidades / Adrian J. Slywotzky, Karl Weber

ISBN: 978-989-694-014-0

CDU 338

Nenhuma parte deste livro pode ser utilizada ou reproduzida, no todo ou em parte, por qualquer processo mecânico, fotográfico, electrónico ou de gravação, ou qualquer outra forma copiada, para uso público ou privado (além do uso legal como breve citação em artigos e críticas) sem autorização prévia, por escrito, da Actual Editora.

Este livro não pode ser emprestado, revendido, alugado ou estar disponível em qualquer forma comercial que não seja o seu actual formato sem o consentimento da editora.

Vendas especiais:
Os livros da Actual Editora estão disponíveis com desconto para compras de maior volume por parte de empresas, associações, universidades e outras entidades interessadas. Edições especiais, incluindo capa personalizada, podem ser-nos encomendadas. Para mais informações, entre em contacto connosco.

ESTRATÉGIAS PARA TRANSFORMAR
AMEAÇAS EM OPORTUNIDADES

O LADO POSITIVO

ADRIAN SLYWOTZKY
KARL WEBER

Índice

INTRODUÇÃO: DO RISCO À OPORTUNIDADE 11
  Risco Estratégico: Assassino de Modelos de Negócio 14
  Antecipação: Reconhecer o ponto focal do risco 20
  Proteger o seu modelo de negócio 23
  Transformar o risco em oportunidade 28
  O *upside* da reversão do risco é frequentemente dez vezes maior do que o *downside* 29

CAPÍTULO UM: ALTERAR A PROBABILIDADE 33
  A Toyota melhora a probabilidade do Prius 36
  As medidas da Toyota para alterar a probabilidade de sucesso 49
  Apple e o iPod 49
  As medidas da Apple para alterar a probabilidade de sucesso 55
  Prius, Acto II: O modelo de negócio é tudo 56
  Outras medidas adicionais da Toyota para melhorar a probabilidade de sucesso 62
  iPod, Acto II 62
  Outras medidas adicionais da Apple para melhorar a probabilidade de sucesso 65
  Mars Pathfinder Alterar a probabilidade de sucesso com pouco dinheiro 65
  Redução dos riscos (*de-risk*) do seu negócio 69

CAPÍTULO DOIS: PORQUE NOS SURPREENDEM OS CLIENTES? .. 73
   O dom de saber 5% mais 74
   Conhecimento Intensivo 75
   Superar o risco de cliente no mercado da moda de luxo: Coach ... 77
   As medidas de redução dos riscos (*de-risking*) da Coach 93
   Comover os clientes uma e outra vez: Tsutaya 93
   De 5% mais para 1000% mais 101
   As medidas de redução dos riscos (*de-risking*) da Tsutaya 109
   Conhecimento Intensivo na área do B2B 111
   Reduza os riscos (*de-risk*) do seu negócio 114

CAPÍTULO TRÊS: A ENCRUZILHADA NO PERCURSO 117
   História artificial 119
   História artificial como uma ferramenta para gerir risco 121
   A dupla aposta e as lições da história 123
   Mais história artificial: Netflix *versus* Blockbuster 129
   Porque é que nem todos fazem duplas apostas? 134
   Perfis de coragem 140
   Reduza os riscos (*de-risk*) do seu negócio 141

CAPÍTULO QUATRO: IMBATÍVEL 143
   Conhecer o concorrente único 145
   Jogar um jogo diferente 147
   Detectar as ameaças no horizonte 158
   Alterar a equação 161
   As medidas de redução dos riscos (*de-risking*) da Target 161
   Um jogo completamente novo: Mike Leach altera o campo de jogo . 162
   Reduza os riscos (*de-risk*) do seu negócio 164

CAPÍTULO CINCO: FORTE, ORGULHOSO E VULNERÁVEL 165
   Erosão da Marca: a história da Sony 167
   A Ford nas manchetes 170
   As marcas de hoje: mais valiosas do que nunca 171
   Superar o risco da marca: O triângulo dourado 173
   Samsung: Investir na marca investindo no modelo de negócio 176
   A arte da estratificação da marca na Samsung e em outros lugares . 181
   As medidas de redução dos riscos (*de-risking*) da Samsung 186
   Investimento na marca em todos os três vértices do triângulo 186
   Solucionar (e resolver) o quebra-cabeças do investimento na marca 191
   Reduza os riscos (*de-risk*) do seu negócio 192

ÍNDICE

CAPÍTULO SEIS: QUANDO NINGUÉM GANHA DINHEIRO 195
    O catalisador externo: Steve Jobs incentiva a colaboração no negócio
        da música 198
    Poupe dinheiro e depois reinvista para criar novo valor 204
    Medidas pró-activas 207
    Demasiado pouco, demasiado tarde 209
    Melhorar a relação competir/colaborar 210
    Ultrapassar a objecção dos «Inimigos Mortais» 213
    O paradoxo da concorrência 215
    Reduza os riscos (*de-risk*) do seu negócio 216
    História artificial: Os fabricantes de automóveis passam a colaborar 217

CAPÍTULO SETE: QUANDO O SEU NEGÓCIO PÁRA DE CRESCER . 223
    A Síndrome de Sísifo 224
    Little box / big box: Inovação da procura 225
    Continental AG: A inovação da procura capta mais do automóvel 226
    Air Liquide: Expandir a oferta aos clientes de artigos comoditizados
        a serviços únicos 228
    Procter & Gamble: Dominar a antropologia da procura 230
    A próxima grande ideia 238
    Reduza os riscos (*de-risk*) do seu negócio 247

CAPÍTULO OITO: ILHA DO TESOURO 249
    Escrever a sua história de risco 251
    O problema da perspectiva 255
    Desenvolver um sistema de gestão do risco estratégico 256
    Promover a atitude e as aptidões para a gestão dos riscos 263
    Três disciplinas 265
    Gestão sem surpresas 276
    O *upside* do risco 277

REVERTER O RISCO ESTRATÉGICO 281

NOTAS 287

AGRADECIMENTOS 307

Introdução

Do risco à oportunidade

Um importante local histórico no centro-sul da Pensilvânia providencia uma visão vívida sobre a forma como o risco pode ser transformado numa oportunidade muito importante. É uma colina chamada de Little Round Top e é, na verdade, o local onde a nação que conhecemos como os Estados Unidos da América pode ter estado mais próxima da sua extinção definitiva.

Nos últimos dias de Junho, 1863, os exércitos Confederados alcançaram a maior penetração no Norte durante a Guerra Civil. Eles preparavam-se para enfrentar as forças da União perto de uma cidade da Pensilvânia chamada de Gettysburg. Se os exércitos de Robert E. Lee conseguissem desferir um golpe rude, o moral do Norte, já abalado, poderia bem ruir. Jefferson Davis, o Presidente da Confederação, tinha até preparado uma proposta de conversações para a paz a ser entregue a Abraham Lincoln no caso de o Sul vencer a batalha de Gettysburg.

Cerca das quatro da tarde do dia 2 de Julho, 1863 – o segundo dia de combate em Gettysburg – o tenente confederado James Longstreet iniciou um ataque com a intenção de fazer recuar o flanco esquerdo da União, dirigindo-se directamente para leste na direcção de uma colina pouco defendida, conhecida como Little Round Top. Se o exército rebelde conseguisse tomar Little Round Top, este poderia contornar as linhas da União e ameaçar o exército vindo por trás e por cima. O Sul poderia então cortar as linhas de abastecimento do Norte e alcançar a vitória que Lee procurava e, talvez, ganhar a guerra ali mesmo.

Ao coronel Joshua Lawrence Chamberlain, que comandava o 20.º regimento do Maine, foi-lhe ordenado que defendesse o flanco extremo esquerdo para o Exército do Potomac a todo o custo.

Chamberlain era uma personagem improvável a quem seria confiada a esperança de sobrevivência do exército da União. Ele era um professor de religião, retórica e línguas no Bowdoin College no Estado do Maine, com 33 anos de idade, cujo conhecimento sobre tácticas militares derivava exclusivamente das suas leituras dos clássicos Gregos e Romanos. Sendo contra a escravatura e estando fortemente empenhado com a causa da União, Chamberlain tinha deixado para trás a sua mulher e as suas duas crianças pequenas para se juntar ao 20.º regimento do Maine, e tinha alcançado o grau de coronel graças às suas competências inatas de liderança e à escassez de oficiais treinados. Agora, ele e os seus 385 homens esperavam na encosta de Little Round Top pelo assalto da Confederação.

O ataque teve início cerca das quatro da tarde. Apesar de ter perdido muitos homens, o 20.º do Maine aguentou-se firme contra cinco ataques dos regimentos Confederados. As tropas do Norte, exaustas, recuavam à medida que o seu número diminuía devido ao fogo de mosquetes do Sul, mas após cada assalto eles retomavam, dolorosamente, as posições. «Como é que os homens aguentaram, cada um lá saberá», diria Chamberlain mais tarde, mas «eu não.»

Enquanto o Sul se preparava para um último e, provavelmente, decisivo ataque, Chamberlain olhou à sua volta. Mais de um terço dos seus homens tinha morrido. Os restantes estavam sem munições, tendo esgotado as seis rodadas que lhes tinham sido distribuídas. Outro ataque Confederado simplesmente não podia ser repelido. Foi o momento de risco máximo para o 20.º do Maine, para o exército do Potomac e, talvez, para toda a causa da União.

Percebendo que confiar uma vez mais nas tácticas defensivas seria aceitar a derrota inevitável, Chamberlain tomou uma decisão audaz. Ordenou aos homens do seu flanco esquerdo, que tinham recuado, que colocassem as baionetas e se preparassem para avançar. Assim que ficaram em linha com o restante regimento, todo o grupo, de cerca de 200 sobreviventes exaustos, atacou, balançando-se para a frente contra

Introdução

Ele vislumbrou a oportunidade escondida no momento de maior perigo. Coronel Joshua Lawrence Chamberlain, cuja estratégia ousada de reversão do risco salvou os exércitos da União em Gettysburg.

as forças Confederadas como um portão que se fecha com força. Ao mesmo tempo, os atiradores da 2.ª Companhia dos EUA, que tinham sido colocados por Chamberlain atrás de uma parede de pedra a cerca de 150 metros para leste, ergueram-se em uníssono e dispararam uma rajada contra as fileiras do Sul.

Este assalto inesperado, de duas pontas, apanhou os Sulistas, exaustos, desprevenidos. Surpreendidos com a vaga azul dirigindo-se para eles em enxame, os Sulistas viraram as costas e «fugiram como uma manada de gado bravo.»

Os homens de Chamberlain capturaram o dobro de prisioneiros Confederados do que o seu próprio número. A tentativa da Confederação de flanquear o exército da União tinha fracassado, e com ela a melhor esperança de Lee ganhar uma batalha decisiva em território do Norte. Após outro dia de combates, o exército de Lee bateu em retirada para sul, na tarde do dia 4 de Julho. Nunca mais seria possível arquitectar um ataque tão massivo à União.

Vinte meses depois, no Tribunal de Appomattox na Virgínia, Lee e os seus homens foram forçados a render-se ao exército da União liderado por Ulysses S. Grant. Em reconhecimento da liderança decisiva de Chamberlain em Gettysburg, Grant atribuiu ao 20.º do Maine um papel especial na cerimónia. À medida que os Sulistas marchavam na rua para entregarem as suas armas e bandeiras, Chamberlain, por sua própria iniciativa, ordenou aos seus homens que estivessem em sentido e «apresentassem armas» como um sinal de respeito – um gesto magnânimo muito admirado pelos soldados exaustos pela guerra de ambos os lados.

Trinta anos mais tarde, a Medalha de Honra do Congresso foi atribuída a Joshua Chamberlain – nessa altura presidente do Bowdoin College e governador por quatro vezes do Estado do Maine.

RISCO ESTRATÉGICO: ASSASSINO DE MODELOS DE NEGÓCIO

A lição de Little Round Top é simples mas vitalmente importante: o momento de risco máximo é também o momento de oportunidade máxima.

O objectivo deste livro é mostrar-lhe como pode reconhecer tais momentos de risco, antecipá-los e preparar-se para os transformar, tornando real o potencial de *upside* ([1]) escondido no risco de *downside*.

Estes momentos estão a tornar-se mais frequentes e óbvios nos negócios. O risco, uma realidade perene dos negócios, está a crescer em intensidade neste primeiros anos do século XXI.

> *O momento de risco máximo é também o momento de oportunidade máxima.*

Existe uma série de evidências estatísticas para a expansão do risco nos anos próximos. A Standard & Poors (S&P) atribui notações de risco a mais de 4000 empresas transaccionadas publicamente todos os anos. Tal como a Figura 1 ilustra, em meados dos anos 80, mais de 30% das acções S&P tinham uma notação de categoria A (qualidade elevada, risco baixo). A meio dos anos 2000, esse

---

([1]) N.T. Optou-se por manter os termos originais do autor. Os impactos do risco podem ser: positivos ou vantajosos (*upside*); negativos ou desvantajosos (*downside*).

número caiu para 14%. Durante o mesmo período, as acções com uma notação de categoria C (qualidade baixa, risco elevado) aumentaram de 12% do total para 30% – um entrecruzamento tremendo em menos de duas décadas. O nível de risco tem vindo a aumentar, e tem vindo a crescer em todos os sectores, afectando praticamente todos os grupos de indústria cobertos pela S&P. Os dados são tão evidentes que se pode questionar: o que está a acontecer ao nível de risco da minha empresa, e porquê?

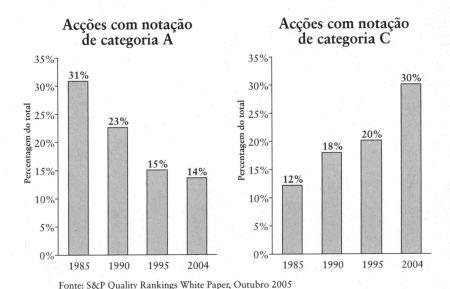

Fonte: S&P Quality Rankings White Paper, Outubro 2005

As empresas de serviços públicos de electricidade, uma indústria historicamente vista como tendo um risco extraordinariamente baixo, são um exemplo típico. Durante os anos 90, a indústria da energia eléctrica sofreu uma desregulamentação rápida. Consequentemente, tal como foi relatado num estudo recente de Jeremy C. Stein de Harvard e de uma equipa da National Economic Research Associates, a volatilidade dos lucros (EBIDTA) para uma empresa média de serviços públicos de electricidade *duplicou*, aproximadamente, durante essa década. Muito do risco acrescido nas empresas de serviços públicos deve-se a alterações na regulamentação. Para outros grupos de indústria, as causas foram diferentes, mas o aumento do nível de risco é generalizado.

A expansão do risco estratégico levou, também, a um número crescente de colapsos no valor de mercado. Entre 1983 e 1998, 10% empresas da Fortune 1000 perderam 25% do seu valor de mercado num mês. Entre 1998 e 2003, 10% perderam 55% do valor num mês. E durante os últimos doze anos, 170 das empresas Fortune 500 perderam 50% ou mais do seu valor ao longo de um período de doze meses. Adicionalmente, as empresas que sofreram reduções significativas de valor agora *demoram mais* a recuperar esse valor perdido do que demoravam apenas há uma década atrás.

A lição: o risco estratégico tornou-se numa das grandes fontes de perda de valor na economia – talvez *a* maior. As implicações para os negócios individuais não são menos perturbadoras.

As empresas que outrora detinham nichos estratégicos aparentemente invulneráveis têm estado a vacilar sob assaltos de quadrantes que ninguém antecipou. Talvez pressinta que é provável que a sua empresa venha a enfrentar o seu próprio momento Gettysburg algures, algum dia em breve.

Essa é a razão porque cada vez mais e mais líderes empresariais estão a identificar a gestão do risco estratégico como a disciplina fundamental para a primeira década do século XXI – que os gestores a todos os níveis da organização, desde a zona de produção e o gabinete departamental ao gabinete executivo, precisam de dominar e aplicar numa base diária. Um gestor que conhecemos chegou ao ponto de afirmar, simplesmente: «Estratégia *é* a gestão dos riscos.»

Infelizmente, as formas familiares de reflexão sobre a gestão dos riscos não o vão ajudar a lidar com os actuais altos níveis de risco.

A gestão tradicional de riscos foca-se em três categorias de risco que são amplamente compreendidas: *riscos de incidentes* (incêndio, inundação, terramoto), *riscos financeiros* (maus créditos, variações de taxas de câmbio e de taxas de juro) e *riscos operacionais* (o sistema informático vai abaixo, a cadeia de fornecimento é interrompida, um empregado rouba). A maioria das empresas tem gestores de riscos que se especializam em lidar com estes tipos de riscos. Eles trabalham com as companhias de seguros, com especialistas financeiros e em segurança e com outros especialistas para reduzir os níveis de risco e desenvolver estratégias de cobertura de risco para minimizar as perdas potenciais.

Estes tipos de risco são extremamente importantes. Contudo, ainda mais importantes são os *riscos estratégicos* que o seu negócio enfrenta.

O risco estratégico afecta um ou mais elementos fundamentais do projecto do seu modelo de negócio. Em alguns casos, destrói o vínculo entre si e os seus clientes. Noutros casos, põe em causa a proposta única de valor que é a base das suas fontes de receita. Ainda noutros casos, subtrai os lucros de que depende. E, por vezes, destrói o controlo estratégico que ajuda a sua empresa a defender-se da concorrência. No pior caso, um grande risco estratégico pode ameaçar todos estes pilares do seu negócio.

Nem todos os negócios enfrentam todas as formas de risco estratégico. Todavia, todos os negócios enfrentam algumas formas. De facto, o risco estratégico envolve a maior parte do risco total que a maioria das empresas enfrenta.

Existem sete tipos principais de risco estratégico para os quais precisa de estar preparado. Embora a sua empresa enfrente, sem dúvida, outros riscos, tais como os riscos de regulamentação ou geopolíticos, estes sete cobrem o espectro de riscos que ameaçam o modelo de negócio da maioria das empresas.

1. **A sua grande iniciativa fracassa.** Recorde-se do último grande projecto que liderou ou do qual fez parte (projecto de I&D, lançamento de um novo produto, expansão do mercado, aquisição, projecto de TI). Qual era a probabilidade de sucesso no início? Qual tem sido a verdadeira taxa de sucesso para todos os projectos da sua empresa nos últimos cinco a dez anos?

Se os avaliar com honestidade, a verdadeira probabilidade de sucesso no início da maioria dos grandes projectos é inferior a 20% – o que significa que o risco de fracasso é maior do que 80%. Pode essa probabilidade ser alterada? Como? Que medidas específicas foram tomadas por outras empresas para alterar radicalmente a probabilidade a seu favor? A quais dessas medidas pode recorrer para alterar dramaticamente a probabilidade no seu próximo projecto, ou mesmo para toda a sua carteira de projectos?

2. **Os seus clientes deixam-no.** O seu negócio foi alguma vez surpreendido pelos seus clientes – por mudanças repentinas, não previstas, nas suas preferências, prioridades e gostos? Quando isso acontece, a base de receitas que suporta a sua empresa pode erodir-se muito

rapidamente. Contudo, há empresas que encontraram formas específicas de superar o risco de cliente. Como é que elas aprenderam a entrar nas mentes dos seus clientes, antecipando surpresas antes de elas acontecerem? Que avanços importantes no crescimento é que elas criaram? Pode adoptar os métodos dessas empresas com sucesso?

3. **A sua indústria chega a uma encruzilhada no seu percurso.** Quando as alterações tecnológicas ou no modelo de negócio transformam uma indústria, tanto quanto 80% das empresas incumbentes fracassam em sobreviver a essa transição. No entanto, uma mão cheia de empresas não só superaram o risco de transição como o transformaram numa enorme oportunidade de crescimento – e algumas fizeram-no com sucesso mais do que uma vez. Que lições podem estes sobreviventes ensinar a todos os outros?

4. **Um concorrente aparentemente imbatível aparece.** O seu negócio pode ainda não ter encontrado um concorrente único, uma Wal-Mart ou uma Microsoft, preparada para dominar o seu mercado. Quando isso acontecer, é possível sobreviver e prosperar enquanto outras empresas são dizimadas? Quem o conseguiu, e como o conseguiram? Como podem as suas medidas ajudá-lo a competir melhor mesmo que não enfrente um concorrente aparentemente imbatível?

5. **A sua marca perde força.** É suposto que uma grande marca seja uma fortaleza de valor. No entanto, 40% das marcas líderes sofreram uma erosão significativa de valor nos últimos cinco anos. Na maioria dos casos, esta erosão ocorreu porque os gestores reflectem sobre as suas marcas de forma muito restritiva, descurando a interacção recíproca entre a marca, o produto e o modelo de negócio que determina a força da marca. Com que antecedência consegue detectar o risco da marca? Como pode reverter o declínio da marca para criar uma nova década de crescimento? Como podem os seus investimentos nas várias componentes do modelo de negócio ajudar a fortalecer – ou a prejudicar – o valor da sua marca?

6. **A sua indústria torna-se numa zona de não-lucro.** Muitas indústrias, desde as companhias aéreas e a electrónica de consumo aos supermercados e automóveis, deparam com uma competição crescente,

um maior poder do cliente e uma maior compressão da margem, até que os lucros são praticamente reduzidos a zero. O que dá início ao processo? Tal pode acontecer ao seu negócio? Mais importante, que tipo de contra-medidas pode tomar para criar novas oportunidades de lucros para a sua empresa, mesmo no caso da sua indústria se ter transformado numa zona de não-lucro?

7. **A sua empresa pára de crescer.** Quando o crescimento das vendas atinge um patamar, o impacto é imediato e doloroso: o preço por acção da empresa ressente-se, as iniciativas novas param e os melhores talentos começam a deixar a empresa. O que pode fazer para superar o risco de estagnação – sem criar novos riscos nesse processo? Como pode inventar novas formas de procura dos clientes que possam impulsionar novas ondas de crescimento, mesmo numa indústria aparentemente matura.

Cada uma destas categorias de risco estratégico é um potencial assassino de modelos de negócio. Assim como um furacão de nível quatro pode arrancar uma floresta ou deitar abaixo um quarteirão, quando um destes riscos se manifesta ele pode arruinar uma parte do modelo de negócio sobre o qual construiu cuidadosamente a sua empresa. E tudo tende a ser ignorado ou negligenciado pelos gestores que assumem que a estratégia da sua empresa (juntamente com os perigos que a ameaçam) é a preocupação de um grupo selecto de executivos-seniores, ou que os grandes acontecimentos de risco como aqueles que lêem nos jornais apenas acontecem aos outros.

Ambos os pressupostos estão errados. A gestão do risco estratégico deve estar na ordem do dia de *todos* os gestores. E é praticamente certo que qualquer empresa que permaneça em actividade o tempo suficiente será atingida por um ou mais eventos de risco estratégico – frequentemente, como é cada vez mais comum, por vários riscos em simultâneo.

Naturalmente, não há forma alguma de eliminar totalmente o risco estratégico. Todavia, compreendê-lo e antecipá-lo, moldando-o e implementando as contra-medidas específicas que se mostraram eficazes pode tornar possível que uma empresa melhore drasticamente a sua probabilidade de sobreviver e, até, prosperar no actual contexto carregado de risco – e descobrir o potencial de *upside* que se esconde por trás do espectro assustador do risco de *downside*.

As duas primeiras tarefas da gestão do risco estratégico são contornar os golpes desnecessários e mitigar os golpes que não consegue evitar. Consegue evitar os maiores impactos no valor da sua empresa através de um sistema de gestão do risco estratégico que utiliza os princípios e as técnicas descritas no resto deste livro. Lembre-se da primeira regra de Warren Buffett: *Preserve o seu capital*. E também a sua segunda regra: *Veja a primeira regra*.

Executar isso bem também resolve metade do problema de crescimento que a maioria das empresas enfrenta: pode construir sob uma base forte, em vez de gastar tempo e dinheiro a reconstruir o preço que as acções tinham há cinco anos atrás.

ANTECIPAÇÃO: RECONHECER O PONTO FOCAL DO RISCO

A capacidade de reagir com sucesso quando somos confrontados com um risco potencialmente fatal é muito valiosa. Contudo, ainda mais valiosa é a capacidade de *antecipar* o risco e conceber um plano de ataque para o repelir e o transformar antecipadamente.

Talvez ninguém exemplifique melhor esta verdade do que o treinador de futebol americano dos New England Patriots, vencedor por três vezes do *Super Bowl*, Bill Belichick.

> *O risco que enfrenta é inversamente proporcional à preparação relevante que pratica.*

O método do treinador Belichick de preparar a sua equipa para um jogo está inteiramente relacionado com os *downsides* – sobre a antecipação de riscos. Uma semana antes do confronto, Belichick e os seus treinadores encontram-se para questionar: O que é que os nossos adversários nos vão fazer? Que tipo de passes longos é que eles vão tentar experimentar? Que falhas na nossa linha defensiva é que irão tentar explorar? Como é que a sua unidade de *punt-return* [2] vai

---

[2] N.T. Um *punt-return* é uma das opções dos receptores para responder a um *punt* (chuto na bola). Um *drive* é uma série de jogadas ofensivas durante a posse de bola. O *quarterback* é cérebro da equipa, responsável pela organização das jogadas ofensivas.

tentar ganhar uma grande bola e alcançar uma posição mais favorável no campo no início de um *drive*? O que é que a defesa deles vai fazer para colocar pressão sobre o nosso *quarterback* e talvez forçar uma reviravolta difícil?

Belichick e a sua equipa técnica desenvolvem cenários de horror (risco) umas atrás das outras. E depois questionam-se: É possível reverter cada uma delas? Mais vezes do que não, eles conseguem. As equipas de Belichick utilizam o seu conhecimento profundo dos hábitos dos seus adversários para transformar a defesa em ataque. Tal como descrito por Bruce Laird, um defesa que foi treinado por Belichick há alguns anos atrás:

> Quanto mais bem o conhecíamos [o plano de jogo do nosso adversário] e o dominávamos, então tanto mais tudo isso se tornava instintivo. Tal significava que não éramos surpreendidos, a deixar que o ataque tivesse a iniciativa, mas estávamos a atacar e sentíamos que sabíamos o que eles iriam fazer. Essa é uma das razões pela qual melhorámos à medida que a temporada avançava; começámos com 1-4, e depois ganhámos 8 de seguida.

E é por isso que jogar contra Belichick é tão frustrante: ele testou mais jogos mentalmente do que qualquer outro treinador ou equipa.

Talvez o maior triunfo de Belichick tenha sido a vitória de reviravolta dos Patriots no *Super Bowl* de 2001 contra os St. Louis Rams. De alguma forma, os Patriots nem sequer deviam estar no *Super Bowl* nesse ano. Eles foram liderados por um *quarterback* inexperiente que tinha sido pressionado a jogar quando o *quarterback* principal ficou incapacitado no início da temporada. Eles tinham estado a oferecer mais primeiros *downs* ([3]), mais jardas de corrida ([4]), e mais jardas de passe ([5]) aos seus adversários do que aqueles que tinham conseguido alcançar – uma marca de uma equipa que é, na melhor das hipóteses, medíocre.

---

[3] N.T. Um conjunto de *downs* começa com um primeiro *down* que é atribuído a uma equipa depois de ela ganhar a posse de bola na jogada anterior, ou então depois de progredir um certo número de jardas desde um conjunto de *downs* anterior.

[4] N.T. O termo original é *rushing yards*.

[5] N.T. O termo original é *passing yards*.

Em oposição, os Rams tinham o *quarterback* Kurt Warner, que tinha feito passes para 4.353 jardas e 41 *touchdowns* [6] com apenas 13 intercepções. Liderada por Warner, a equipa apresentava uma média de 9,2 jardas por passe, «quase como se não precisassem de um segundo *down*», nas palavras de Belichick. Ainda mais importante, eles apresentavam um dos melhores *backs* ofensivos na história do futebol, Marshall Faulk, na altura com apenas 28 anos de idade, no pico das suas capacidades, com resultados sem precedentes em quatro anos seguidos, com uma média de 2000 jardas de corrida e de recepção desde a formação. Com uma combinação tremenda de tamanho, rapidez e velocidade de corrida, Faulk transformava, rotineiramente, recepções de passes curtos de cinco jardas em ganhos de vinte jardas. Esta era uma equipa impressionante, e poucos observadores atribuíam aos Patriots grandes hipóteses.

Todavia, eles tinham uma arma secreta: o Treinador Bill Belichick e os seus métodos notáveis para antecipar as ameaças e depois as reverter. Ao contrário de muitos outros treinadores, Belichick não considerava que a preparação para o jogo devesse focar-se apenas na descoberta das fraquezas do adversário. Em vez disso, ela devia focar-se na identificação das vantagens do adversário e depois em encontrar uma forma de as neutralizar. Assim, Belichick passou a semana anterior ao *Super Bowl* a ensinar a sua unidade defensiva a focar os seus esforços em parar Marshall Faulk. Tal como descrito pelo jornalista David Halberstam, que trabalhou de perto com Belichick no livro formidável *The Education of a Coach*, «A estratégia de jogo era concentrar-se nele [Faulk] e desgastá-lo em cada jogada. Eles iam cair em cima dele sempre que tivesse a bola e cair em cima dele sempre que não tivesse a bola.»

Para reforçar a concentração obstinada em Faulk como o ponto focal do risco, Belichick passou a semana de formações antes do *Super Bowl* de pé atrás dos seus defensores, gritando-lhes, «Onde é que ele está? Onde é que ele está?» Apenas quando ele ouviu os membros da unidade defensiva a gritarem «Onde é que ele está? Onde é que ele está?» uns aos outros, enquanto se encaminhavam para uma reunião

---

[6] **N.T.** O *touchdown* (6 pontos) é conquistado quando um jogador tem a posse legal da bola (cruza a linha de golo final sem ser obstruído) dentro da zona de finalização. Conquistar um *touchdown* é o principal objectivo da equipa que ataca.

de equipa, é que Belichick ficou satisfeito por ter transferido por completo a sua obsessão com Faulk para os homens que teriam de opor-se a ele.

No final, Marshall Faulk ganhou apenas 76 jardas. Os New England mantiveram pressão sobre a ofensiva explosiva dos Rams, o jogo manteve-se renhido até ao fim e nos segundos finais Adam Vinatieri chutou um *field goal* para conquistar aos Patriots uma vitória a 20-17. Foi o primeiro, e o mais espectacular, dos seus três campeonatos *Super Bowl*.

A abordagem e o histórico de Belichick ilustram um aspecto crucial do desafio do risco. Em praticamente todas as situações pródigas de risco, é possível antecipar as principais fontes de risco e tomar muitas medidas concretas que irão melhorar a sua probabilidade de vencer. (A noção de melhorar a probabilidade aplica-se, igualmente, em situações pessoais, tal como a educação ou a carreira. Para um exemplo, ver as Notas nas páginas 284 ss.)

PROTEGER O SEU MODELO DE NEGÓCIO

Os exemplos mais dramáticos e emocionantes de reversão do risco pertencem às grandes ameaças que podem destruir o seu negócio. Todavia, ser astuto sobre o risco não se limita apenas aos momentos de viragem histórica, tais como Little Round Top ou um Super Bowl. Diz também respeito aos muitos ajustes pequenos mas vitais que pode fazer ao seu modelo de negócio a cada dia, os ajustes que podem torná-lo mais resistente, mais flexível e menos vulnerável ao risco.

Existe um repertório completo de medidas de redução dos riscos (*de-risking*) [7] que as empresas astutas têm desenvolvido ao longo dos anos. As medidas incluem a redução de custos fixos, o planeamento de tempos de resposta mais rápidos, a reunião de informações de alerta precoce que os outros não têm, o desenvolvimento e teste de diversas opções de projecto de produtos, a produção contínua, os dados sobre clientes sob vários ângulos e muitas outras tácticas. Em *O Lado Positivo*, iremos explorar todo esse repertório e perceber como é que as empresas astutas face ao risco usaram essas medidas para transformar a energia

---

[7] N.T. O *de-risking* é um processo de eliminação ou redução de factores de risco do negócio, numa determinada situação, de forma a torná-lo mais rentável e atractivo.

*Mestre do Risco.
Enquanto um outro arquitecto poderia ter-se contentado a conceber uma
estrutura convencional, Wright enfrentou a realidade do risco futuro
e dedicou tempo, esforço, arte e criatividade adicional para produzir
um edifício que suportasse esse risco.*

negativa do risco numa enorme força positiva. Expandir o seu repertório de medidas específicas pode ajudar a projectar um negócio extremamente resistente ao risco.

Em 1916, após vários anos de *lobbying*, o arquitecto americano Frank Lloyd Wright obteve a incumbência de conceber o Imperial Hotel em Tóquio. Wright ficou entusiasmado, mas estava muito ciente dos vários desafios difíceis que enfrentava.

O maior desafio do projecto era a frequência de terramotos no Japão e os incêndios subsequentes. Wright respondeu a este desafio criando um modelo exclusivo para o edifício. Para a resiliência, ele usou vigas cantiléver de betão armado que se erguiam de uns alicerces flexíveis, especialmente concebidos para o efeito. Para tornar a estrutura à prova de fogo, Wright usou apenas materiais de alvenaria, betão armado e tijolo. Para tornar o edifício mais leve e para baixar o seu centro de gravidade, os tijolos na parte inferior da estrutura foram preenchidos com varetas reforçadas, enquanto os tijolos mais acima eram ocos. Para reduzir ainda mais o peso total, a cobertura foi feita de cobre leve em vez das tradicionais telhas pesadas.

A abertura do Imperial Hotel estava prevista para 1 de Setembro de 1923. Naquele dia, Tóquio sentiu um dos piores terramotos da sua história. Em todo o redor do Imperial Hotel, os edifícios desabaram. Toda a área foi reduzida a escombros. O único edifício que ficou de pé, praticamente ileso, foi o Imperial Hotel. Tornou-se um refúgio para os cidadãos de Tóquio e viajantes que ficaram desabrigados pelo desastre, e assegurou o lugar do hotel no folclore Japonês e na história da arquitectura.

Tal como o Imperial Hotel, a sua empresa enfrenta o risco de uma calamidade difícil de prever, mas inevitável – «terramotos» que refazem o panorama empresarial, tais como as sete situações que descrevemos algumas páginas atrás. Será que existem técnicas comprovadas para reduzir a vulnerabilidade do seu negócio aos riscos estratégicos, e às flutuações de volume e de preço que eles criam?

Tenha em conta a Toyota, que é geralmente considerada como o fabricante de automóveis mais bem gerido do mundo. O enorme sucesso financeiro e de mercado da Toyota – e a sua capacidade de prosperar mesmo enquanto a sua indústria e a economia mundial sofrem mudanças e choques sucessivos – não resultam simplesmente da merecida reputação da empresa pela produção de excelentes veículos. Eles derivam, igualmente, de uma série de decisões inteligentes sobre o modelo de negócio que, em conjunto, tornaram a empresa mais durável, flexível e à prova de riscos.

A Toyota fez várias escolhas difíceis de redução dos riscos (*de--risking*): a empresa tomou medidas para baixar drasticamente os seus custos fixos, reduzindo assim o risco financeiro colocado por uma recessão ou uma desaceleração das vendas; reduziu o tempo de ciclo quer nos processos de fabricação, quer no desenvolvimento de novos produtos, permitindo à empresa responder mais rapidamente às mudanças; desenvolveu um sistema de produção excepcionalmente flexível que permite a produção de vários modelos de veículos numa

Concebido para sobreviver ao inevitável.
No rescaldo do grande terramoto, de 1 de Setembro de 1923, em Tóquio,
o novo Imperial Hotel estava ainda de pé, ileso, graças às estratégias
de projecto para redução do risco do seu arquitecto Frank Lloyd Wright.

única linha de montagem; criou uma ampla carteira de modelos de veículos, reduzindo o risco de prejuízos resultantes de uma queda na popularidade de qualquer modelo em particular; e aumentou e fortaleceu a marca Toyota, incluindo o desenvolvimento e a manutenção dos mais altos padrões de qualidade de serviço e de produto na indústria.

Isto deve-se apenas à velha e boa gestão? Nem por isso. Trata-se de escolhas conscientes feitas de forma muito diferente pelos diferentes concorrentes. Os fabricantes de automóveis de Detroit, por exemplo, desenvolveram um sistema com custos fixos elevados e custos variáveis muito baixos. Essa foi uma aposta em volumes cada vez maiores, e a aposta mostrou-se errada. O ponto importante é que, dada a natureza essencial da indústria, era uma posição de risco muito maior.

> *Pode projectar o seu negócio para a durabilidade, a flexibilidade e um menor risco.*

Como resultado das escolhas da Toyota, o seu modelo de negócio é arquitectonicamente sólido. Quando o comparamos, ponto por ponto, com o de um importante concorrente nos EUA, a Ford, percebemos porque é que a Toyota está preparada para sobreviver a choques e a mudanças estratégicas que ocorrem constantemente na indústria automóvel.

FIGURA 2
Perfis de risco comparativo: Ford *vs*. Toyota

	Ford	Toyota
Custos Fixos	Elevados	Baixos
Tempo de Ciclo	Longo	Curto
Flexibilidade da Produção	Baixa	Elevada
Dependência de produto único	Elevada	Baixa
Ímpeto da Marca	Espiral descendente	Espiral ascendente

Os gestores que querem reduzir os seus riscos podem aprender com empresas como a Toyota e os seus homólogos em outras indústrias: Coach, Tsutaya, Samsung, Target, Procter & Gamble, entre outras empresas abordadas ao longo do livro. Os métodos de redução dos riscos (*de-risking*) desenvolvidos por essas empresas podem ajudá-lo a projectar um negócio mais flexível e resiliente, e a estar mais bem preparado para transformar importantes situações de risco em enormes oportunidades de *upside*.

TRANSFORMAR O RISCO EM OPORTUNIDADE

O que impede a maioria das empresas de praticar este tipo de gestão do risco estratégico? A necessidade de aprender uma nova maneira de pensar.

A sabedoria convencional é que o risco e o retorno andam de mãos dadas – para conseguir obter excelentes resultados de *upside*, tem de aceitar grandes riscos de *downside*. O risco, nesta visão, é simplesmente um facto doloroso mas inelutável da vida.

Excepto que o risco e o retorno *nem* sempre estão inextrincavelmente associados. É possível reduzir os riscos que enfrentamos ao mesmo tempo que melhoramos os retornos que desfrutamos. De facto, não só é possível como é essencial.

Os líderes das empresas mais bem sucedidas de hoje não são *tomadores* de risco, eles são *modeladores* do risco. Eles reflectem, dia e noite, sobre os riscos que enfrentam e trabalham continuamente para desenvolver e implementar estratégias para os reduzir e os transformar em oportunidades de progresso e crescimento. É por isso que a Toyota, a Coach, a Tsutaya e os outros grandes modeladores do risco são quer *mais rentáveis*, quer *menos arriscadas* do que os seus rivais da indústria.

Inicialmente, esta perspectiva contra-intuitiva parece boa demais para ser verdade. No entanto, há um precedente do mundo empresarial do início da década de 80. A sabedoria convencional da altura ditava que era possível ter uma qualidade elevada *ou* um custo baixo, mas não ambos. Havia um sentido de resignação sobre os produtos que comprávamos, desde os artigos muito caros, como os automóveis, aos produtos mundanos, como os liquidificadores e os aparelhos de televisão:

«Se queremos melhores produtos, termos de pagar muito mais por eles. As coisas são simplesmente assim.»

E era verdade – até que os fabricantes Japoneses de automóveis e de equipamentos de electrónica arrasaram com a sabedoria convencional. Eles conseguiram isso desenvolvendo uma nova forma de pensar baseada na utilização de questões específicas e de técnicas analíticas inovadoras para enfrentar os problemas de qualidade.

De repente tornou-se claro que é possível obter-se simultaneamente a qualidade elevada e o custo baixo se pensar de forma diferente e se alterar os seus processos. Com o tempo, as ideias e as ferramentas tais como a Gestão da Qualidade Total ([8]), a Melhoria Contínua ([9]) e o Seis Sigma ([10]) propagaram de empresa para empresa e de indústria para indústria. Hoje em dia, os níveis de qualidade e de controlo de custos antes considerados impossíveis são requisitos mínimos para sobreviver no mercado.

O *UPSIDE* DA REVERSÃO DO RISCO É FREQUENTEMENTE DEZ VEZES MAIOR DO QUE O *DOWNSIDE*

O enigma da qualidade e do custo era o grande problema empresarial há um quarto de século atrás. Hoje, o problema é o risco estratégico. Aqueles que estiverem entre os primeiros a praticar a nova abordagem ao risco irão desfrutar de uma enorme vantagem.

([8]) **N.T.** A Gestão da Qualidade Total (em Inglês, *Total Quality Management*) é uma abordagem à gestão de uma organização orientada para criar consciência da qualidade em todos os processos organizacionais: integra as necessidades dos clientes com um conhecimento profundo dos detalhes técnicos, custos e relações de recursos humanos dentro da organização.

([9]) **N.T.** A Melhoria Contínua (em Inglês, *Continuous Improvement*) é uma filosofia japonesa que foca na melhoria contínua, gradual, em todos os aspectos da vida (pessoal, familiar, social e no trabalho), com origem no *Kaizen*, uma palavra de origem japonesa.

([10]) **N.T.** O Seis Sigma (em Inglês, *Six Sigma*) é um conjunto de práticas originalmente desenvolvidas pela Motorola para melhorar sistematicamente os processos ao eliminar defeitos: definidos como a não conformidade de um produto ou serviço com as suas especificações.

Pode questionar-se, qual a dimensão dessa vantagem? A evidência sugere que uma abordagem astuta à gestão do risco pode multiplicar o valor da empresa a longo prazo por um factor de dez vezes ou mais. Fazer a escolha certa num momento crucial de decisão pode melhorar as suas perspectivas de futuro de forma dramática. O gráfico que ilustra a diferença pode ser parecido com este:

FIGURA 3

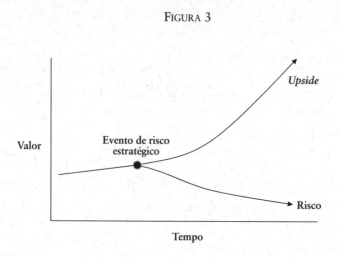

Se isso parece impossível, considere alguns exemplos.

Quando a Toyota lançou o projecto de automóvel Prius híbrido, assumiu um risco de um a dois mil milhões de dólares – o montante que se arriscava a perder se o Prius nunca saísse do papel. Ao tomar as medidas correctas de redução do risco, a Toyota tornou o arriscado projecto Prius num enorme sucesso, com um *upside* de cerca de $15 a $25 mil milhões – uma melhoria dez vezes maior.

A Target e a Samsung obtiveram resultados comparáveis. Quase há uma década atrás, as duas empresas estavam numa encruzilhada semelhante. No retalho de desconto, a Target enfrentou um concorrente aparentemente imbatível, a Wal-Mart; na electrónica de consumo, a Samsung foi onerada com uma imagem de marca de gama baixa, uma reputação de má qualidade e sem antecedentes de inovação. Se deixados ao acaso, estes riscos teriam levado a um declínio constante no valor de cada empresa, totalizando, ao longo do tempo, uma perda de talvez $5 mil milhões na capitalização de mercado. Em vez disso, ambas as empresas tomaram medidas agressivas para reverter os riscos que enfrentavam. Como resultado, ambas as empresas não só evitaram a ameaça de declínio de valor como, na verdade, aumentaram o seu valor por um montante no intervalo de $40 a $50 mil milhões – outro aumento dez vezes maior.

A Coach, o fabricante de artigos de moda e acessórios em couro, conseguiu melhor. Enfrentando uma alteração radical nas preferências dos clientes, a empresa tomou rapidamente medidas para reverter esse risco e ficar à frente da curva de alterações nos clientes. No processo, a empresa transformou uma perda potencial de $500 milhões em valor num aumento no valor da empresa de aproximadamente $10 mil milhões – um aumento de vinte vezes.

Finalmente, considere o iPod. Quando a Apple começou a desenvolver este novo produto, a empresa investiu menos de $100 milhões no processo. Se o iPod tivesse sido um fracasso completo, a empresa teria perdido esse montante – não uma soma enorme, mas uma perda significativa para uma empresa da dimensão da Apple. Em vez disso, o uso pela Apple de técnicas para controlar e reverter o risco do projecto transformou essa perda potencial num novo negócio que aumentou o valor da Apple em dezenas de milhares de milhões de dólares.

Como é que as empresas fizeram isso? Iremos contar as histórias das cinco empresas, e de outras como elas, nos capítulos que se seguem.

Pode nunca encontrar-se a si próprio, tal como aconteceu com Joshua Chamberlain, num ponto nevrálgico em que a história da sua nação oscila entre a derrota total e uma vitória incrível. Todavia, todos os dias, as organizações que ajuda a gerir e as pessoas que confiam em si enfrentam muitos riscos que trazem enormes potencialidades, quer de *upside*, quer de *downside*. Este livro trata do reconhecimento dessas potencialidades e de descobrir o que fazer com elas – sobre a preparação para se tornar num modelador do risco na sua própria esfera de influência, criando valor de *upside* que é muitas vezes maior do que o *downside*.

CAPÍTULO UM

Alterar a probabilidade

*Porque é que 90% certo é frequentemente = 0:
Como melhorar a probabilidade de sucesso
do seu projecto mais importante*

O crescimento do seu negócio depende de novos projectos – a criação de novos produtos, a entrada em novos mercados, encontrar novos clientes e adquirir novas operações. Da mesma forma, a melhoria do seu negócio depende de grandes novos projectos, tal como a actualização do seu sistema de TI, a simplificação dos seus processos de fabricação e a racionalização da sua cadeia de fornecedores. Contudo, no momento de lançamento de qualquer projecto, há um problema que a maioria de nós não enfrenta: a inerente tendência, demasiado humana, para se ser excessivamente optimista sobre a probabilidade de sucesso.

Qual é a probabilidade de sucesso de que o novo empreendimento que a sua empresa está prestes a lançar irá produzir um produto comercializável dentro dos próximos dezoito meses? Qual é a probabilidade de sucesso de que a fusão que a sua empresa está prestes a concluir crie valor em vez de destruir valor para o accionista? Dos vinte novos produtos actualmente em desenvolvimento no seu laboratório, quantos vão estar no mercado daqui a dois anos? E desses, quantos serão rentáveis?

Até mesmo a abordagem a estas questões com um espírito de objectividade é muito difícil para a maioria das pessoas. Conforme os investigadores Daniel Kahneman e Dan Lovallo explicam no seu artigo «Delusions of Success», «Nós sobrestimamos cronicamente, até a um nível dramático, a probabilidade de sucesso de um projecto.» Olhamos para um projecto com uma probabilidade de sucesso de 5% e acreditamos que a probabilidade é de 30%; olhamos para uma probabilidade de 10% e pensamos que é de 50%.

É natural que os homens de negócio vejam o lado positivo quando estimam a sua probabilidade de sucesso. O optimismo gera energia. Aqueles que são cronicamente pessimistas atraem poucos seguidores e conseguem fazer muito pouco. Todavia, o optimismo tem um calcanhar de Aquiles: faz com que sobrestime a probabilidade real no início. Pare por um minuto e pense sobre a probabilidade real de sucesso na maioria dos cenários comuns de negócios. Um olhar mais atento aos dados sugere que a taxa de fracasso para muitos tipos de projectos está na faixa de 60-80%. (Ver Figura 1-1 para as taxas típicas de fracasso para tipos específicos de projectos.)

FIGURA 1-1
Taxas Típicas de Fracasso para Tipos Específicos de Projectos
Filme de Hollywood

Filme de Hollywood	60%
Fusão ou aquisição de empresa	60%
Projecto em Tecnologias de Informação	70%
Novo produto alimentar	78%
Investimento de capital de risco	80%
Novo produto farmacêutico	Mais de 90%

Na verdade, cada projecto que empreenda é uma espécie de história de expectativa. Como, quando e onde vai correr mal? Que obstáculos inesperados vão surgir para arruinar o projecto? Existem muitas, muitas maneiras de um projecto falhar. Elas variam desde a falta de comunicação entre os membros da equipa à realização de muito poucas experiências e à consideração de muito poucas opções durante o projecto de um novo produto ou um novo negócio; desde confiar numa tecnologia defeituosa a usar uma tecnologia que funciona mas que é demasiado cara ou que leva demasiado tempo a desenvolver; desde falhar na antecipação de uma medida de antecipação de um concorrente à estimativa incorrecta da procura dos consumidores; e desde descurar a necessidade de reformular a sua infra-estrutura de comercialização para apoiar um novo produto a ignorar as bombas--relógio criadas pelas políticas internas que irão impedir qualquer probabilidade de sucesso com a implementação.

> *Quando sobrestimar a probabilidade de sucesso, irá subestimar os investimentos necessários para vencer.*

Esta lista de armadilhas e ciladas está longe de estar completa – provavelmente pode estendê-la dramaticamente com base na sua própria experiência. Considere todas as maneiras para um projecto falhar e pode dar consigo a questionar-se como é que qualquer projecto consegue ser bem sucedido.

Naturalmente, muitos projectos têm êxito. Alguns programas de TI trabalham fenomenalmente bem; alguns novos produtos tornam-se enormes sucessos. Contudo, muitas vezes, o excesso de optimismo impede o sucesso do projecto ao subestimar o investimento e o sentido de urgência necessário para impulsionar as medidas cruciais de redução dos riscos (*de-risking*). As pessoas no *marketing* são consultadas apenas duas vezes em vez de dez vezes sobre os detalhes do projecto de CRM; o novo produto chega ao mercado atrasado seis meses, com um recurso vital ou um canal de distribuição ignorado e omitido. O tempo, a energia e o dinheiro são desperdiçados, e o esperado avanço importante no crescimento nunca acontece.

O primeiro passo para mudar esse quadro é estimar cuidadosamente a probabilidade real – superar a tendência natural do ser humano para ser excessivamente optimista com uma boa dose de realismo e dados. O objectivo não é desmoralizar o esforço. É para lhe dar uma noção clara e precisa do que é realmente necessário para fazer o seu projecto ter sucesso – quanto investimento é necessário (geralmente o dobro do que estava a pensar), quantas medidas astutas terá de tomar, quantos planos de contingência precisa de preparar e até que ponto precisa de projectar um modelo de negócio inteligente.

Os projectos vivem num mundo duro e probabilístico. Mesmo que faça tudo como deve ser, a probabilidade pode virar-se contra si. E se interpretar mal a probabilidade de sucesso e investir menos, pode estar certo de que o projecto irá fracassar. Existem tantas maneiras de investir menos – não apenas financeiramente mas também em termos de tempo, de energia, de emoção, de resiliência, das opções consideradas, das conversas realizadas, das experiências conduzidas, das simulações realizadas, dos testes de mercado realizados, dos chutos nos pneus e das portas batidas. A piorar as coisas está o facto de, para muitas iniciativas empresariais, o sucesso ser uma questão de tudo-ou-nada. A menos que *todos* os elementos necessários para o sucesso estejam no lugar (a tecnologia certa, a proposta de valor certa, o conjunto certo de clientes, e assim por diante), o projecto irá fracassar – redondamente. Esta realidade pouco reconhecida do risco de projecto pode ser descrita pela fórmula, «90% certo é frequentemente = 0.»

Felizmente, existem técnicas comprovadas para mudar esta probabilidade para melhor. A maneira mais rápida de aprender sobre elas é estudando as empresas que foram pioneiras no seu uso. Por exemplo, o fabricante japonês de automóveis Toyota criou muitas das mais poderosas destas técnicas durante o desenvolvimento do Prius – um conceito de produto cuja probabilidade de sucesso era inferior a 5% quando a Toyota iniciou o seu desenvolvimento durante o Outono de 1993.

A TOYOTA MELHORA A PROBABILIDADE DO PRIUS

Entre na mente dos líderes da Toyota no início da década de 90. A empresa estava em alta desfrutando de uma crescente quota de mercado e de uma rentabilidade sem rival. Se você ou eu estivéssemos no comando, nós poderíamos ter sido tentados a ser complacentes ou mesmo arrogantes. Alguns executivos poderiam ter-se permitido a uma volta de vitória, a escrever livros ou a lançar ciclos de palestras para explicar a sua própria genialidade a um mundo em admiração.

Contudo, os líderes da Toyota responderam ao sucesso de forma bastante diferente. Eles estavam preocupados. Eles tinham visto como, no passado, a complacência tinha enfraquecido muitas outras empresas de sucesso – incluindo os grandes fabricantes de automóveis norte-americanos. Eles temiam que, apesar do seu sucesso actual, se estivesse a instalar uma sensação de estagnação, de maturidade do produto, correndo a Toyota o risco de poder sucumbir à mesma auto-satisfação que tinha prejudicado empresas como a General Motors. E os jovens concorrentes ávidos, conscientes dos custos e hiper-eficientes, como a Hyundai da Coreia, já estavam a emergir, ansiosos por fazer à Toyota o que a Toyota tinha feito aos Três Grandes de Detroit [11] na década de 80.

Em retrospectiva, com base nas estratégias clarividentes que a empresa por fim desenvolveu, podemos recriar o monólogo interior dos líderes da Toyota nesse ponto de inflexão crucial, enquanto eles consideravam a história de risco da sua empresa:

> Criámos grandes progressos em termos da qualidade, dos preços e da eficiência dos combustíveis. Estes progressos tornaram-nos na empresa automóvel que cresce mais e na mais rentável do mundo. Mas e amanhã? Qual é o próximo grande progresso na nossa indústria? E como podemos assegurar que iremos *criar* esse progresso – ao invés de sermos vitimizados por ele? O que devemos fazer para antecipar os riscos que o sucesso irá trazer e transformá-los em oportunidades antes que eles nos tomem de surpresa?

Pode chamar a isso «competir em antecipação», uma estratégia de preempção dos riscos levando a melhor sobre eles, muito como o mestre de xadrez Gary Kasparov planeia a sua nona jogada parcialmente para

---

[11] N.T. A General Motors, a Ford e a Chrysler são frequentemente referidas como as "Três Grandes" (em Inglês, *Big Three*) ou mais recentemente como as "Três de Detroit" (em Inglês, *Detroit Three*).

evitar o ataque bifurcado que o seu adversário pode lançar na sua décima quarta jogada. Competir em antecipação pode não ser uma fórmula para a serenidade pessoal, mas é uma ferramenta poderosa para o sucesso se procurar proteger a sua empresa dos seus maiores riscos.

Num esforço para se certificarem de que a Toyota iria permanecer na vanguarda da indústria automóvel, a empresa decidiu montar um esforço máximo para criar o primeiro grande automóvel do século XXI, quase uma década antes de esse século chegar. Em 1993, uma equipa de dez administradores da Toyota reuniu-se para imaginar as qualidades que um automóvel de progresso (ao qual deram o nome de código G21) para o próximo século deveria ter. Esses executivos imaginaram um carro que era confortável, seguro e agradável de conduzir, apelativo a condutoras femininas, pouco poluente e amigo do ambiente, e altamente eficiente em termos de combustível – boas ideias, mas de alguma forma amorfas. Um engenheiro chamado Takeshi Uchiyamada foi encarregado de as converter numa proposta concreta.

Especialista em técnicas de eliminação de ruído e vibração, Uchiyamada nunca tinha liderado uma equipa de desenvolvimento de um novo automóvel. Não obstante, em 1991-1993, ele liderou um grupo de trabalho que reviu, de ponta a ponta, o processo de I&D da Toyota. Esta foi uma preparação crucial para o desafio G21. Isso expô-lo a muitas partes da empresa e aprofundou a sua compreensão sobre as tecnologias díspares que a Toyota tinha desenvolvido. Tinha-se tornado num especialista sobre o funcionamento interno da empresa, nos seus muitos pontos fortes e nas suas fraquezas menos óbvias.

Ele tinha também aprendido onde se encontravam os engenheiros mais talentosos da empresa – e agora tinha recrutado alguns dos melhores para a equipa G21. Uchiyamada reuniu uma equipa de dez engenheiros proeminentes, representantes de todas as tecnologias cruciais que iriam entrar no automóvel – a carroçaria, o chassis, o motor, o sistema de motorização, a tecnologia de produção, e assim por diante. Tinham todos cerca de trinta e poucos anos de idade, com idade suficiente para terem experiência mas suficientemente jovens para serem flexíveis.

Eles trabalharam durante vários meses para dar uma forma concreta ao conceito G21. Depois levaram a sua proposta de automóvel ao vice-presidente executivo de I&D da Toyota, Akihiro Wada. Uchiyamada explicou que a comissão esperava criar um pequeno *sedan* de quatro lugares que percorresse 47,5 milhas por galão ([12]), com uma eficiência de combustível cerca de 50% melhor do que o Corolla, um automóvel actual comparável. Na altura, deve ter parecido ao Uchiyamada uma proposta impressionante. Ele provavelmente apresentou a proposta com enorme satisfação, e até mesmo um pouco de orgulho – o que deve ter tornado a recepção que recebeu duplamente chocante.

Wada ouviu educadamente e depois respondeu: «Cinquenta por cento melhor não é suficiente. Os nossos concorrentes rapidamente nos alcançariam. Por favor faça com que seja duas vezes melhor.»

Uchiyamada foi surpreendido pelo desafio de Wada. «Naquele momento eu senti que ele tinha exigido demais», foi como ele o descreveu mais tarde, em linguagem corporativa japonesa tipicamente comedida. Este foi o primeiro de uma série de golpes que teriam quebrado a moral e o ânimo de alguns gestores menos resilientes.

Abalado, mas determinado, Uchiyamada retornou à mesa de projecto. Percebeu que um nível mais exigente de desempenho significava que teria de repensar os seus pressupostos sobre o G21. A manipulação experimental da tecnologia existente não seria suficiente. Seria necessário um grande salto para um novo sistema não provado que existia apenas como um conceito *blue-sky* ([13]) que a Toyota estava a estudar – o motor híbrido. Ainda hoje, Uchiyamada abana a cabeça quando pensa sobre a natureza do desafio: «Não havia modelos, não havia comparativos, nem referências. Tudo tinha de ser criado a partir do nada, sem nenhuma garantia de que alguma parte do projecto iria funcionar.»

Além disso, a Toyota não era a única empresa a ponderar o motor híbrido. Todos no mundo automóvel tinham ouvido rumores sobre experiências com híbridos na Honda e na Ford. Estariam muito avançados? Quando iriam anunciar um avanço importante? Ninguém sabia, mas a existência de projectos concorrentes deve ter aguçado a ansiedade que Uchiyamada sentiu quando ele percebeu que teria que se comprometer com um modelo híbrido. Não seria suficiente conceber um modelo novo

---

([12]) N.T. Corresponde a cerca de 4,96 litros/100 km (1 galão = 3,79 litros e 1 milha = 1,61 quilómetros).

([13]) N.T. Termo usado para descrever formas novas e diferentes de pensar sobre os problemas e como os resolver, embora as ideias produzidas possam ainda não ser exequíveis ou práticas.

e bem sucedido; ele tinha também de fazer isso mais rapidamente do que a concorrência.

Dadas estas realidades, o projecto G21 foi uma aposta arriscada. Takehisa Yaegashi, que se juntou ao esforço do Prius como líder do projecto, colocou-o desta maneira: «Nós não pensámos que era impossível, mas a probabilidade de sucesso era muito baixa. Talvez 5%, talvez até menos.»

Um em vinte. Apostaria mil milhões de dólares nessa probabilidade? Essa seria uma decisão muito difícil. Não obstante, as pessoas na Toyota não se limitaram a colocar as suas apostas e a girar a roleta. Eles tomaram uma série de medidas para alterar a probabilidade de sucesso.

> O primeiro passo para a redução dos riscos (de-risking) do seu projecto é reconhecer a probabilidade real de sucesso; a segunda é alterá-la.

Reconhecendo a complexidade dos problemas técnicos que a empresa enfrentava, Uchiyamada precisava de encontrar novas formas de descobrir os problemas e de os resolver rapidamente. Ele começou por criar um novo sistema destinado a facilitar a comunicação e a resolução conjunta de problemas entre os membros da sua equipa.

O sistema começou com um espaço físico. Denominaram-no de *obeya*, a sala grande. A sala estava equipada com alguns computadores pessoais e duas estações de trabalho de projecto assistido por computador. Solicitou-se aos membros da equipa que se reunissem nesta sala diariamente para trabalharem em conjunto no projecto G21 – era a primeira vez que isso era feito na Toyota.

Uchiyamada criou, também, um espaço virtual, uma lista de distribuição compilada de endereços electrónicos para incentivar os membros da equipa a disseminarem de forma rápida e ampla as principais questões e problemas à medida que estas surgissem. Com o tempo, essa lista aumentou para incluir trezentas pessoas.

Naturalmente, o *e-mail* não era uma tecnologia nova na Toyota, mas a forma como foi utilizado no projecto G21 era nova para esta empresa relativamente hierarquizada e formal. Eis como o processo é descrito por Ikujiro Nonaka, um professor de estratégia na Universidade de Hitotsubashi, no seu artigo sobre criação de conhecimento na Toyota:

«Acesso igual à informação» era uma das directrizes de acção de Uchiyamada para o projecto G21... Num projecto normal de desenvolvimento de produto na Toyota, quando um funcionário encontrava um problema ele reportava-o ao seu chefe. E se o problema não podia ser resolvido, ele seria reportado ao engenheiro-chefe, que notificaria outros engenheiros que pudessem ser afectados pelo problema. Este era um processo consumidor de tempo. No projecto Prius, em contraste, os engenheiros podiam enviar um *e-mail* para a lista de distribuição imediatamente após a descoberta de um problema. Qualquer um que lesse o *e-mail* e tivesse uma solução podia imediatamente divulgar a informação necessária.

A metáfora visual para este tipo de comunicação não é uma pirâmide, ou mesmo uma rede, mas antes uma esfera, como na antiga definição de Deus atribuída ao místico Nicolau de Cusa do século XV, uma esfera «cuja circunferência está em parte alguma e cujo centro está em toda a parte». Todos na lista de distribuição estão igualmente perto do centro da acção, e de facto todos são capazes de *ser* o centro num determinado momento no tempo – capazes de atrair a energia de todos os restantes no grupo para resolver o problema mais premente de hoje.

Ao substituir o modelo de comunicações hierárquicas de comando-e-controlo pelo sistema inovador de acesso igual, a Toyota enviou uma mensagem clara: os melhores cérebros da empresa devem focar-se em todo e qualquer problema relacionado com o G21.

Nessa altura, ninguém poderia saber até que ponto o novo sistema seria eficiente. Em retrospectiva, podemos constatar que o enfoque intenso provavelmente melhorou a probabilidade de sucesso do projecto, do intervalo de 5% para talvez 10%. (À medida que a história continua, repare como o marcador continua a mudar.)

Uchiyamada despendeu, também, bastante tempo a antecipar problemas que, após alguma reflexão, eram totalmente previsíveis. Introduziu outras inovações destinadas a eliminá-los. Por exemplo, quando um novo automóvel está pronto para entrar em produção, a Toyota geralmente envia engenheiros residentes (ERs) para trabalhar nas fábricas de produção de forma a eles estarem disponíveis para lidar com quaisquer problemas que surjam durante os meses iniciais de produção. Para o projecto G21, eles destacaram ERs *reversos* das fábricas de produção para tomarem parte no processo de desenvolvimento do projecto. A ideia era identificar possíveis falhas de fabrico *antes* de o automóvel estar pronto para a linha de montagem e eliminá-las ainda na fase de projecto. Outra medida para a melhoria da probabilidade. 15%

O redesenho do processo de desenvolvimento de produto por parte de Uchiyamada foi metódico, consciente e deliberado. Na primeira página do bloco de notas que ele trazia sempre consigo e que é constantemente citado nas conversas, anotou as directrizes do processo à medida que as descobria. Em retrospectiva, a sua leitura assemelha-se a um cruzamento entre um manual de engenharia e uma colecção de ensinamentos budistas: «A tecnologia deve ser avaliada por todos, independentemente da sua especialidade.» «Cada um de nós deve reflectir o que é melhor para o produto, em vez de representar os interesses do seu próprio departamento.» «Na discussão sobre as tecnologias, não nos devemos preocupar com a idade ou a posição dos outros.»

Uma estratégia central de acordo com Uchiyamada: Para alcançar o aparentemente impossível, sob pressão intensa com os prazos, sem antecedentes históricos de comparação para orientação, é necessária uma aprendizagem rápida e contínua. E isso, por sua vez, requer fazer uso do conhecimento, da experiência e dos discernimentos de todos na empresa... e, frequentemente, também fora da empresa.

A abordagem da redução do risco com este espírito significava aumentar drasticamente o trabalho da equipa – por exemplo, testar cerca de oitenta tipos diferentes de motores híbridos no início da vida do projecto. (Imagine, por um momento, estudar oitenta protótipos diferentes do *seu* próximo produto.)

Extenuante, sim. Contudo, a lógica era simples: se a equipa conseguisse encontrar a verdadeira boa opção para o motor, iriam alterar a probabilidade de sucesso por mais alguns pontos percentuais. 17%

Numa inspecção mais minuciosa, muitos daqueles oitenta motores revelaram-se impraticáveis por uma razão ou outra. A equipa híbrida rapidamente reduziu as alternativas a apenas vinte. A equipa adquiriu *software* computacional de simulação especializado e disponível com o qual executaram a maioria dos seus testes de desempenho. Infelizmente, não foi de encontro aos requisitos sem precedentes da nova tecnologia híbrida. (Era o tipo de surpresa indesejada que a equipa enfrentou dúzias de vezes durante o processo.) Por conseguinte, os engenheiros da Toyota resolveram redesenhar extensivamente o *software* antes de o mesmo poder ser utilizado.

Esta era, em si mesma, uma enorme tarefa, como se um biólogo que estuda uma nova série de espécies tivesse de conceber e construir um novo tipo de microscópio ainda antes de o trabalho ter início.

Assim que o novo *software* ficasse pronto, as rondas de teste artificial poderiam começar. A equipa G21 reduziu as vinte possibilidades de concepção do sistema a apenas oito, e depois quatro, e de seguida realizou uma competição intensa entre os quatro finalistas. Uchiyamada recordou: «Esta última etapa foi a mais dura. Fomos capazes de encontrar o motor mais eficiente em termos de combustível, mas não sabíamos qual dos quatro teria o menor custo de produção. Por fim escolhemos aquele que era mais eficiente e o mais simples dos quatro. Tínhamos esperança que essa simplicidade *relativa* se traduzisse em menor custo.»

O sobrevivente destas comparações brutais era um motor extraordinário – eficiente e relativamente simples na sua concepção. Agora a equipa tinha de fazer o mesmo para a suspensão, o estilismo e outras partes do automóvel.

A estratégia era uma de *criar opções em excesso*, de forma a encontrar a resposta mais forte. Foi aplicada até no desenho geral do automóvel. A Toyota mantém sete estúdios diferentes de estilismo, cada um a trabalhar geralmente numa categoria de automóvel diferente – pequenos veículos, camiões, monovolumes e assim por diante. Contudo, para a aposta arriscada do G21, rapidamente renomeado de Prius, solicitou-se a todos os sete estúdios que submetessem projectos, que foram avaliados por um painel de cinquenta pessoas da Toyota de várias idades.

20%

Em *The Wisdom of Crowds*, o autor James Surowiecki descreve o processo pelo qual, na fase inicial de qualquer nova tecnologia, o mercado elimina dezenas de produtos diferentes para escolher uma concepção dominante. O ponto de vista dele é que não é preciso um génio criativo para identificar o melhor projecto para um novo produto; as reacções combinadas de centenas de milhares de pessoas comuns podem ser igualmente argutas. A Toyota internalizou esse mecanismo de mercado e a sua magia competitiva. A empresa criou múltiplas opções que competiam entre si internamente, captando a «sabedoria da multidão» para o benefício do projecto.

Em retrospectiva parece brilhante, e era-o. Contudo, foi, igualmente, forçado pela necessidade. Lembre-se, o projecto híbrido não tinha precedentes, sem directrizes orientadoras ou comparações históricas. A imensa pressão com os prazos significava que, pela primeira vez na sua história, a Toyota tinha de tomar uma decisão avançar / não avançar num novo modelo automóvel sem ter um protótipo funcional. Sob essas circunstâncias, o processo incrível, quase compulsivo, de criação de opções em excesso era praticamente a única forma de assegurar que as opções certas de engenharia eram escolhidas, porque não existiam redes de segurança, não havia tempo para correcções e nenhuma margem para erros.

À medida que o desenvolvimento do híbrido continuava, a Toyota enfrentou outro momento crítico: conseguiria resolver o problema da bateria? O Prius exigia a criação de uma nova bateria que tivesse apenas um décimo do tamanho das baterias existentes para os veículos eléctricos e precisava de ser muito mais imune às condições de calor e de frio. Este desafio, sozinho, poderia ter colocado todo o projecto em perigo. Quando as primeiras versões da bateria foram instaladas, um engenheiro tinha de acompanhar os executivos da Toyota durante os ensaios de estrada e monitorizar a bateria a partir do banco de trás com um portátil de modo a evitar que ela explodisse em chamas. Escusado será dizer que tal não foi considerado um sistema de segurança satisfatório.

A Toyota não gosta de depender de conhecimento externo. Tal como um porta-voz da empresa afirmou, «Não está no ADN da empresa fazer o *outsourcing* de uma tecnologia crucial para o projecto. Queremos ter internamente esse conhecimento e essa experiência.» Neste caso, não havia uma opção viável. A Toyota encontrou-se com outras empresas para explicar os problemas com as baterias e acabou por decidir-se a criar um parceria com a Matsushita Electric para conceber e produzir a bateria, e depois para a vender a outros fabricantes de automóveis. Esta medida ajudou a reduzir o risco financeiro ao providenciar outra fonte de receitas para ajudar a pagar o custo de desenvolvimento do Prius. (Subsequentemente, outros acordos de licenciamento para várias tecnologias híbridas ajudaram ainda mais.) E como a bateria foi construída por uma *joint venture* Matsushita-Toyota, a Toyota não perdeu o controlo sobre uma tecnologia crucial. 25%

Outro avanço tecnológico fundamental foi o reconhecimento de que era crucial ter dispositivos electrónicos potentes para gerir o fluxo de electricidade entre a bateria e os motores eléctricos montados para tornar o carro tanto silencioso como potente. O automóvel híbrido iria precisar de muito mais gestão dos controlos e da transição do que um motor convencional de combustão interna, incluindo novos *chips* de computador para alcançar esse objectivo. A Toyota passou muito tempo com as pessoas especialistas em *chips* para conseguir obter as peças electrónicas certas para o gigantesco e tridimensional quebra-cabeças híbrido. Todavia, os *chips* avançados necessários não estavam facilmente disponíveis, mesmo de fontes externas.

A solução para a Toyota foi construir a sua própria fábrica a norte de Nagoya, no Japão, onde fabrica os seus próprios *chips* controladores de energia, concebidos internamente. Por vezes alterar a probabilidade significa mudar o seu modelo de negócio – neste caso, expandindo o âmbito das actividades da empresa. A Toyota teve de contratar uma equipa de engenheiros de semicondutores, e depois teve de lhes ensinar o negócio automóvel e especificamente a nova tecnologia híbrida. Foi dispendioso e consumiu muito tempo, mas melhorou a probabilidade de sucesso um pouco mais. **30%**

Cada uma das medidas tomadas por Uchiyamada e a sua equipa (a parceria para a bateria, a fábrica de produção de *chips* e a estratégia de opções em excesso) continuava a melhorar a probabilidade. O próprio Uchiyamada compara o processo com aquele que a NASA usou em resposta ao desafio histórico de 1961 do Presidente John F. Kennedy: «antes de esta década acabar, de enviar homens à Lua e trazê-los de volta a salvo.» Tal como a NASA, a Toyota mapeou as novas tecnologias necessárias, desenvolveu um cronograma para cada uma delas, e depois pôs-se a trabalhar em toda a série de projectos simultaneamente, promovendo a referenciação e a fertilização cruzada entre equipas à medida que era necessário.

Questionámos Uchiyamada sobre como conseguia evitar que o ânimo da sua equipa do Prius quebrasse ao longo de todos estes desafios. Ele respondeu, «Descobri que o ânimo está sempre em alta entre engenheiros quando sabem que têm a oportunidade de ser o primeiro no mundo a resolver um problema importante.» O facto de a gestão da Toyota estar também a criar uma trajectória para o sucesso na dianteira dos engenheiros não prejudicava.

Em Agosto de 1995, a equipa híbrida (apenas há dois anos no projecto) promoveu uma grande reunião com a gestão de topo da empresa. Uchiyamada anunciou que conseguiriam entrar em produção no final de 1998 ou em 1999. «Resposta errada», disse o novo presidente da empresa, Hiroshi Okuda. «Precisamos ter um automóvel no mercado antes do final de 1997.»

Imagine a reacção dos membros da equipa ao mais recente choque. Uchiyamada descreveu a sua consternação no seu estilo único: «Eu tenho de admitir que estávamos contra a decisão. A nossa equipa considerava que era demasiado exigente. Até mesmo o Sr. Wada esteve inicialmente contra ela.»

A retrospectiva minimiza sempre as dificuldades passadas depois de estas terem sido ultrapassadas, mas Uchiyamada ainda se recorda vividamente daquilo que a equipa do Prius enfrentava. Quando questionado sobre o momento em que se tornou evidente para ele que o Prius iria realmente funcionar, ele respondeu, «Junho de 1997» – que era o prazo, seis meses antes do início anunciado da produção, para fechar as especificações finais do automóvel. Era um processo até ao último minuto, sem espaço de manobra para o fracasso.

No final, o primeiro Prius saiu da linha de montagem em Outubro de 1997 – dois meses *antes* do prazo-alvo impossível de Okuda.

Agora observamos uma vantagem oculta da estratégia de opções em excesso da Toyota: tendo agonizado com as escolhas iniciais e cruciais do projecto, os engenheiros da Toyota *sabiam* que tinham acertado no «esqueleto» do Prius. Assim, eles não hesitaram em acelerar nas fases de desenvolvimento subsequentes, sabendo que todos os seus esforços estavam a ser canalizados para a melhor plataforma de projecto possível e que eles não iriam perder tempo a reconsiderar ou a reexaminar decisões anteriores.

O momento para acelerar é outra táctica para melhorar a probabilidade. Quando um projecto é concluído mais rapidamente, conseguimos captar toda a atenção de todos. Além disso, o risco do que pode ser chamado de «entropia económica» é fortemente reduzido. Há menos tempo para que eventos inesperados intervenham – novos concorrentes, alterações tecnológicas, perturbações económicas, alterações nas necessidades ou nas preferências dos clientes – que podem tornar o seu novo projecto obsoleto antes de ser lançado. **35%**

Uchiyamada e a sua equipa tinham resolvido dezenas de problemas impossíveis, mas havia uma questão que continuava permanentemente a assombrá-los: poderia a Toyota produzir esta máquina invulgar a um custo minimamente razoável?

Tal como a criação da magia da eficiência de combustível tinha consumido 1994 e 1995, a criação da magia do processo de fabrico consumiu 1996 e 1997. Um novo conjunto completo de personagens entrou na luta – as pessoas que sabiam construir grandes objectos metálicos em volumes muito elevados e com um custo muito baixo.

Um problema crucial era descobrir como construir esta máquina mágica sobre uma plataforma existente. Essa medida por si só podia melhorar a probabilidade em 5% ou mais, porque a Toyota não teria de construir uma nova fábrica e poderia poupar um ano e cerca de $500 milhões. E teria, igualmente, equipas experientes que sabiam como operar o sistema.

Em 1996, com tantos problemas impossíveis resolvidos, a confiança no seio da equipa crescia. A confiança estava lá à superfície, mas debaixo da superfície, a atravessar todo o processo, estava uma corrente subterrânea intensa de receio: «Se não conseguirmos construi-lo numa plataforma existente...» Afinal, mesmo que a condução do Prius fosse de sonho e bebesse lentamente a gasolina ao invés de a sorver, se custasse $6000 ou mais que um *sedan* comparável, virtualmente ninguém, excepto um punhado de clientes bem-afortunados, o iria comprar.

Consegue provavelmente prognosticar o sucesso de um projecto observando em silêncio quanto receio existe no local, ou no laboratório ou nas fábricas do protótipo. O número de momentos «ó-meu-Deus--isto-nunca-vai-funcionar». A realização revoltante que se a empresa não resolve este problema todo o projecto pode simplesmente desmoronar.

A equipa híbrida conseguiu resolver o problema do fabrico. A equipa demorou vários meses para descobrir como fazê-lo, mas conseguiu colocá-lo numa plataforma existente e produzir o automóvel por menos do que uma fortuna. **40%**

O primeiro Prius foi vendido no Japão no quarto trimestre de 1997 e seguiram-se cerca de mais mil automóveis. Internacionalmente, o lançamento não registou uma atenção significativa.

Transformar o risco de projecto num avanço importante da indústria.
O líder do projecto, Takeshi Uchiyamada, com o Prius.

A Internet estava a começar a crescer rapidamente, reivindicando a maior parte da atenção do mundo. O outro som ensurdecedor veio de Detroit, à medida que os recém populares SUVs e as pequenas camionetas faziam ecoar as caixas registadoras com lucros de tanto quanto $10 000 por unidade.

Após um percurso incrível, esforçado e repleto de noitadas, a equipa do Prius tinha produzido um automóvel cuja probabilidade de sucesso era de – quanto?

Certamente não 100%. Havia despesas de desenvolvimento de $1 mil milhões que tinham de ser recuperadas. Seria preciso vender, pelo menos, 300 000 a 400 000 automóveis para conseguir isso.

Certamente não 80%. Mesmo que os clientes quisessem o automóvel, a Toyota não era a sua única escolha. A Honda estava prestes a apresentar um híbrido. E quem sabe quantos mais fabricantes de automóveis iriam entrar nesse mercado no próximo ano e no ano seguinte.

É o início de 1998. Você é o gestor do projecto Prius. A probabilidade em 1993 era de 3 a 5%. Qual era a probabilidade no primeiro trimestre de 1998?

AS MEDIDAS DA TOYOTA
PARA ALTERAR A PROBABILIDADE DE SUCESSO

Enquanto fazemos uma pausa nesta encruzilhada crítica na história do Prius, reflicta um pouco sobre as medidas que a Toyota tomou para melhorar a probabilidade de sucesso do projecto Prius.

- Definir um objectivo mais ambicioso (50% de melhoria da eficiência do combustível não é suficiente).
- Contratar engenheiros jovens, de mente aberta.
- Estabelecer um *obeya* (a sala grande onde todos se reúnem para se encontrar).
- Estabelecer a esfera de *e-mail*.
- Acelerar o calendário.
- Testar oitenta motores diferentes.
- Testar vinte transmissões diferentes.
- Escolher entre sete opções diferentes de projecto.
- Trabalhar na tecnologia da bateria com a Matsushita.
- Possuir a tecnologia especializada de produção de *chips*.
- Dedicar dois terços da capacidade de prototipagem da empresa.
- Usar uma plataforma existente.

Quantas destas medidas pode adaptar para o seu próximo grande projecto?

APPLE E O IPOD

Steve Jobs da Apple é um visionário tecnológico. Todavia, uma perspectiva visionária, mesmo sustentada no imenso charme e na arte de vender, não é suficiente para a inovação comercialmente bem sucedida. Requer, também, um sistema subtil para traduzir as ideias visionárias em produtos que as pessoas querem, em aplicações concretas que elas irão comprar e em modelos de negócio que elas vão apoiar. É a capacidade única de Jobs de conseguir juntar todos esses elementos que o torna no gestor de projecto de alta tecnologia mais interessante actual.

Ironicamente, a criação do iPod surgiu a partir de um recurso *em falta* no computador de sucesso da Apple, o iMac – a falta de um gravador de CD. Em 2000, Jobs tinha estado tão focado no novo sistema operacional do iMac que (como ele, desde então, admitiu) não anteviu, ou não parou o tempo suficiente para se concentrar no significado de uma tendência baseada no digital que estava a explodir em redor dele, nomeadamente a transformação da indústria da música, através da cópia de CD, do *download* e da partilha *peer-to-peer* [14] de ficheiros, numa actividade baseada no digital e controlada pelo utilizador. É ainda mais irónico pelo facto de Jobs, como a maioria dos miúdos ligados à rede que atingiram a maioridade nas décadas de 60 e 70, ser doido por música *pop*. Contudo, em 2000 a cena da música *pop* tinha-se afastado dos interesses de Jobs – de tal forma que ele nem sequer pensou em incluir um gravador de CD quando concebeu o iMac, uma omissão que parecia cada vez pior à medida que os meses passavam e a revolução da música digital ganhava força.

Por fim, alguma coisa fez luz. Jobs ordenou que os projectistas de *hardware* do iMac incorporassem gravadores de CD como equipamento básico em todos os futuros iMacs. Não obstante, ele começou, igualmente, a colocar uma série de questões intrigantes. A especialidade da Apple tinha sido sempre pegar nas actividades que os outros computadores tornam possíveis e torná-las exponencialmente mais fáceis, mais intuitivas, mais criativas e mais divertidas. Como é que a Apple podia fazer isso com a música? E, mais importante, como é que isso podia ser feito de tal forma a criar o novo grande negócio que a Apple precisava para suceder ao sucesso do iMac?

Para o conseguir, o produto teria de ser brilhante, conter toda a elegância estilística e facilidade de uso pelas quais as concepções inspiradas por Jobs há muito tinham sido notadas. Todavia, o modelo de negócio teria de ser igualmente brilhante, encontrando formas de capturar o valor que algumas das maiores e mais astutas empresas do mundo tinham de alguma forma negligenciado. E tudo teria de ser feito *rapidamente*, dado que Jobs, criativo como ele é, sabia muito bem que o mundo

---

[14] N.T. O *peer-to-peer* (em Português, "entre pares") é uma arquitectura de sistemas distribuídos caracterizada pela descentralização das funções na rede, onde cada nodo realiza tanto funções de servidor quanto de cliente.

da alta tecnologia ostenta muitos outros pensadores criativos cujos passos ele praticamente conseguia ouvir logo atrás dele. (A Toyota competia em antecipação com a Hyundai. Jobs devia andar preocupado em competir em antecipação com as pessoas da Sony, da Samsung e da Panasonic.)

Se a Apple ia criar um sistema rentável para tornar a música digital *online* fácil e divertida de desfrutar, o primeiro passo seria a criação de *software* de *jukebox* para armazenar, gerir, ordenar e editar ficheiros de música. Os programadores da Apple estavam mais do que preparados para o desafio. Contudo, Jobs estava com pressa. Podia ele comprar o conhecimento que a Apple precisava em vez de o criar a partir do nada?

Tal como se veio a verificar, ele pôde. Um colaborador que tinha deixado recentemente a Apple, de nome Jeff Robbin, estava a trabalhar num produto de *jukebox* chamado SoundJam. O produto não estava pronto para o mercado, mas Robbin tinha deixado para trás uma boa reputação na Apple. Assim, Jobs comprou a empresa de Robbin e pediu--lhe para transformar o SoundJam num programa com o estilo e a facilidade de uso ao nível da Apple. Em quatro meses, Robbin tinha um protótipo de algo ao qual a empresa decidiu chamar de iTunes.

Era um dos blocos da construção. Jobs, tentando estar dois passos à frente de todos os outros (como é seu costume), já estava a planear os outros blocos que ele iria precisar para concretizar a sua visão.

Tal como qualquer adolescente da década de 70, Steve Jobs lembrou--se do Walkman. Ele tinha tornado o áudio de alta qualidade em som portátil com estilo e conforto, tornando imediatamente obsoleto o velho rádio de transístores e vendendo mais de 300 milhões de unidades para a Sony. Porque não criar um Walkman para a década de 2000 – um leitor de música portátil que pudesse armazenar e transportar toda a sua música digital? E fazê-lo como apenas a Apple podia, com estilo e facilidade de uso sofisticados.

O esforço do iPod começou em Abril de 2001.

No início, a probabilidade de sucesso do iPod não era melhor do que, digamos, 10%. Demasiado baixo? Viaje no tempo até 2001. A Apple não era realmente a empresa certa; a Sony era, ou a Panasonic ou a Samsung. O custo de criar o dispositivo ia ser elevado. E quanto ao *software* de rede para vender e gerir a música (o projecto do iTunes que tinha iniciado tudo isto), a indústria da música estava a desenvolver alternativas concorrentes chamadas de Pressplay e MusicNet. E o mercado de *downloads* pagos de música não existia necessariamente e poderia *nunca* existir; afinal, o consumidor tinha uma alternativa chamada Napster, que oferecia um preço bastante atractivo – de graça.

O projecto tinha apenas uma coisa óbvia a favor dele: a Apple era uma empresa emocionante e o iPod era potencialmente um produto muito emocionante.

Jobs tratou de alterar a probabilidade. O primeiro passo foi definir um calendário exorbitante, tal como a Toyota tinha feito com o Prius. O tempo de desenvolvimento normal e razoável para este tipo de projecto de electrónica de consumo pode ser um de ano e meio, talvez um pouco mais. Jobs decidiu que o projecto teria de ser feito em nove meses.

Porquê enlouquecer as suas pessoas, fixando um prazo ridículo? Havia dois factores, um externo e um interno. O factor externo: o iPod não era um conceito obscuro (todos os outros lembravam-se, também, do Walkman e do Discman). Pelo menos quatro grandes empresas globais, incluindo a Sony, poderiam construir e comercializar um no mercado. Se apenas um deles aparecesse no mercado antes de si, poderia assumir a vantagem. Todavia, a maior justificação para o calendário ultra rápido de Jobs era o factor interno. Um dos bens mais preciosos do mundo é a atenção total. Se estabelecer um calendário razoável de dezoito meses, é difícil conseguir a atenção total das pessoas. Se definir um calendário de nove meses, de repente todos ficam muito focados.

Isso tinha funcionado na Toyota, e agora funcionava na Apple. As pessoas falavam umas com as outras a todo o tempo. Elas testavam ângulos e ideias diferentes. Era a mesma estratégia de opções em excesso que a Toyota tinha usado: investir excessivamente nos projectos certos e deixar que os outros morram. À medida que a pilha de rejeição crescia mais, aumentava também a probabilidade de encontrar a solução certa – e melhorava a probabilidade de sucesso do projecto.

A atenção total atraía, igualmente, energia e participação. Com o calendário louco em foco nas mentes de todos, o iPod passou de um punhado de pessoas (Jobs e alguns outros) para uma dúzia, para um par de dúzias, para cinquenta, o que são imensas pessoas numa empresa com a dimensão da Apple.

O que se seguiu foi uma conversa muito alargada. Jobs não acredita no desenvolvimento em série (etapa A, entrega para a etapa B, entrega para a etapa C, etc.). Jobs prefere o paralelismo, ou antes, a sincronia, com todos a falar uns com os outros a todo o tempo – desde as pessoas dos *chips* às pessoas do *software*, às pessoas de projecto às pessoas do *marketing* às pessoas do fabrico.

Em Nagoya, a Toyota tinha feito a mesma coisa alguns anos antes, quando criou a *obeya*, a grande sala onde todos os intervenientes – as pessoas do motor, as pessoas da transmissão, as pessoas da bateria, as pessoas do estilismo, as pessoas da electrónica – podiam falar umas com as outras, bem como a sua rede de *e-mail* «esférica» para promover a igualdade de acesso à informação. Em Cupertino, era um pouco diferente («reuniões intermináveis em todos os lugares»), mas funcionava da mesma forma («trabalhando em conjunto, em todas as etapas»).

Contudo, trabalhar em conjunto não é o paraíso. As pessoas pensantes independentes são conhecidas por discordarem, frequentemente e com intensidade. Tem que haver um árbitro (Steve voluntariou-se), alguém que cronometra o tempo (igualmente Steve) e um argumentador principal (novamente Steve). O custo psíquico de manter uma tal conversa excede em muito os dólares despendidos no projecto. E é muito mais potente em melhorar a probabilidade. De facto, os muitos dólares sem o grande custo psíquico da conversa irão fracassar, garantidamente. Todavia, quando combinamos o investimento financeiro com o investimento emocional, melhoramos enormemente a probabilidade de sucesso do projecto. A maioria dos gestores de projecto no mundo gasta efectivamente os dólares. Contudo, eles não impulsionam a conversa com a energia, a intensidade e a inteligência de Steve Jobs. A elevada taxa de insucesso dos projectos não deve ser nenhuma surpresa.

A Apple continuou a procurar formas de melhorar a probabilidade. A equipa lançou uma ampla rede na pesquisa pelo *software* e os componentes certos, recusou-se a economizar nos custos financeiros, centrou-se intensamente na *interface* com o utilizador e celebrou acordos com parceiros para garantir uma vantagem temporal sobre potenciais rivais.

A Apple em breve descobriu que a Toshiba estava a trabalhar numa minúscula unidade de disco rígido de 1,8 polegadas que podia armazenar milhares de músicas – exactamente o que o iPod necessitava, mas tão caro que outras empresas tinham recusado. Jobs afirmou: «Vamos a isso», e a Apple celebrou um contrato de exclusividade para as unidades, e no processo acrescentou alguns pontos à ainda desalentadora probabilidade de sucesso, talvez para 15% .

Em seguida, a Apple descobriu que uma pequena empresa chamada de PortalPlayer tinha criado uma tecnologia que podia funcionar como a alma do iPod. A Apple licenciou a tecnologia e retirou mais alguns meses ao calendário. 18%

Enquanto isso, os engenheiros da Apple gastavam o seu tempo com as coisas que eles sabiam fazer melhor – como conceber uma *interface* do utilizador intuitiva e uma bela embalagem que iria deliciar os clientes. O seu lema: Pense grande, mas simplifique. A Apple compreendeu os desafios técnicos e a provável procura dos consumidores suficientemente bem para saber o que o iPod necessitava de fazer e como torná-lo não só atractivo, mas irresistível. Jeff Robbin recorda:

> Lembro-me de estar sentado com o Steve e algumas outras pessoas, noite após noite, das nove à uma da manhã, a trabalhar na *interface* do utilizador para o primeiro iPod. Ela evoluía, através da tentativa e erro, para algo um pouco mais simples a cada dia que passava. Percebemos que tínhamos chegado ao fim quando olhámos um para o outro e dissemos: «Bom, é evidente. Porque haveríamos de querer fazer isto de qualquer outra maneira?»

O *design* elegante e simples de usar da *interface* do iPod melhorou a probabilidade de sucesso. 25%

A efusão de publicidade favorável que surgiu quando o iPod foi lançado em Outubro de 2001 também ajudou. Providenciou publicidade não paga que vale mais do que todos os *spots* de 30 segundos em televisão no mundo. 30%

Mesmo com *software* e *hardware* que funcionavam e um projecto de produto fantástico, o iPod ainda estava longe de ser um sucesso garantido. O mercado ainda não tinha sido testado, o dispositivo era caro, e as empresas rivais, com muito mais experiência no negócio da electrónica de consumo, estavam ao encalço da Apple. E o negócio da música *online*, no qual o iPod se baseava, estava no caos, com os *sites* de *downloads* gratuitos a serem processados por pirataria por parte das editoras discográficas e as editoras discográficas em disputa umas com as outras pelo controlo das suas bibliotecas de música. Existiam, ainda,

«Porque haveríamos de querer fazer isto de qualquer outra maneira?»
O design elegante da iPod original.

muitos motivos para acreditar que o iPod podia acabar ao lado de Newton da Apple nos anais do risco de projecto.

Se à partida a probabilidade de sucesso, em 2000, era de 10%, quanto pensa que era essa mesma probabilidade no final de 2001?

Para Steve Jobs e a sua equipa, estava tudo ainda no início.

AS MEDIDAS DA APPLE PARA ALTERAR
A PROBABILIDADE DE SUCESSO

Demore alguns minutos a reflectir sobre a história do iPod até ao momento. Que medidas é que a Apple tomou para alterar a probabilidade de sucesso? Eis algumas para considerar:

- Trabalhar depressa para se antecipar à concorrência.

- Capturar a atenção total das suas pessoas.
- Ter todos a falar com todos.
- Adquirir ou licenciar tecnologia ao invés de a conceber de raiz.
- Focar naquilo em que se é melhor (concepção da *interface*).
- Tornar o primeiro lançamento tão emocionante que tem de ser notícia em todo o mundo.

Quantas destas medidas pode usar no seu próximo lançamento de um projecto novo?

PRIUS, ACTO II: O MODELO DE NEGÓCIO É TUDO

Mesmo a criação de um automóvel tecnologicamente robusto não eliminou o risco no lançamento do Prius da Toyota. Afinal, os esforços anteriores para comercializar no mercado veículos ambientalmente robustos e eficientes (como os automóveis completamente eléctricos) tinham falhado devido à resposta débil dos clientes, às dúvidas sobre qualquer nova tecnologia e ao gosto dos condutores pelas suas máquinas potentes e familiares de combustão interna. Como podia a Toyota reduzir o risco envolvido na tentativa de criar um mercado para este novo tipo de automóvel?

Uma forma era enquadrar a arena competitiva no qual iria lançar o Prius. A proposta de valor oferecida pelo novo automóvel híbrido seria a sua fórmula de energia amiga do ambiente. Todavia, a nova tecnologia significava que o automóvel iria custar $3000 a $5000 mais do que um automóvel comparável com o motor tradicional. Assim, a Toyota evitou as comparações directas de preços na sua comercialização. A selecção dos clientes teria de se focar nos compradores prósperos com preocupações ambientais, ao invés dos tradicionais compradores de automóveis como o Corolla ou o Camry, preocupados com a poupança.

A combinação das várias medidas tomadas para melhorar a probabilidade do projecto pela Toyota transformou a iniciativa do Prius, de uma aposta arriscada num projecto com uma probabilidade possível de sucesso. Em 1997, quando o primeiro Prius estava pronto para ser lançado no Japão, a probabilidade tinha sido melhorada de menos de 5% para talvez 40%. Muito bom, mas a empresa ainda não tinha esgotado as suas iniciativas de melhoria da probabilidade. Se era intenção que o Prius fosse um sucesso global e o progresso da indústria que a Toyota procurava, a empresa iria necessitar de tomar ainda mais algumas medidas engenhosas.

Uma forma da Toyota melhorar a probabilidade a seu favor era o uso da técnica de *stepping-stone*. Esta técnica envolve organizar uma série de dois ou mais esforços de novos projectos, com o segundo e o terceiro a aproveitarem a aprendizagem adquirida com as tentativas iniciais. De certeza que já deparou com a técnica de *stepping-stone* se alguma vez adquiriu uma versão inicial do *software* da Microsoft. A versão 1.0 da Microsoft de qualquer produto representa uma sondagem inicial do mercado. A versão 2.0 melhora significativamente. Quando chega à versão 3.0, é difícil fazer melhor do que a Microsoft.

Imagine um jogo de basebol no qual o batedor está fora após apenas um *strike*. Seriam pontuados poucos *runs*. Contudo, o basebol oferece ao batedor três *strikes* – três hipóteses para ter sucesso. Essa é a estratégia da Microsoft. Com cada batida, à medida que a base de conhecimento da empresa aumenta, a probabilidade de sucesso melhora – talvez de 20% na versão 1.0 para 40% na versão 2.0, para 70% ou mais na versão 3.0. Essa é uma probabilidade fantástica num mundo de um-em--cada-dez.

A Toyota utilizou uma abordagem semelhante. O Prius de 1997 era um automóvel decente, mas não um sucesso extraordinário. (Takehisa Yaegashi admite, «Nós não tivemos realmente tempo suficiente para afinar o estilismo e o desempenho da condução da primeira geração de Prius para o tornar suficientemente atractivo para a maioria dos compradores de automóveis.») E quando os executivos Americanos da Toyota o estudaram (e levaram alguns automóveis de teste para Orange County, na Califórnia, para *test drives* por compradores potenciais), a reacção foi fortemente negativa. Uma história na revista *Fortune* relembra: «Alguns condutores não gostaram da sensação dos travões; outros queixaram-se que o interior parecia ser de qualidade inferior, que o apoio de braço estava demasiado baixo, que os bancos traseiros não se dobravam para a frente... que um carrinho de bebé não caberia no porta--bagagens.»

Sabiamente, a Toyota decidiu *não* lançar esta versão do Prius no mercado, tão importante, dos Estados Unidos da América. Em vez disso, vendeu-o apenas no Japão, onde os defeitos reclamados pelos compradores americanos pareciam ser muito menos importantes. (Depois da considerável depuração, o Prius 1.0 foi vendido nos EUA em 2000.) E o que a Toyota acertou com o Prius 1.0 – uma eficiência no consumo do combustível quase duas vezes melhor do que a eficiência dos *sedans* comparáveis – era tão bom que o automóvel obteve uma posição no mercado, tornando o Prius 2.0 possível.

O Prius de segunda geração, lançado em 2003, oferecia ainda mais quilometragem, mais espaço, um estilismo melhorado e um manuseio muito melhor. O custo de algum do equipamento híbrido foi, também, reduzido em cerca de 70%. O passa-a-palavra foi extremamente positivo, e em grande parte dos Estados Unidos da América o tempo de espera para a encomenda de um novo Prius era de vários meses. De repente, a probabilidade de sucesso era aproximadamente de 50%.

Acertar o produto foi um elemento crucial na história de sucesso do Prius. Sem um grande automóvel, a Toyota teria conseguido nada. Todavia, o automóvel não era suficiente. (Recorde, 90% certo é frequentemente = 0). O ingrediente mágico pouco conhecido para superar o risco de projecto é o *modelo de negócio* que a empresa utiliza para rodear e sustentar o novo produto. As medidas acertadas para melhorar o produto podem melhorar a probabilidade de 5% para 50%. Um projecto fantástico do modelo de negócio pode transportá-lo no resto do caminho até ao sucesso (ver Figura 1-2).

E esse é, também, o segredo atrás da maioria dos fracassos dos projectos. As empresas despendem 98% da sua energia em fazer com que o produto funcione e conseguir que o cliente o compre. Não sobra energia para lidar com a questão inquietante, mas essencial, «Qual é a forma certa de projectar o *negócio* por trás deste automóvel, ou jogo, ou leitor de música ou sistema de segurança dentro do automóvel?»

FIGURA 1-2
Comparação de modelos de negócio híbridos – Honda *vs*. Toyota

Elementos do Projecto	Honda	Toyota
Selecção de clientes	Rendimento moderado	Rendimento elevado
Proposta única de valor	Eficiência energética	Eficiência energética, experiência de condução, estilismo, electrónica
Modelo de lucro	Automóveis com margem mais baixa	Automóveis com margem mais elevada
Controlo estratégico	Patentes	Patentes, capacidades de fabrico de *chips*, posicionamento de menor custo, marca verde e de alta tecnologia

Vamos comparar os modelos de negócio das duas empresas que vendem automóveis híbridos, ponto por ponto.

Selecção de clientes: A Honda pretende vender os seus híbridos Civic e Accord para as mesmas famílias de rendimentos moderados que compram os modelos tradicionais movidos a combustível. No entanto, ambos apresentam preços cerca de $3000 acima das suas contrapartes convencionais, um enorme diferencial para os clientes de rendimentos moderados. (E nenhum apresenta uma quilometragem por litro de combustível tão elevada quanto o Prius, o que significa que vai demorar mais tempo para a poupança no combustível recuperar o diferencial de preço para o híbrido.) Em contraste, a Toyota começou por promover o seu Prius junto dos compradores de automóveis de rendimentos mais elevados que se preocupam com o meio ambiente e gostam de desfrutar do prestígio de possuir um dos produtos de consumo mais avançados do mundo. Agora que o volume de vendas colocou o diferencial de preço do Prius (*versus* um Camry comparável) em pouco mais de $1000, a Toyota tem o melhor dos dois mundos – um automóvel com uma imagem de prestígio que é surpreendentemente acessível.

Proposta única de valor: Quer a Honda, quer a Toyota promovem os seus híbridos com base na eficiência no consumo do combustível. Contudo, o automóvel da Toyota pode também reivindicar uma série de outros elementos únicos, incluindo um estilismo mais actual, a electrónica avançada e especialmente uma experiência de condução distintiva que oferece um bom manuseamento. Outra vitória para a Toyota.

Modelo de lucro: Devido à sua base de mercado de rendimentos moderados, a Honda é forçada a aceitar margens baixas. A Toyota, por outro lado, goza de margens maiores, especialmente nos seus híbridos SUV Lexus e Highlander, que se baseiam na tecnologia híbrida do Prius.

Controlo estratégico: Ambas as empresas possuem patentes sobre aspectos específicos da tecnologia híbrida. Não obstante, tal como vimos, a Toyota também controla as capacidades de fabrico dos seus próprios *chips*; tem desenvolvido outros processos exclusivos para o projecto, desenvolvimento e fabrico de veículos; e também construiu uma marca «verde» e de «alta tecnologia» mais plenamente desenvolvida e amplamente reconhecida – tudo isto providencia vantagens adicionais sobre o seu rival Japonês.

Não admira que a Toyota possua uma tão grande vantagem empresarial sobre a Honda no mercado dos híbridos. De acordo com os dados compilados em Novembro de 2005, a Toyota está a vender a um ritmo de cerca de 105 000 Prius anualmente (juntamente com mais de 40 000 modelos híbridos Lexus e Highlander), com o objectivo de vender 1 milhão de automóveis híbridos por ano até 2010. As vendas de híbridos da Honda, de todos os modelos, totalizam menos de 50 000. E a Toyota demora uma média de oito dias para vender um Prius nos concessionários, contra as cinco a oito *semanas* para a Honda vender um Civic ou Accord híbrido.

Estará a Toyota a vender um automóvel melhor? Sim. E quando o automóvel melhor é sustentado por um modelo de negócio melhor que multiplica as vantagens do produto, o resultado é um conjunto de vantagens interligadas que são difíceis para um concorrente igualar, e muito menos superar. Combine um automóvel formidável com um modelo de negócio fantástico e a probabilidade de sucesso alcança 90%.

> *As empresas vencedoras dedicam tanta energia a projectar um modelo de negócio fantástico quanto a projectar um produto formidável.*

Qualquer um pode ter sorte uma vez. O projecto do Prius teve simplesmente sorte? Se o seu sucesso foi um acaso — se a Toyota teve sucesso com uma série de medidas idiossincráticas que outros não podem imitar — deve haver pouco que possamos aprender. Contudo, se ele for sistemático e o resultado de uma estratégia consciente desenvolvida pelos gestores da Toyota em resposta a uma compreensão genuína dos verdadeiros riscos e sobre como lidar com eles, então talvez possamos beneficiar com o estudo da estratégia da Toyota.

A história da Toyota demonstra que existe mais do que o simples acaso a seu favor. A empresa já fez mais do que reduzir os riscos (*de-risk*) do seu negócio. A empresa esforçou-se por reduzir custos fixos e por reduzir inventário. A empresa esforçou-se por reduzir os tempos de ciclo em tudo, desde o fabrico ao desenvolvimento. A empresa criou fábricas flexíveis, nas quais cinco a sete veículos diferentes podem sair da mesma linha de montagem. Agora passou a focar-se sobre o dragão «indomável» do risco de projecto, e aplicou e inventou uma série de medidas para transformar uma probabilidade de sucesso de 5% em 80% ou mais.

Entre 1955 e 1980, a Toyota esforçou-se por se tornar no melhor fabricante no ramo. Desde 1980 até hoje, a empresa tem-se esforçado para se tornar o melhor fomentador do desenvolvimento de produtos. Não um, mas uma série de novos modelos fantásticos de automóveis demonstra o seu progresso. O Lexus, a Hilux, o Prius, o Scion, o Highlander híbrido, o Lexus híbrido... o registo mostra-nos que a empresa está a aprender como domar o dragão do risco de projecto, e a criar um sistema para melhorar a probabilidade de sucesso nos seus projectos mais importantes na sua carteira de projectos. (Para uma actualização sobre como os desenvolvimentos recentes afectaram a sorte do Prius, veja as Notas, página 287.)

OUTRAS MEDIDAS ADICIONAIS DA TOYOTA PARA MELHORAR A PROBABILIDADE DE SUCESSO

Eis uma lista das melhores medidas de redução dos riscos (*de-risking*) da segunda fase da história do Prius:

- Inicialmente, lançar apenas no Japão (deixando espaço de manobra para introduzir melhorias).
- Planear para o modelo 2.0 (electrónica, painel, mais espaço).
- Lançar nos Estados Unidos da América depois da depuração (técnica *stepping-stone*).
- Criar uma aparência distintiva para o modelo 2.0 (anúncio móvel).
- Licenciar tecnologia híbrida (à Ford e Nissan, oferta à GM e todos os outros).
- Projectar o modelo de negócio tão cuidadosa e astutamente quanto o automóvel.

iPOD, ACTO II

É o fim de 2001. O iPod foi lançado e recolhe elogios pelo seu *design* elegante e totalmente branco, a *interface* fácil de utilizar, a capacidade de memória relativamente grande (5 GB) e o controlo de roda único. Ele também atraiu escárnio céptico pelo seu preço elevado de $399. Tal como os comediantes afirmavam, iPod significa «*Idiots Price Our Devices*» ([15]). Ao mesmo tempo, a Apple lança o seu *software* iTunes – mas é simplesmente uma ferramenta de biblioteca para armazenar música, útil mas não terrivelmente inovador ou emocionante.

Com o seu ego saudável, zelo messiânico e historial de sucesso, Steve Jobs é um alvo delicioso para os críticos e opositores, e eles têm esperança em ver a sua última aposta louca a esfumar-se em chamas.

Todavia, o iPod vende. Em poucas semanas, o iPod ultrapassa os poucos leitores de música concorrentes (como uma máquina agora esquecida chamada Nomad Jukebox) para se tornar no principal dispositivo do seu tipo.

---

[15] N.T. Optou-se por manter o termo original, pela sua importância no texto. A tradução fiel à letra, em Português, é "Idiotas Fixam o Preço dos Nossos Dispositivos".

O verdadeiro upside é frequentemente maior do que imaginamos. O universo em expansão de produtos e acessórios iPod – um negócio com receitas anuais superiores a $10 mil milhões.

Ainda assim, Jobs e a Apple reconhecem que eles estão apenas a um terço do caminho até ao sucesso. Eles não permitem que a versão 1.0, quer do dispositivo iPod, quer do negócio mais amplo de música da Apple, sobrevivam sozinhos por muito tempo. As inovações seguem-se rapidamente. (É o mesmo conceito *stepping-stone* que a Toyota usou, substituindo rapidamente uma boa primeira geração do Prius por uma muito boa segunda geração do Prius.)

Em Março de 2002, a Apple anuncia um iPod de 10 GB com um preço de $499. Em Julho, a segunda geração do iPod apareceu com até 20 GB de memória, uma «roda de toque» chique em vez da roda mecânica original e, ainda mais importante, a capacidade de trabalhar com *software* baseado quer em Mac, quer em Windows.

De repente, a Apple está a abrir as portas ao mundo dos PCs, a grande maioria dos utilizadores de computador. Steve sabe que está a jogar numa nova arena agora – no mundo da electrónica de consumo, onde os discos de ouro e de platina e os filmes de êxito têm uma atracção universal, não apenas de nicho. Todos desejam ter um iPod, e a Apple quer que todos possuam um. As vendas aumentam repentinamente. A probabilidade de sucesso final salta para 50%.

À medida que o iPod é actualizado, o iTunes também o é. Em meados de 2002, as capacidades de gestão de listas de música foram acrescentadas ao *software* iTunes, permitindo aos utilizadores uma montagem mais fácil e divertida das suas próprias colecções de música de acordo com o artista, o género, o tema, o ambiente, e assim por diante. E nos bastidores, a Apple começou a trabalhar numa versão protótipo do iTunes que irá facilitar o *download* legítimo de música (substituindo potencialmente os serviços legalmente duvidosos de pirataria tais como o Napster).

Em Abril de 2003, a Apple lançou a terceira geração, ultra-fina, do iPod, que inclui opções de memória até 40 GB. Os elogios dos utilizadores iniciais, o apoio de celebridades, a fabulosa publicidade gratuita e alguns anúncios comerciais de televisão muito na moda, todos combinados, ajudam a tornar o iPod um acessório de estilo imprescindível, bem como um dispositivo para fãs de tecnologia e conhecedores de música.

E no mesmo mês chega o maior avanço de todos: o lançamento do iTunes Music Store, um *site online* para descarregar músicas gerido pela Apple, embutido no *software* iTunes, e que oferece músicas de todas as quatro grandes editoras discográficas – EMI, Sony BMG, Universal e Warner Brothers. A *interface* é fácil de usar, o conteúdo é abrangente e o preço é amigável – uns meros e acessíveis 99 centavos de dólar por faixa. A Apple espera que o iTunes venda um milhão de músicas no primeiro ano.

Ele vende um milhão de músicas na primeira semana.

E o que significa tudo isso para a Apple? Após vários anos de ter sido relegada para um espaço de nicho na computação, a Apple reentrou na consciência pública como uma empresa inovadora e uma força convincente nos negócios e na tecnologia. Desde a introdução do iPod e do iTunes Music Store, as acções da Apple têm subido de forma constante, com o iPod como o principal impulsionador do crescimento das receitas da Apple. O iPod passou de gerador de apenas 2,5% das receitas da Apple em 2002 para 33% em 2005. Como resultado, a taxa anual composta de crescimento para as receitas totais foi de 34% entre 2002 e 2005.

Isso mostra o que pode acontecer quando aposta a empresa num projecto fantástico, e depois continua a alterar a probabilidade até que ganhe a aposta.

OUTRAS MEDIDAS ADICIONAIS DA APPLE PARA MELHORAR A PROBABILIDADE DE SUCESSO

- Dar sequência à versão 1.0 com versões melhoradas – e depressa (técnica *stepping-stone*).
- Chegar a mercados mais abrangentes (Windows).
- Capitalizar no *design* brilhante através de publicidade com celebridades.
- Construir uma infra-estrutura de serviço ao cliente (o iTunes Music Store) para dar suporte e melhorar o produto fantástico (iPod).
- Continuar a adicionar capacidades para alimentar a crescente procura dos clientes.
- Projectar o modelo de negócio tão cuidadosamente quanto projecta o produto.
- (Para mais detalhes sobre o modelo de negócio do iPod, veja o Capítulo 6.)

MARS PATHFINDER
ALTERAR A PROBABILIDADE DE SUCESSO COM POUCO DINHEIRO

Enquanto gestor de projecto no mundo real, pode muito bem afirmar, «Eu consigo perceber como a probabilidade pode ser melhorada num único projecto. Contudo, na minha empresa, não podemos dar-nos ao luxo de nos concentrarmos num projecto de cada vez. Temos tipicamente dezenas ou mesmo centenas de projectos em andamento. Muitos deles começam pequenos. Todavia, todos eles têm potencial, e esperamos que alguns floresçam para serem os grandes êxitos de amanhã. Como posso melhor a probabilidade de sucesso quando eu tenho de fazer malabarismos com dezenas de bolas ao mesmo tempo – e quando os recursos que tenho à minha disposição estão severamente limitados?»

Nesta situação, os desafios são ainda maiores. Não obstante, talvez exista uma forma de os ultrapassar. Considere o exemplo de um projecto desenvolvido no seio de uma grande burocracia governamental, com sérias restrições orçamentais, que ainda assim conseguiu melhorar a probabilidade de sucesso.

O Mars Pathfinder, um pequeno veículo espacial que transporta um pequeno computador itinerante num veículo com seis rodas chamado Sojourner, pousou em segurança em Marte a 4 de Julho de 1997. Projectado e construído para a NASA no Laboratório de Propulsão a Jacto em Pasadena, na Califórnia, o Sojourner, controlado à distância, atravessou a superfície marciana tirando fotos, analisando amostras do solo e rochas e avaliando as condições meteorológicas. Projectado para funcionar durante uma semana, o Sojourner superou as expectativas por um factor de doze, enviando dados de volta até 27 de Setembro de 1997. Ao todo, o Pathfinder realizou quinze análises químicas, captou mais de 17 000 imagens fotográficas, realizou 8,5 milhões de medições da pressão e da temperatura atmosférica e da velocidade do vento e transmitiu 2,3 mil milhões de *bits* de informação, proporcionando discernimentos únicos e de valor inestimável sobre a história geológica de Marte.

Este sucesso foi alcançado apesar do facto de o Pathfinder utilizar uma série de tecnologia novas e não testadas, ter sido desenvolvido sob imensa pressão de tempo, e ter custado menos do que $265 milhões – um quinto do custo de cada missão Viking. Existiram vários elementos únicos no projecto Pathfinder que alteraram a sua probabilidade de sucesso. Esses incluíam:

Compressão do tempo. A sonda Viking foi criada ao longo de um período de oito anos; à equipa da Pathfinder foi estabelecido um prazo inferior a quatro anos. Para tornar isso possível, a NASA agendou fases agressivas e concorrentes de engenharia e de teste.

Sistemas organizacionais mistos. A maioria dos engenheiros do JPL, incluindo aqueles que trabalharam no Pathfinder, participa em vários projectos simultaneamente. É uma boa maneira de manter as pessoas ocupadas e produtivas, mas também dispersa a atenção e amplia os horários de trabalho. O JPL designou um engenheiro experiente a tempo inteiro para supervisionar cada subsistema do Pathfinder, vivendo e respirando essa atribuição e assumindo a responsabilidade final pelo seu sucesso. Os discernimentos mais amplos dos engenheiros experientes serviram para organizar e controlar o trabalho das centenas de colaboradores a tempo parcial e salvaram, repetidamente, o projecto da derrapagem de prazos e de erros.

Projecto de componente único. A maioria dos veículos espaciais é construída com componentes redundantes para assegurar a fiabilidade. O Pathfinder foi projectado com apenas um componente para cada tarefa. Isso era arriscado, pois significava que a sobrevivência do dispositivo dependia da sobrevivência do seu componente mais fraco. Contudo, isso também tornou o Pathfinder e o Sojourner mais pequenos, mais leves e mais baratos. Esta estratégia de projecto fez com que os engenheiros focassem intensamente na fiabilidade. Durante o processo de desenvolvimento, os membros da equipa do Pathfinder estavam obcecados por tornar cada componente livre de erros tanto quanto possível, sabendo que esses detalhes podiam fazer ou perder toda a missão.

Prioritização brutal. Tal como muitos projectos de I&D, os programas da NASA são propensos ao «*mission creep*» ([16]) – uma expansão gradual dos objectivos que torna os projectos cada vez mais caros, complicados, difíceis de gerir e propensos a fracassos. Com pouco tempo e dinheiro, a equipa do Pathfinder foi implacável a resistir ao *mission creep*, restringindo os seus objectivos científicos e de engenharia ao que eles *sabiam* ser possível dentro dos limites estabelecidos e, quando necessário, reduzindo os objectivos mais ambiciosos para salvar o projecto como um todo. Por exemplo, eles usaram deliberadamente um *chip* obsoleto no cérebro do computador do *rover*, tornando-se «mais estúpido» e «mais lento» para poupar *watts* preciosos de energia, embora mantendo inteligência suficiente para os requisitos básicos.

Romper com a tradição organizacional. As pressões de tempo e dinheiro do projecto Pathfinder forçaram os gestores a violar as normas institucionais. Por exemplo, é procedimento operacional padrão no JPL projectar componentes personalizados para cada novo veículo espacial e, ou fabricá-los internamente no JPL, ou subcontratar o seu fabrico

---

([16]) **N.T.** A tendência para uma tarefa, especialmente uma operação militar, se tornar involuntariamente mais ampla no seu âmbito que os seus objectivos iniciais.

*Simples, barato e incrivelmente eficaz.
Construído com um orçamento limitado e num prazo acelerado,
o rover explorador Mars Sojourner ultrapassou todas as expectativas
por um factor de doze.*

fora. Isto significa que até mesmo elementos simples custam geralmente milhões. Para o Pathfinder, os componentes seleccionados, tal como o aparelho de rádio da Motorola que ligava o *rover* Sojourner ao veículo de aterragem, foram adquiridos a partir de artigos já disponíveis. A ruptura com a tradição poupou quantidades enormes de tempo e dinheiro. Os aparelhos de rádio acabaram por ser tão baratos que o JPL adquiriu trinta modelos diferentes, depois testou-os rigorosamente para escolher o melhor modelo de todos, poupando milhões de dólares no processo.

É possível melhorar a probabilidade de sucesso dos seus próprios projectos com restrições de recursos se a sua organização aceitar o compromisso sério para concluir o projecto a tempo e dentro do orçamento, e estiver disposta a que os sistemas convencionais sejam malogrados durante o processo.

(Para mais perspectivas sobre os desafios da gestão de uma carteira complexa de projectos, veja «Changing the Odds for a Portfolio: MGM and Merck», nas Notas, p. 246.)

REDUÇÃO DOS RISCOS (*DE-RISK*) DO SEU NEGÓCIO

Um estudo cuidadoso das histórias de projectos pode providenciar lições valiosas sobre o que fazer e o que evitar. Quando se considera a gama completa de novos projectos (quer seja um novo, uma fusão e aquisição, TI novo ou um novo negócio) a história oferece uma gama infinita de exemplos de sucessos e fracassos de projectos. (Ver Figura 1-3 para alguns exemplos dos mais notáveis.)

FIGURA 1-3
Sucessos e Fracassos Históricos de Projectos

Fracassos Icónicos	Sucessos de esforço integral	Triunfos com orçamento limitado
Edsel (1950s)	Boeing 707 (1950s)	Ford Mustang (1964)
Betamax (1970s)	IBM 360 (1964)	Nucor (1966)
Lisa (1980s)	Programa Apollo (1960s)	MS-DOS (1980s)
Challenger (1980s)	Sony Walkman (1979)	eBay (1995)
Newton (1990s)	Ford Taurus (1986)	Pathfinder (1996)
Boston's Big Dig (1990s)	PlayStation (1994)	Google (1998)
Webvan (1990s)	*Titanic* (1997)	The Blair Witch Project (1999)
AOL/Time Warner (2001)	iPod (2001)	YouTube (2005)

Existem várias questões que podem ajudar os gestores a começar a aplicar as lições deste capítulo no seu próprio mundo de risco de projecto.

1. Quantos projectos existem no seu sistema? Quanto é que eles estão realmente a consumir (em termos de dinheiro, horas de gestão, unidades de atenção e custo de oportunidade), e de que forma estão a atrasar os seus projectos mais importantes?

2. Qual é o seu projecto mais importante? Qual é a sua real probabilidade de sucesso?

3. Que vinte medidas pode tomar para melhorar a probabilidade de sucesso do seu projecto mais importante? Em quanto aumentará a probabilidade se todas elas forem concretizadas?

Responder à questão da «real probabilidade» é difícil. Eis uma ferramenta simples para o ajudar a começar. Pense no seu projecto mais importante e estabeleça o seu perfil assinalando os espaços apropriados nas linhas abaixo:

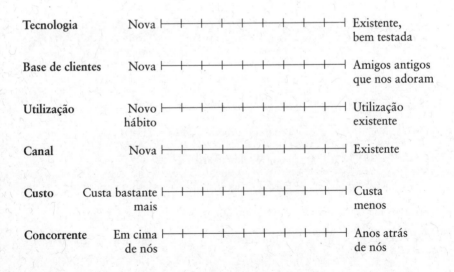

Se assinalou tudo no lado direito do gráfico, a sua probabilidade pode ser tão elevada quanto 20%. Se assinalou tudo no lado esquerdo, a probabilidade pode ser de 5 a 6%.

O perfil do Prius, por exemplo, era este no início do projecto:

Tecnologia	✓ (esquerda)
Base de clientes	✓ (esquerda)
Utilização	✓ (direita)
Canal	✓ (direita)
Custo	✓ (esquerda)
Concorrente	✓ (esquerda)

A tecnologia era nova, tal como eram os clientes. A utilização era semelhante, o canal era semelhante, mas o custo era dramaticamente maior, e a Honda estava prestes a colocar híbridos no mercado, não muito atrás da Toyota. Resultado: nem sequer perto de 20% de probabilidade de sucesso, mas talvez 5%. Isso corresponde a escalar o Monte Evereste, não uma subida ligeira nos Berkshires ([17]). Todavia, a Toyota fez isso acontecer, e inventou as técnicas e os métodos que talvez possamos adaptar e aplicar igualmente.

---

[17] **N.T.** Uma cadeia montanhosa na zona ocidental dos Estados de Massachusetts e Connecticut; uma zona muito popular de turismo.

CAPÍTULO DOIS

Porque nos surpreendem os clientes?

Reduzir o risco de cliente conhecendo, não adivinhando, o que querem

Alguma vez foi tomado de surpresa pelas alterações nos seus clientes? Alguma vez sentiu que metade ou mais dos seus dólares em *marketing* eram desperdiçados? Eram as surpresas e o desperdício verdadeiramente inevitáveis?

Talvez o risco estratégico mais insidioso que enfrentamos seja a dizimação da nossa base de clientes por alterações no comportamento, nas preferências e na demografia. Essas alterações podem ocorrer gradualmente ou literalmente de um dia para outro. De qualquer maneira, elas podem destruir o nosso modelo de negócio.

Os clientes são pessoas – imprevisíveis, irracionais, emocionais, curiosas e altamente propensas a mudanças. Os clientes não conseguem ficar parados. Eles re-segmentam-se a si próprios, de compradores de produtos a compradores de valor, a compradores de preço e depois de volta novamente. As suas prioridades mudam, de qualidade para preço, para soluções, para estilo, para marca. Eles ficam mais ricos. Eles ficam mais pobres. Ficam excitados e sentem-se atraídos por diferentes estilos, diferentes ofertas, diferentes formas de comprar. Eles informam-se melhor. Eles ficam mais exigentes. Decidem fazer compras em lugares diferentes; eles começam a comprar camisas através de catálogos, jóias a partir de um operador de televisão, as férias *online*. Querem automóveis maiores. Depois mais pequenos. E depois realmente grandes. E depois realmente eficientes no consumo de combustível. Eles prometem lealdade a marcas de produtos. E depois às lojas de marca. E depois a nenhuma marca. Eles querem hidratos de carbono, e depois não querem.

Cada vez que estas alterações nos clientes acontecem, o seu modelo negócio está em risco. A nossa proposta de valor fica um pouco confusa, um pouco fora de foco. Perdemos um pouco do negócio com alguns clientes; eles decidem desprender-se de vez em quando e comprar um par de artigos a outro fornecedor. Então começamos a perder os clientes completamente. (Isso é um pouco mais preocupante. Todavia, pelo menos ainda mantemos aqueles velhos clientes em que podemos confiar.) Então começamos a perder os nossos clientes mais rentáveis, os 20% que geram mais de 80% da receita. Um gotejar de pequenas mudanças transforma-se numa torrente de abandonos. E uma perda de 1% da receita transforma-se em 6% de perda dos lucros.

O *risco de cliente* é o risco mais subtil de todos e talvez o risco mais generalizado de todos. E também o mais desnecessário.

O DOM DE SABER 5% MAIS

Como pode tomar medidas para evitar o risco de cliente? Não pode forçar as pessoas a comprar a si. Tal como Yogi Berra afirmou certa vez, «Se as pessoas não querem vir até ao estádio de basebol, ninguém as pode impedir.»

Não, não as «pode impedir», contudo pode reduzir o risco de perder os clientes reduzindo a *incerteza* que cria o risco em primeiro lugar. Afinal, é isso que é o risco – não saber o que vai acontecer, o que os seus clientes estão a pensar, o que eles querem, o que eles vão fazer, ao que eles vão reagir. Se pudesse saber essas coisas, poderia responder de forma adequada, com o tipo de ofertas de preços e de produtos e de serviços de informação que os iria seduzir a ficar.

É por isso que a melhor contra-medida para superar o risco de cliente é criar e aplicar *informação proprietária contínua* sobre os seus clientes. É responder à questão: o que sabemos sobre os clientes que os outros não sabem? E depois usar esse conhecimento para criar e manter os clientes rentáveis para sempre.

O primeiro passo é desenvolver um receio saudável da ignorância, e depois tomar as medidas necessárias para fazer a organização transitar do adivinhar para o saber – movendo a fronteira que separa aquilo que sabe daquilo que não conhece e assim reduzir a área em que a aposta (e, portanto, o risco)

> *O risco é apenas um substituto muito caro da informação.*

é inevitável. Mesmo uma alteração de 5% nessa fronteira pode traduzir-se em milhões de dólares em receitas e lucros. Os modeladores do risco poupam dinheiro e melhoram a sua probabilidade de sucesso criando, e depois usando, a informação que os outros não têm para estabelecerem ligações inquebráveis com os seus clientes.

CONHECIMENTO INTENSIVO

A informação proprietária é um componente crítico do seguro contra o risco de cliente, mas nem sempre a história toda. Para os melhores intervenientes, a informação proprietária é a pedra angular de um sistema com vários componentes-chave. Estes incluem:

- Com persistência, *colocar as questões mais duras e mais exploratórias* sobre os clientes, as suas necessidades e os seus interesses, e as formas pelas quais os processos de negócio da empresa podem servir melhor os clientes. Questionando sempre: «O que tenho receio de descobrir hoje? E como posso descobri-lo hoje?»
- Possuir *modelos ou algoritmos* que convertam o fluxo de informação proprietária em «aha!» sobre as quais a empresa pode agir, especialmente *sistemas de fixação de preços* que alinhem as preferências dos clientes e a situação económica da empresa

de forma a maximizar o fluxo de valor para os clientes juntamente com os lucros para a empresa.
- Ter programas que *organizem os elementos mais importantes na relação com o cliente* (tais como ofertas personalizadas de produtos, programas de fidelização e intervenções de serviço), de modo a que as transacções satisfatórias evoluam, pouco a pouco, para relações fortes, duráveis, com um beta baixo e altamente rentáveis.
- Uma *cultura centrada no cliente*, inculcada e reforçada através de formação e incentivos, que confira aos empregados as competências e o entusiasmo que eles necessitam para continuarem a fazer as coisas certas para o cliente e para o negócio.
- Uma *cultura de experimentação*, na qual seja usual testar as ofertas de produtos, os preços, os termos e outras condições com uma mente aberta, saboreando os resultados contra-intuitivos e as experiências «fracassadas» de igual forma que os sucessos óbvios.

O resultado final da construção de um negócio em torno da informação proprietária sobre os clientes é a criação de *conhecimento intensivo* – uma forma de fazer negócios através da qual a miríade de incógnitas que caracteriza cada empresa foi sistematicamente identificada, quantificada, estudada, analisada e codificada de forma a reduzir a incerteza, aumentar a previsibilidade e permitir que os gestores tomem decisões mais exactas do que nunca.

Quantas vezes? Sempre? Nunca com essa frequência. Contudo, aumentar a frequência de medidas certas de, digamos, 50% para 60% faz uma enorme diferença no sucesso de qualquer negócio. Mesmo um aumento de 1% pode fazer uma grande diferença. «Alcançar e trabalhar os números» é um trabalho árduo, mas quem já o fez sabe que compensa.

As empresas de conhecimento intensivo criam e aplicam dez a vinte vezes mais informação do que as suas rivais. E essas empresas estão sempre à busca de mais informação.

Na Coach, o fabricante de malas e acessórios de luxo, os gestores descobriram como desenvolver e aplicar os discernimentos sobre os clientes que lhes permitem identificar e lucrar até com as mudanças e as reviravoltas mais imprevisíveis no negócio da moda. No gigante

Japonês de *media*, Tsutaya, os colaboradores aprenderam a perceber como as preferências dos seus clientes evoluem mesmo antes de os próprios clientes o saberem.

Vamos espreitar como estas empresas estão a moldar os riscos que enfrentam.

SUPERAR O RISCO DE CLIENTE
NO MERCADO DA MODA DE LUXO: COACH

Lew Frankfort tem um sonho. De facto, é um sonho que ele tem tido recorrentemente nos últimos anos.

No seu sonho, ele imagina-se em casa, mas não casa actual em que ele e a sua mulher vivem na zona chique do subúrbio de New Jersey, nem a sua casa de fim-de-semana junto à praia na zona muito em voga dos Hamptons, em Nova Iorque. Em vez disso, é uma casa imaginária que oscila nas encostas de um morro coberto de árvores com vista para os bairros pobres do Bronx. No sonho, aqueles bairros pobres são muito mais escuros, mais desleixados e mais perigosos do que na vida real. Um passo em falso, e a casa pode descer pela encosta abaixo até às profundezas... levando Lew com ela.

Frankfort não tem nada contra o Bronx. Ele viveu lá a sua infância, filho de um polícia da cidade de Nova Iorque e de uma mãe doméstica, e frequentou a Hunter College, uma filial local da reputada City University de Nova Iorque (nessa altura não havia propinas), que educou gerações de miúdos das classes trabalhadoras das comunidades de imigrantes de Nova Iorque.

Contudo, hoje em dia, sendo um dos executivos mais bem sucedidos do mundo ele tem um estilo de vida melhor. E a sua empresa, a Coach, Inc., é um dos negócios mais rentáveis e de mais rápido crescimento nos Estados Unidos da América. Não admira que quando Frankfort imagina a possibilidade de por algum acaso perder tudo isso, ele fique nervoso. O seu estilo enquanto CEO é moldado em parte por aquelas madrugadas em que ele acorda do pesadelo de viver à beira do abismo. «Ele tem receio do fracasso, e ele mesmo lhe dirá isso», afirma o seu filho Sam, de 25 anos de idade.

O mundo da moda é caracterizado por um significativo risco de cliente. É um mundo de desvarios e frenesins, impulsionado por caprichos que estão para além da razão. A única coisa que é certa na moda é a mudança constante – o facto inexorável de que qualquer cor ou tecido ou estilo que hoje está em voga com toda a certeza estará mais do que esquecido nesta altura do próximo ano.

Além do mais, o calendário exacto das mudanças é fundamental para o sucesso na indústria da moda. A curva que representa o ciclo de vida da maioria dos sucessos da moda é algo como isto:

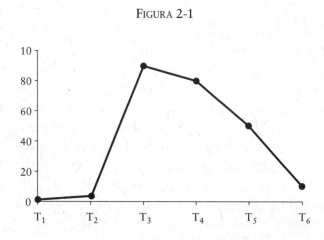

FIGURA 2-1

Entre os pontos T_2 e T_3, o estilo ganha vida. É aí que uma fortuna pode ser feita. Torna as informações sobre o estilo virtualmente inestimáveis no ponto T_2, mas ubíquas e, portanto, praticamente sem valor no ponto T_3.

É rara uma empresa que consiga atravessar com sucesso este campo minado numa base estável. Ainda mais rara é a empresa estabelecida há longa data que consegue actualizar um conjunto de estilos clássicos e torná-los tão sofisticados e vanguardistas como a *Vogue* do próximo mês – e estar à frente das tendências, ano após ano, sem alienar os seus clientes tradicionais.

A Coach é uma dessas empresas. Desde sempre famosa pelas suas malas de mão clássicas para mulheres, a Coach tornou-se no líder de moda nos seus segmentos, facturando $2,5 mil milhões, atrás apenas da Gucci e da Louis Vuitton no mercado global de $13 mil milhões em artigos de couro e acessórios de gama alta. Isso aconteceu graças à estratégia baseada no conhecimento concebida pelo CEO Frankfort e a sua equipa – uma estratégia que permitiu à Coach capturar e manter um dos maiores e mais desejáveis nichos no negócio volátil dos acessórios de moda, mantendo-se a par de, e até mesmo antecipando, as constantes alterações nas preferências dos clientes.

A Coach foi lançada em 1941, num *loft* no bairro do SoHo em Nova Iorque, por um artesão de couro chamado Miles Cahn, que adorava a maneira como as velhas luvas de basebol se tornavam mais macias, mais maleáveis e mais polidas quanto mais fossem usadas. Cahn conferiu às malas da Coach a mesma macieza, durabilidade e estilo clássico que uma velha luva de um jogador de basebol, criando bolsas para senhoras com acabamentos num preto ou castanho elegantemente discretos e apresentando fechos simples em bronze e pequenas outras decorações. As malas eram caras mas tão bem feitas que o seu valor era considerado excelente, e com início na década de 70, a Coach oferecia até o restauro gratuito de malas usadas ou danificadas independentemente de há quanto tempo elas tinham sido compradas.

Para muitas mulheres advogadas, financeiras e executivas nas décadas de 70 e 80, uma mala elegante da Coach era um acessório indispensável para acompanhar o fato feito à medida, a blusa pastel e o lenço ou gravata de seda – uma maneira de dizer ao mundo «estou aqui».

A Coach tinha um nicho confortável num mercado tradicional. A sabedoria convencional no negócio da moda afirmava que se pode confiar que as mulheres norte-americanas iriam adquirir duas malas por ano, uma mala para o dia-a-dia e uma para as ocasiões especiais. (De acordo com estudos estatísticos, o número exacto, em 1988, era de 1,9.) A Coach teve a sua quota desse volume de negócios. Todavia, ironicamente, a durabilidade e o estilo clássico dos produtos da Coach funcionaram, na verdade, contra as perspectivas de longo prazo da empresa. As malas da Coach duravam tanto tempo que as mulheres raramente precisavam de as substituir. E embora elas nunca tivessem representado o apogeu da moda actual, elas também nunca pareceram estar fora de moda, novamente reduzindo a necessidade de comprar uma nova.

Assim, a Coach continuou ao longo das décadas como um ícone do bom gosto mas longe de ser um negócio excitante para possuir. Contudo, em meados da década de 90, o panorama do mercado da Coach começou a mudar de formas que desafiaram o equilíbrio da empresa.

A mudança foi motivada, em parte, pelas alterações no estilo de vida das mulheres. O impulso inicial feminista para o mercado de trabalho foi dando lugar a um mundo no qual as mulheres tinham papéis de liderança em cada vez mais indústrias. À medida que a pressão sobre as mulheres para provarem que «pertenciam» a esse mundo diminuía, os trajes de trabalho das mulheres tornaram-se menos convencionais, a imitar menos os fatos para homens, e mais abertamente feminino. As pastas duras de couro e as discretas malas de mão subtilmente estilizadas, como aquelas feitas pela Coach, já não eram precisas. Em vez disso, as malas de mão tornaram-se acessórios de moda, em formas de elas actualizarem um visual e de se sentirem na moda sem necessitarem de comprar um novo guarda-roupa.

Além disso, à medida que os estilos de vida das mulheres se tornavam mais complicados, os tipos de malas que as mulheres usavam começaram a multiplicar-se. Além das malas de mão e das pastas, havia as sacolas, as mochilas, as malas de fim-de-semana, os sacos de viagem, as carteiras, os sacos para fraldas, sacos especializados para guardar a roupa da ginástica, as compras de supermercado e os computadores portáteis. As mulheres queriam malas numa grande variedade de tamanhos e formas para as actividades, desde uma noite na cidade, ou uma tarde no jogo de futebol dos miúdos, a um sábado no centro comercial ou um fim-de-semana na praia. Nos anos iniciais do novo século, as mulheres norte-americanas estavam a comprar 3,5 malas por ano.

À medida que o mercado crescia na década de 90, a Coach estava determinada a capturar a sua parte justa desse crescimento. Contudo, em meados da década de 90, isso não estava a acontecer. À medida que as mulheres e as suas necessidades evoluíam, a Coach continuava agarrada aos seus estilos, às suas formas e às suas cores clássicas, tornando-se gradualmente menos relevante para as preferências dos clientes em mudança.

É a versão clássica do risco de cliente: o cliente evolui, a empresa não. É um convite ao desastre.

Lew Frankfort tinha ido trabalhar para a Coach em 1979. Quando a Sara Lee adquiriu a Coach em 1985, a empresa nomeou Frankfort

Lew Frankfort e Reed Krakoff transformaram a Coach de uma marca clássica numa casa de moda jovem e em voga.

presidente da Coach, e depois *chairman* e CEO em 1995. Frankfort tinha já introduzido mudanças significativas na Coach. Ele tinha criado um sistema de distribuição multicanal para a empresa, incluindo lojas independentemente da Coach e o negócio por catálogo. Ele tinha também iniciado a criação de uma poderosa base de dados com informação sobre os clientes, baseada num fluxo contínuo de dados e uma visão multifacetada do comportamento dos clientes. Esses dados desempenhariam um papel crucial na reviravolta do risco da Coach.

Em 1996, no ano seguinte a Frankfort ter ocupado o cargo de CEO, ele contratou Reed Krakoff, um jovem *designer* na Tommy Hilfiger, para trazer uma nova sensação de moda à Coach. Os dois homens rapidamente desenvolveram uma forte empatia – ainda hoje em dia, Frankfort gosta de mencionar que eles completam as frases um do outro. Em breve, também eles enfrentariam um momento de risco máximo.

Em 1996, o sistema contínuo de monitorização dos clientes estava a transmitir sinais perturbadores a Frankfort, a Krakoff e à equipa da Coach. O crescimento das vendas da empresa no Japão tinha caído subitamente, de mais de 30% para valores com apenas um dígito. Este era um daqueles momentos críticos Little Round Top nos quais a velocidade e a eficácia da resposta fazem toda a diferença.

«Felizmente, o nosso sistema contínuo de monitorização e as nossas perspectivas múltiplas sobre os clientes providenciaram-nos uma forma de atacar este problema», afirmou Frankfort. «Fizemos uma pesquisa profunda na nossa informação para descobrir as causas de raiz destas alterações repentinas. Em particular, focamo-nos nos nossos dados sobre 'novos clientes' e 'clientes ausentes'. Descobrimos porque é que os novos clientes diminuíam, e quanto aos clientes ausentes, descobrimos exactamente porque é que nos deixaram e qual a concorrência para onde se mudaram.»

Era evidente que o modelo da Coach tinha de evoluir rapidamente. Frankfort e Krakoff tinham de encontrar uma forma de refrescar a sua linha de produtos, torná-la mais relevante para a mulher moderna, e conferir à empresa uma imagem nova, mais na vanguarda da moda – enquanto mantém a reputação invejável da empresa pela sua elevada qualidade. Tinham também de evitar alienar os clientes fiéis que conheciam e adoravam a «velha» Coach.

Krakoff e Frankfort abordaram o problema por etapas. Eles começaram por introduzir pequenas alterações, e depois rapidamente decidiram tomar grandes medidas. Em 1998, eles estrearam um artigo a que chamaram de mala de mão Neo, uma nova versão de um *design* clássico da Coach que era mais leve, mais delgada e estava equipada com mais bolsos interiores. Os clientes gostaram.

A empresa continuou e introduziu a sua segunda linha mista de materiais leve, a Mercer, apenas um ano depois. No entanto, a linha Hamptons, introduzida em 2000, foi um verdadeiro ponto de viragem para a marca, não apenas por causa do seu fabrico – tecidos de sarja com remates de couro em contraste – mas porque era a primeira verdadeira colecção de *life-style* da empresa. A Coach foi capaz de apresentar a marca dos pés à cabeça, incluindo produtos desde os chapéus e peças de vestuário exterior às malas de mão e aos acessórios.

A próxima grande inovação da empresa foi a colecção Signature, uma nova linha de malas programada para ser introduzida no início de 2001. Afastando-se ainda mais do estilo tradicional de couro integral da Coach, as malas Signature eram feitas de couro e tecido estampado

A loja tradicional da Coach, bem como a linha de produtos da Coach, exsudam uma elegância clássica e discreta.

com a letra C. As cores eram conservadoras (cinzentos, castanhos, caqui e preto), e o *design* era tradicional, mas para a nova Coach iria representar uma festa de inauguração.

Embora a Coach tenha testado esta medida exaustivamente, a questão incómoda permanecia: como iriam os partidários da Coach responder à nova aparência? Os líderes da empresa que iriam tomar a fatídica decisão de avançar/não avançar deviam estar nervosos, mas decidiram arriscar. E as malas foram um grande sucesso, confirmando que os clientes estavam dispostos a comprar uma nova aparência da Coach. Krakoff e Frankfurt tinham autorização para avançar um pouco mais com as suas experiências.

Depois da linha Signature seguiram-se novos produtos em tamanhos e formas inovadoras. Um progresso importante foi a «*wristlet*» [18], uma mala rectangular com um fecho de correr e uma dimensão de

---

[18] **N.T.** A tradução literal, em Português, seria "carteira-pulseira".

apenas 10 × 15 centímetros. Este novo produto surgiu a partir da investigação da Coach sobre a forma como as mulheres estavam a usar as suas bolsas. (A constante curiosidade da gestão sobre os clientes e o seu escrutínio é provavelmente a arma mais poderosa no arsenal de Frankfort.)

A Coach notou que as vendas de estojos de cosméticos estavam a aumentar a um ritmo constante – mais depressa do que eles achavam que fazia sentido. Eles começaram a questionar-se sobre isso. O que é que as mulheres andavam a fazer com todos aqueles estojos de cosméticos? As mulheres que entrevistaram disseram-lhes que elas queriam uma mala pequena (que pudesse caber dentro das suas malas de mão, maiores), nas quais os itens mais importantes pudessem ser guardados – um batom, um cartão de crédito, as chaves, a carta de condução e um telemóvel. Este sistema tornava as necessidades imediatamente acessíveis e eliminava a busca embaraçosa, através dos recessos escuros das malas de mão sobrecarregadas. Os estojos de cosméticos desempenhavam bem este papel, mas as mulheres estavam prontas para um acessório concebido com esse propósito. Krakoff ouviu atentamente, regressou à sua mesa de projecto e, em poucos meses, nasceu a *wristlet*. Introduzido em 2001, o acessório foi um sucesso imediato. Durante os primeiros dez meses, ele metamorfou-se em 25 variedades e gerou mais de $4 milhões em vendas. Hoje em dia, a Coach vende $40 milhões de *wristlets* em trinta estilos diferentes.

Nos anos seguintes a estes sucessos iniciais, mais produtos novos da Coach foram criados numa escala cada vez maior de estilos, formas, cores e materiais. De repente, o rosa e o amarelo e o azul vivo e o verde eram, todos, cores da Coach – não apenas os castanhos e os pretos escuros e os tons de outros tempos. As lojas da Coach vendem não apenas malas e carteiras e malas de bagagem, mas também luvas, sapatos, lenços, óculos de sol e até jóias e relógios. Na Primavera de 2003, a Coach lançou a colecção Hamptons Weekend, uma linha de malas de viagem feitas à base de sintéticos duráveis e resistentes à água, que foram exibidas nas lojas recheadas com toalhas de praia e chinelos para simbolizar o novo estilo mais informal da Coach. Uma inovação mais recente é a colecção Madison, uma linha de malas de cetim ou adornadas de jóias para várias ocasiões desde o dia à noite. Lançada em Dezembro de 2004, depressa passou a representar 5% das vendas das lojas.

Tal como a linha de produtos da Coach, as lojas de retalho da Coach foram redesenhadas para passar uma mensagem apelativa a uma nova geração de clientes.

Na natureza, a evolução muitas vezes funciona com o desabrochar de uma impressionante sequência de variações para descobrir aquelas que irão resistir. Com Lew Frankfort, a Coach tem utilizado a variação como um instrumento de descoberta. Alguns dos seus novos produtos podem desaparecer depois de alguns meses nas prateleiras. Contudo, a Coach terá aprendido quais os produtos a que a sua base de clientes responde. E esses *designs* irão tornar-se nas estrelas da próxima linha de produtos de última geração da empresa e a inspiração para ainda mais novas ideias na próxima ronda de variação, experimentação e selecção.

As lojas da Coach foram, igualmente, alteradas. Os painéis de madeira escura e exclusiva deram lugar a lojas com brilho, de pé-direito alto e em branco, com portas amplas abertas e amostras de malas exibidas em prateleiras abertas, em vez de estarem em caixas de vidro, de modo a que os clientes se sintam convidados a manipular e a admirar os produtos.

Para o ajudar a orientar, e trabalhar com, Reed Krakoff, Lew Frankfort mergulhou na linguagem do *design*. O seu escritório na 34th Street, no coração do distrito da moda de Nova Iorque, está repleto de livros de arte, gravuras de Giacometti e Calder, e *designs* clássicos da Coach da década de 60. Ele encara o seu trabalho como uma série de desafios criativos – para manter a Coach emocionante enquanto os clientes evoluem e procuram coisas novas.

Todavia, a reformulação da Coach não se trata apenas de pura habilidade ou escolhas brilhantes e intuitivas de *design* que brotam da alma de Krakoff (com forte apoio de Frankfort). Frankfort é, acima de tudo, um homem de números, e ele gere a Coach em conformidade com isso.

A Coach ocupa o nicho de crescimento rápido no negócio dos acessórios de moda – o nível de «luxo acessível», com preços superiores aos dos produtos de mercado de massa, mas abaixo das marcas de luxo como a Louis Vuitton, a Prada e a Gucci. (Uma mala típica da Coach pode custar $300, menos de metade do custo de uma mala da gama alta de um concorrente.) Os clientes de hoje, mais conscientes do custo, apreciam a combinação da Coach entre um preço acessível com a elevada qualidade e uma aparência de moda vanguardista. É um novo foco para a Coach e um que é promissor que permite, na verdade, que a empresa mitigue o seu nível de risco através da diversificação da sua plataforma de produtos e pelo alargamento da sua base de clientes. Isso requer uma colecção mais rica de linhas de produtos, introduções mais frequentes de novas linhas e a gestão de uma maior complexidade.

E é aqui que entra a paixão de Frankfort pelos números. Para um modelador do risco como Frankfort, não basta adivinhar o que irá funcionar para o mercado-alvo único da Coach. Frankfort e sua equipa têm de *saber*. Assim, ele esforça-se muito para transmitir esta paixão pelos números a todos os que o rodeiam.

Os trinta gestores de topo da Coach são recebidos no escritório a cada manhã por uma mensagem de voz recitando os números das vendas do dia anterior. (Durante os períodos de pico de vendas nas férias, as actualizações chegam a ser *três* vezes ao dia.) E é melhor que conheça os números e descubra o que eles significam antes de Lew lhe telefonar. Mike Tucci, o presidente da Coach para as lojas norte-americanas, coloca-o desta forma: «Precisa de fazer os números dançar para continuar a ser convidado para a festa.»

A base de dados da Coach não inclui apenas os números das vendas; esses são apenas os resultados. A base de dados inclui também um fluxo regular de informações sobre os clientes, pois a empresa procura constantemente os *factores de impulso* na escolha dos clientes. Conhecer a superfície do mercado e como ela se está a alterar é importante, mas conhecer as correntes debaixo da superfície tem ainda maior importância. Hoje em dia, a Coach gasta mais de $5 milhões por ano em testes de mercado dos novos produtos, usando múltiplas lentes para ler o mercado, incluindo mais de 60 000 entrevistas individuais com clientes, inquéritos por telefone que chegam a 500 clientes simultaneamente, numerosas experiências de mercado, análises competitivas, estudos de protótipos e ensaios de produtos nas lojas. A base de dados sobre clientes da Coach cresceu e inclui mais de 9,7 milhões de agregados familiares. Frankfort visita, ele próprio, as lojas e os grandes armazéns da Coach algumas vezes por semana, ansioso por complementar a visão panorâmica fornecida pelos dados dos inquéritos com impressões no terreno directamente da boca dos clientes.

A Coach perscruta constantemente a sua base de clientes a partir de muitos ângulos diferentes, estudando métricas como a satisfação do cliente, a classificação competitiva, as intenções positivas de compra dos novos clientes e dos clientes ausentes (cruzadas contra o comportamento de compra actual), a resposta ao preço, a resposta a novas variedades de produtos e a resposta às variações ao nível micro (procura por carmesim *versus* vermelhão ou azul *versus* verde-mar). A combinação de todos estes pontos de vista parciais ajuda a Coach a construir uma imagem incrivelmente exacta do cliente.

Com base nas reacções antecipadas aos produtos propostos, a Coach altera frequentemente os *designs* e expande planos para estilos que se mostram surpreendentemente apelativos. (Recentemente, um novo produto em teste revelou-se amplamente popular relativamente aos números de base. Os planos de produção foram duplicados.) Frankfort gosta particularmente daquilo a que chama de investigação rápida-e--suja — inquéritos de última hora e de pequena escala que possibilitam a confirmação no momento de uma estratégia ou que realçam a necessidade de fazer uma mudança.

Em alguns casos, os proveitos vão directamente à conta de resultados. Um inquérito de pré-lançamento revelou que a nova bolsa de abas da colecção Hamptons podia suportar o preço de $328, um total de $30 mais do que o montante que as pessoas da empresa tinham previsto ser o limite de dispêndio dos clientes para o artigo em questão. As etiquetas e a sinalética foram rapidamente reimpressas, e as vendas foram muito boas.

Ainda mais importante, Reed Krakoff, o lado artístico da parceria, não é uma *prima donna* prepotente. Ele aceita como válida a abordagem, centrada no cliente e impulsionada pelos dados, de Frankfort para a tomada de decisões. «Quando algo não vende», afirma Krakoff: «Eu nunca digo: 'Bem, as pessoas não entenderam o produto.' Se as pessoas não o entendem, ele não deve estar na loja.» Esta humildade está totalmente desfasada da síndrome de grande egos que se descobre nalgumas empresas impulsionadas pelo *designer*.

O profundo conhecimento da Coach permite-lhe adequar a apresentação dos artigos para se ajustar aos dados demográficos dos clientes em locais específicos de lojas. Por exemplo, em cidades conservadoras do centro-oeste, os produtos mais na moda podem ser colocados no fundo da loja, enquanto os mesmos artigos podem estar à frente e ao centro em Nova Iorque, Miami ou Los Angeles. As lojas de *outlet* da fábrica têm estilos populares mais antigos, que também são oferecidos em promoções periódicas de «velhos favoritos» nos grandes armazéns.

A Coach usa também os seus conhecimentos sobre os hábitos dos clientes para orientar as suas estratégias de introdução de produtos. Por exemplo, a investigação mostra que os melhores clientes da Coach visitam a loja a cada quatro ou cinco semanas. Isto dita o ritmo a que Coach renova os seus próprios produtos e a decoração das lojas.

Uma das chaves para a utilização eficaz de informações proprietárias é a *frequência de dados* – ter dados contínuos através de sondagens constantes do mercado, em oposição a instantâneos esporádicos ou periódicos do mercado em mutação, a partir do qual a dimensão e o rumo das alterações nos clientes apenas podem ser inferidos.

A Coach entende estes princípios da frequência de dados. A comunicação constante com os clientes ajuda a empresa a mudar drasticamente quando as atitudes do mercado se alteram. Quando os estilos *preppy* ([19]) voltaram a estar na moda na Primavera de 2004, a Coach antecipou a tendência e estava preparada com malas e acessórios rosas e verdes. Quando a gestão da Coach percebeu que sua nova mala Ergo se tinha esgotado em apenas alguns dias após o seu lançamento no Japão (onde os artigos

> *Dados esporádicos = risco elevado. Dados contínuos = risco baixo.*

de moda mais vanguardista da empresa aparecem pela primeira vez), aumentou rapidamente a produção, tendo reconhecido, mais cedo do que a maioria das empresas o teria feito, que tinha um sucesso em mãos.

Outro discernimento recente chegou em Fevereiro de 2002, quando Frankfort observou um pico no crescimento nas vendas *same-store* durante uma revisão semanal dos números. «O que se passa aqui?», questionou. Ele pediu um estudo mais detalhado. O instinto de Frankfort é sempre de seguir os dados de volta até à fonte, de modo a encontrar o momento de origem – a alteração fundamental no comportamento ou nas atitudes dos clientes que está a impulsionar a mudança percebida.

Neste caso, a investigação adicional revelou que os clientes latinos estavam a aumentar as suas compras na Coach. No espaço de uma semana, Frankfurt tinha ordenado a aceleração dos planos para uma nova loja no sul da Florida (um dos maiores mercados latinos no país), e a Coach começou a veicular anúncios em espanhol pela primeira vez. As vendas para as mulheres latinas começaram a crescer ainda mais depressa.

A Coach enfrentou o maior risco no seu negócio – as alterações nos clientes – reverteu-o e criou um avanço importante no crescimento. Como resultado dos seus vínculos directos e não filtrados com os clientes, a Coach tem crescido a um ritmo constante nas vendas, nas margens e na quota de mercado desde 1999, com um desempenho significativamente melhor do que as suas rivais Gucci e a LVMH e aproximando-se delas de forma continuada em termos de popularidade mundial. Desde 2001,

---

([19]) **N.T.** Característico de um estilo de moda de roupas bem cuidadas, discretas e frequentemente caras; jovem mas clássico; sugerindo que quem as veste é da classe alta e conservador. O termo tem origem nos EUA, e refere-se aos alunos que frequentam ou frequentaram a escola *preparatória*, cujas maneiras e trajes são típicas das escolas tradicionais.

as vendas da Coach cresceram a uma taxa anual de 23%, enquanto os seus lucros têm crescido a uma taxa anual de 40%. Em apenas dois anos (2003-2005), a quota de mercado da Coach aumentou de 8% para 23%.

O valor para o accionista tem seguido a mesma tendência. Em 2000--2001, Sara Lee fez o *spin-off* da Coach como uma empresa independente, numa transacção a dois passos. Desde então, as acções da Coach aumentaram vinte vezes. Em contrapartida, as acções da LVMH, a empresa-mãe da Louis Vuitton, aumentaram apenas 9,6% durante o mesmo período, enquanto as da Gucci desceram 6%.

A Coach é também inspirada pelo crescimento em mercados específicos que são fundamentais para o seu sucesso a longo prazo. Considere o Japão, por exemplo, que representa cerca de um quinto do mercado mundial da Coach. As vendas da Coach nesse mercado quadruplicaram, de menos de $100 milhões, em 2001, para mais de $400 milhões, em 2006, e em 2003 a empresa alcançou o segundo lugar no mercado de acessórios importados daquele país (ficando atrás apenas da Louis Vuitton).

A chave tem sido a satisfação do mercado *hip* e jovem japonês. O cliente médio da Coach no Japão tem trinta e poucos anos, vários anos mais novo do que nos Estados Unidos da América. O sucesso entre os jovens no Japão é visto como um barómetro para mais crescimento entre os seguidores de tendências de moda em todo o mundo. Na verdade, as vendas para o segmento de mercado dos 18 a 24 anos de idade representam agora 20% das vendas da Coach nos Estados Unidos da América, de apenas 5% em 1996. «A nossa marca tem agora uma amplitude suficiente de personalidade para servir bem múltiplos consumidores», relata Frankfort. «Na nossa loja de San Juan, uma vez assisti a quatro gerações às compras em conjunto: uma adolescente, a mãe dela, a avó dela e a bisavó dela. Todas elas tinham malas da Coach. De uma outra vez, visitei a nossa loja em Woodfield, perto de Chicago, e vi uma mulher vestida de vison, vestida com esmero, e uma mulher motorista da UPS, ambas a escolher artigos da nossa linha de produtos.»

A nova demografia da Coach é um elemento essencial no perfil de risco reformulado da empresa: «O nosso actual modelo de negócio é muito menos arriscado do que antes, porque temos um espectro mais amplo de preços, uma maior variedade de artigos e itens adequados para uma ampla lista de ocasiões – dia e noite, Verão e Outono, trabalho e eventos formais.» Agora, não importa como as necessidades dos clientes, as suas preferências e os seus estilos de vida possam mudar, a Coach está pronta para mudar com eles.

Todavia, a alteração no estilo não resultaria para a Coach se não fosse acompanhada por um realinhamento cuidadosamente pensado de todo o seu modelo de negócio. Para ilustrar como todas as peças se encaixam, considere a Figura 2-2, que compara os modelos de negócio de dois fabricantes e comerciantes de acessórios de luxo da moda, o modelo impulsionado pelo *designer* (tal como a Gucci ou a LVMH) e o modelo impulsionado pela informação usado pela Coach.

FIGURA 2-2
Comparação de Modelos de Negócio nos Acessórios de Moda de Luxo: modelo impulsionado pelo *designer* vs. Coach

Elementos do projecto	Modelo impulsionado pelo *designer*	Modelo impulsionado pela informação (Coach)
Selecção de clientes	Rendimento Elevado	Rendimento Médio a Elevado
Proposta de valor única	Moda, marca de prestígio	Acertar no alvo das necessidades dos clientes, renovação mensal da linha de produtos
Modelo de lucro	Margens enormes	Frequência, gama crescente de produtos, quota da carteira do cliente
Controlo estratégico	Marca	Informação e marca

À medida que a Coach evoluía o seu modelo de negócio, a empresa reduziu significativamente os riscos (*de-risked*) do seu negócio. A empresa reduziu custos fixos através do *outsourcing* planeado; reduziu o ciclo de tempo de desenvolvimento em 30%; reduziu os níveis de inventário para um terço dos níveis de inventários dos seus concorrentes. A empresa desenvolveu uma maior gama de produtos, de ocasiões de compra e preço; a empresa consegue acompanhar as alterações constantes no mercado, contraindo ou expandindo as linhas de produtos conforme é necessário.

Mais importante de tudo, no entanto, a empresa criou um fluxo contínuo, sob vários ângulos, e altamente exacto de informação sobre os seus clientes. Este fluxo permite-lhe antecipar as ameaças, projectar os produtos adequados em resposta e ajustar os volumes de produção com uma exactidão extraordinária.

A Coach irá, sem dúvida, enfrentar muitos novos riscos no futuro. A empresa projectou um modelo de negócio que a irá ajudar a perceber esses riscos mais cedo, a reagir mais depressa e a conceber uma resposta que é extraordinariamente exacta relativamente ao que os clientes querem e quanto estão dispostos a pagar por isso.

Naturalmente que, para qualquer negócio, permanecer próximo dos clientes nunca é algo de um único momento. O risco de cliente, por outras palavras, nunca desaparece. Apenas muda de forma e de especificidade. O melhor que se pode esperar é superá-lo por uma temporada, o que lhe oferece a oportunidade de fazer tudo novamente por mais uma temporada.

Para seu crédito, Frankfort foi cauteloso sobre expandir demasiado longe, depressa demais. Ele relata ter recusado numerosos acordos de licenciamento, bem como inúmeras ofertas para comprar outras marcas. Contudo, a possibilidade de um deslize quando uma empresa está a crescer rapidamente está sempre presente.

Assim, apesar do sucesso, ainda existem muitos riscos para manter Frankfort inquieto e a rebolar na cama durante a noite. Não obstante, baseado no que ele tem conseguido até agora, podemos inclui-lo na curta lista de líderes empresariais que estão a construir as primeiras empresas de conhecimento intensivo do mundo.

AS MEDIDAS DE REDUÇÃO DOS RISCOS (*DE-RISKING*) DA COACH

Quantas das medidas de redução dos riscos (*de-risking*) da Coach poderiam ser adaptadas ao seu negócio?

- Criar informação contínua sobre os clientes.
- Usar múltiplos pontos de contacto com os clientes para melhorar a previsão da procura.
- Monitorar sinais de alerta precoce sobre alterações nos clientes através de dados de vendas detalhados.
- Reduzir custos fixos (transitando da produção interna de 75% em meados da década de 90 para o *outsourcing* de 100% em 2002).
- Redução do ciclo de tempo para novos produtos (novos lançamentos a cada quatro a cinco semanas, quando antes eram duas vezes ao ano).
- Aprender através de variações múltiplas de novos produtos (doze a vinte e oito por cada novo lançamento, quando antes eram duas a três).
- Redução do prazo de entrega desde o projecto à venda (onze meses, melhor que os anteriores quinze meses).

COMOVER OS CLIENTES UMA E OUTRA VEZ: TSUTAYA

Tal como o negócio da moda, o negócio dos *media* vai alternando rapidamente devido a constantes alterações nos clientes, difíceis de prever. No mundo de hoje, a avalanche de novos produtos dos *media* – milhares de novos filmes, programas de televisão, CD de música, livros, revistas, jogos de vídeo – é impressionante. Estes produtos podem ser segmentados em centenas de categorias, grandes e pequenas, cada uma com uma matriz complexa, sobreposta e em constante mudança, de clientes e potenciais clientes. Existem enormes sucessos da *mainstream* para serem lançados e, esperançosamente, propensos a lucros enormes – os *King Kongs* e os *Códigos Da Vinci* e os Morning Musumes do mundo (este último um grupo Japonês de música muito popular). Não obstante, existem também inúmeros produtos de nicho, cada um potencialmente rentável e cumulativamente importante para gerar tráfego na loja e na Internet e um aumento constante das vendas – CD de ópera Italiana, músicas de bandas do mundo desde a África do Sul ao Paquistão, DVD de filmes independentes, livros sobre arquitectura, sobre arranjos florais ou sobre culinária sueca e dezenas de outras categorias.

Os desafios que se colocam aos distribuidores de *media* são assustadores. Qualquer loja, independentemente da sua dimensão, só pode encomendar e colocar em exposição cerca de 10% dos novos vídeos e CD disponíveis num determinado momento. Portanto, escolher os 10% *certos* é crucial para o sucesso de um retalhista. Faça más escolhas algumas vezes – ao não prever que um determinado cantor *hip-hop* está à beira de um sucesso com as audiências *mainstream* e que seria melhor armazenar seis vezes a quantidade do seu próximo CD – e verá que estará a afastar clientes desapontados. Continue assim e a sua loja irá tornar-se naquele lugar que as crianças do bairro descrevem como não tendo «nada» mesmo que as suas prateleiras estejam repletas de artigos novos não vendidos.

Como é que algum retalhista pode alguma vez saber, independentemente da sua experiência, que tipos de música e filmes e jogos e livros serão procurados na semana seguinte por milhões de clientes, entre milhares de subcategorias demográficas, culturais, geográficas e estéticas? É impossível. A única forma de saber é deixando de tentar descobrir isso e deixar, em vez disso, que sejam os clientes a dizer-lhe. Que é o que a Tsutaya faz.

A Tsutaya poderia ser descrita como a Blockbuster, a Amazon e a Barnes & Noble, tudo em um, do Japão – como o distribuidor principal de entretenimento digital e de informação no Japão, o que é bastante impressionante. Contudo, o presidente da empresa, Muneaki Masuda, não descreve a empresa em termos tão mundanos. Em vez disso, ele afirma que a sua aspiração é criar «a empresa de *planeamento* número um do mundo» e ele apelida as lojas da Tsutaya como «apenas uma plataforma» para alcançar esse objectivo. O que é que ele quer dizer com isto? Investigue a fundo o suficiente na história da Tsutaya e começará a compreender.

A Tsutaya começou com uma loja de aluguer de vídeos, em 1983. Tornou-se a plataforma de Masuda em 1985, quando ele adquiriu a

Na trilha do cliente. Muneaki Masuda, o antigo executivo da indústria da moda, transformou uma cadeia de lojas de vídeo no comércio de bens de consumo e serviços do Japão mais profundamente informado.

loja e a colocou debaixo da alçada de uma nova empresa, a que ele chamou de Culture Convenience Club Co., Ltd. (CCC). Contudo, a visão de Masuda para o negócio só tomou forma quando ele sentiu uma epifania enquanto via os créditos a passar no final do filme *Os Intocáveis*, de 1987, de Kevin Costner / Brian De Palma. Escondido no meio desses créditos – mas cintilando em letras a negrito para Masuda – estava a linha «Fatos para homem por Giorgio Armani.» Masuda tinha sido antes um executivo na indústria da moda, e na década de 80, afirma ele, Armani era como «um Deus» para ele. A ligação entre o *designer* e árbitro de moda italiano e um filme popular de *gangsters* deu azo a uma série de congeminações frutíferas para Masuda.

Os filmes, percebeu, desempenhavam um papel crucial na vida moderna. Num Japão que (como muitos países no mundo desenvolvido) estava inundado de bens materiais, os meros produtos já não eram uma fonte de significado ou satisfação para a maioria das pessoas. Agora essas pessoas queriam mais: liberdade, escolha, expressão individual, tudo a culminar naquela totalidade vaga mas, todavia, poderosa a que chamamos de *estilo de vida*. E onde é que alguém se poderia dirigir para aprender sobre estilos de vida e, talvez, escolher um para si? Os filmes, naturalmente, onde as estrelas, os cenários, os trajes, os automóveis, a música e as imagens se combinam para criar mundos de estilos variados – constrangedores, sedutores, únicos. Ou se não nos filmes, então nos mundos da televisão ou música ou revistas ou livros – todos repositórios de cultura onde a riqueza e a variedade da vida contemporânea encontram a sua maior expressão e são disponibilizados a todos para dela desfrutarem e a emularem.

A CCC, então, podia ser mais do que apenas uma loja de vídeo. Podia ser uma fonte de cultura abrangente, com a sua popularidade impulsionada pela sua compreensão sobre os clientes e o desejo profundo por estilo incorporado nos alugueres de filmes e outras escolhas de *media*.

Era uma visão grandiosa, mas uma que necessitava de estar suportada nos aspectos práticos do negócio. Masuda decidiu-se a construir a CCC de uma forma competente. Durante a década seguinte, a cadeia Tsutaya expandiu-se rapidamente, principalmente através do *franchising*. Fiel à sua visão para o abrangente mandato cultural da empresa, Masuda também introduziu e expandiu novas linhas de produtos nas lojas – CD de música, livros, revistas e jogos de vídeo. A Tsutaya, decidiu ele, seria uma loja «multi-pacote», oferecendo todo o tipo de produtos de *media*. Seria, igualmente, uma loja «multiuso», onde os produtos podem ser adquiridos, alugados ou vendidos (CD e vídeos usados fazem parte do inventário da Tsutaya). Naquela altura, não existia nenhuma outra cadeia de lojas de *media* no Japão com uma oferta com tal abrangência de produtos e serviços.

Nesses anos iniciais, a história de risco da Tsutaya era simples: a empresa, que tinha começado com pouco dinheiro, tinha de gerar dinheiro suficiente para sobreviver, enquanto evitava envolver-se numa guerra de preços com cadeias maiores e mais antigas. Masuda utilizou uma técnica simples para se manter abaixo do radar da concorrência: lançou lojas novas sob uma variedade de nomes, e assim disfarçou a sua ligação com a CCC. Apenas depois de a cadeia ter crescido para ter uma dimensão crítica de sobrevivência, de cerca de 30 lojas, é que ele as consolidou a todas sob a marca Tsutaya.

No final da década de 90, enquanto Masuda continuava a explorar as implicações da sua visão cultural, deu um passo em falso. Decidiu alargar o âmbito da sua empresa na cadeia de valor para incluir a produção e a difusão de conteúdos de vídeo. Em 1996, a CCC investiu na emissora digital por satélite DirecTV, e Masuda tornou-se presidente da subsidiária da DirecTV no Japão.

O investimento nunca correu bem. A DirecTV debateu-se com uma forte concorrência pelo mercado japonês de outras empresas de satélite, e Masuda discordava de outros accionistas da empresa sobre a estratégia da empresa. Em 1999, Masuda tinha deixado a DirecTV e a CCC tinha vendido a sua participação na empresa.

Muitos outros executivos, no Japão ou em qualquer outro lugar, ter-se-iam retirado para a vida privada e tratado das suas feridas. Masuda poderia ter simplesmente retirado, retomando os seus esforços para expandir a cadeia de lojas e reduzir drasticamente a escala da sua ambição. Pelo contrário, Masuda transformou o contratempo num trampolim para a oportunidade.

Durante os seus três anos de luta para tornar a aventura na televisão por satélite num negócio rentável, uma nova tecnologia para distribuir conteúdo digital emergiu – a Internet. Durante algum tempo, tal como muitos outros empresários, Masuda observou cuidadosamente a Internet, incerto sobre se o seu encanto seria abrangente e se iria perdurar verdadeiramente.

Depois, no Outono de 1998, deu-se outro momento de risco, e outro golpe de epifania. Desta vez, chegou através de um inquérito periódico aos clientes da Tsutaya. Quando se verificaram as respostas a uma questão de rotina sobre quais os novos serviços que os clientes gostariam de ter disponíveis, Masuda e a sua equipa foram surpreendidos ao descobrir que 48% dos inquiridos tinha solicitado opções baseadas na Internet – a capacidade de pesquisar o inventário da Tsutaya e de colocar pedidos de encomenda *online*, por exemplo.

Os clientes estavam a enviar uma mensagem clara: eles importavam-se com a Internet. Isso significava que importava a Masuda. E quando o negócio da DirecTV entrou em colapso, ele rapidamente redireccionou a sua atenção para tirar vantagem do novo meio. Masuda reempregou os seus vinte membros da equipa que tinham trabalhado na DirecTV para criar uma nova empresa chamada de Tsutaya Online (TOL). Seria uma organização baseada na Internet destinada a expandir o potencial de negócio da cadeia de lojas Tsutaya através do poder dos dados digitais.

A TOL foi lançada em Julho de 1999, e ela acomodou uma nova fase de desenvolvimento para o gigante da cultura japonesa. Masuda utilizaria o poder combinado da informação proprietária e da Internet para combater o único grande risco que a sua empresa de *media*, agora grande, enfrentava: o risco de cliente devido à volatilidade das preferências nos filmes, na música e nos livros.

Em 1999, a cadeia de lojas Tsutaya já tinha uma base de dados sobre clientes muito grande. Tal como acontecia com a Blockbuster, os clientes tinham de possuir um cartão de adesão para poderem alugar vídeos na Tsutaya, e o esquema de adesão tinha concedido à CCC acesso a uma colecção rica de informação sobre os hábitos de compra e das preferências individuais. Com início no final da década de 80, a empresa estava entre as primeiras a investir em tecnologia para gerir e explorar os dados sobre os clientes, começando com um sistema de pontos de venda para permitir que a sede monitorizasse os inventários e os padrões de venda ao longo de toda a cadeia. (Masuda tinha lido um livro sobre computação e aprendido que os custos com a informação iriam cair rapidamente ao longo do tempo, e afirmou, «Temos simplesmente de fazer isto.») De cada vez que um cliente compra um produto numa loja Tsutaya, a compra é registada e transmitida para uma base de dados partilhada da empresa, para análise pelo departamento de *marketing*: Quem está a comprar? Onde está a comprar? Quando está a comprar? O que está a comprar? E (por extrapolação) o que irá provavelmente comprar a seguir?

Inicialmente, a Tsutaya utilizava os dados sobre os seus clientes tal como outros retalhistas sofisticados o fazem – para melhorar a sua previsão da procura, o que permitia às lojas aumentar as vendas em categorias específicas de produtos e reduzir os níveis de inventário por vender. A criação da TOL – a segunda plataforma de negócio de Masuda, depois da cadeia de lojas Tsutaya – transformou a base de dados da empresa, já muito rica em informação, fonte de ligações novas e mais profundas com os seus clientes.

Tudo começou de uma forma simples, com um *website* que informava os clientes sobre as últimas notícias de entretenimento ao mesmo tempo que funcionava como um potente canal de comunicação entre a CCC e os membros da cadeia de lojas da Tsutaya. Com o tempo, o *site* ampliou dramaticamente a sua utilidade e o seu alcance, tornando-se móvel ao juntar-se à rede baseada em telemóveis DoCoMo (i-mode), muito popular entre a «geração polegar» de jovens japoneses – milhões de adolescentes que não vão a lado nenhum sem um acesso portátil aos seus amigos e aos seus *websites* favoritos, incluindo a TOL. Actualmente existem mais de 10 milhões de membros TOL registados, dos quais 40% usam o i-mode como a sua ligação principal à CCC.

Eis algumas das formas pelas quais a CCC utiliza a TOL para trazer maior «conveniência cultural» aos seus clientes – mesmo enquanto criam maior eficiência e um fluxo mais poderoso de informação proprietária para a CCC:

- *Compras online, reservas de produtos e verificação de disponibilidade de produtos nas lojas da Tsutaya.* Quando ouve falar sobre um novo disco ou filme que está em voga, pode contactar a TOL através do seu PC ou do telefone e pedir à sua loja local para guardar um exemplar para si. O sistema aumenta o movimento da loja, incrementa a fidelização dos clientes e poupa tempo e energia aos funcionários da loja. O sistema também providencia à Tsutaya uma rede nacional de alerta precoce que avisa a empresa sempre que uma onda de interesse de fundo num determinado artista ou produto está a formar-se, tornando virtualmente obsoletas as perdas com vendas por falta de inventário.
- *Mail-magas – revistas em e-mail, enviadas pela Tsutaya para os telemóveis ou PCs.* Existem dezenas de *mail-magas* diferentes, cada uma delas focada num determinado artista ou filme, música ou categoria de jogos de vídeo. Visite a TOL, inscreva-se para se tornar membro da Tsutaya e escolha as *mail-magas* que deseja receber. A TOL envia 100 milhões de cópias dessas revistas todos os meses. O resultado é um fluxo constante de informação sobre novos produtos para os fãs e clientes ávidos – e um fluxo constante de dados para a Tsutaya sobre quais as categorias de cultura que estão a crescer, a encolher e a mudar ao longo do tempo.
- *Cupões Keitai, enviados regularmente aos utilizadores de telemóveis i-mode.* Se for um membro da Tsutaya, irá receber estes cupões electrónicos numa base regular, proporcionando-lhe um desconto sobre filmes, música ou livros que se ajustem aos seus interesses. Não existe um cupão físico para imprimir ou perder – basta exibir o ecrã do seu telemóvel i-mode ao funcionário atrás do balcão da Tsutaya e reivindicar o seu desconto. Cerca de 100 000 pessoas utilizam os cupões nas lojas Tsutaya todos

os meses. Elas adoram os descontos. O que é que a empresa ganha com isto? Uma forte inoculação contra o risco de cliente. A Tsutaya descobriu que os seus clientes utilizadores de cupões vão às compras com uma frequência 22% superior e gastam 7% mais do que os clientes sem cupões.

- *Recomendações da Tsutaya Online.* A TOL combina dados *online* e *offline* para oferecer recomendações específicas de vídeo, música e livros baseadas nas compras anteriores do cliente. Graças a uma série extensa de experiências de *marketing*, incluindo uma que analisou os comentários de 1500 membros da Tsutaya para identificar 47 factores distintos dos filmes, a TOL é mais exacta que outras tentativas em criar motores de recomendação para os *media*. Ela consegue distinguir, por exemplo, entre os clientes que gostam de filmes de guerra temíveis e aqueles que preferem cenas de guerra menos sangrentas. Estas recomendações são tão exactas que agora são responsáveis por mais de 60% das vendas da TOL.

A TOL é uma ferramenta excelente, mas muito do seu poder depende da interacção entre as plataformas *online* e *offline* da CCC. É um dos exemplos relativamente raros em que as sinergias prometidas do retalho *click-and-mortar* [20] foram efectivamente concretizadas. A Tsutaya colige informações sobre os seus clientes, tanto *online* como *offline*, conferindo-lhe uma invulgar perspectiva de 360 graus sobre o mercado.

Ainda mais invulgar, a empresa-mãe CCC *utiliza* realmente a avalanche de dados assim gerados para informar as suas decisões de negócio, para planear tudo, desde as compras à variedade de artigos específicos de cada loja, às promoções especiais. É muito mais típico os executivos da empresa simplesmente deixarem essas informações acumularem-se por falta de um sentido estratégico da sua importância e de um conhecimento prático de como as utilizar. É um paradoxo: as empresas de *media* são ricas em dados mas pobres na sua utilização. Muneaki Masuda é um dos poucos executivos nos mundos do vídeo, da música e de outras

---

[20] **N.T.** Um tipo de negócio que inclui tanto operações *online* como operações *offline*, que tipicamente incluem um *website* e uma loja física. Uma empresa *click-and--mortar* pode oferecer aos seus clientes os benefícios de transacções *online* rápidas ou o tradicional serviço cara-a-cara.

formas de entretenimento e de informação a reconhecer a importância que esta abordagem pode ter para o negócio dos *media* – e como fazer com que funcione realmente.

DE 5% MAIS PARA 1000% MAIS

O sistema da Tsutaya continua a evoluir. Começou por ser sensível às preferências dos clientes, indo muito além da armadilha do pensamento vago e difuso sobre o «cliente médio» para analisar a *variação* do cliente – qual o valor específico deste cliente? O resultado foi a redução do perfil de risco de cliente da empresa ao permitir uma maior exactidão tanto na selecção de clientes como na proposta de valor que estava a ser oferecida.

Com a sua sofisticação cada vez maior, o sistema agora oferece serviços pró-activos que fazem da CCC um recurso cultural ainda mais valioso para os seus clientes. Tem uma banda ou uma cantora *pop* favorita? A Tsutaya sabe, porque escolheu uma assinatura gratuita do *mail-maga* dela e comprou os seus últimos dois CD com os cupões que a empresa lhe enviou. Agora a empresa vai alertá-lo por telefone ou por *e-mail* quando o álbum mais recente dela estiver para chegar à loja, vai guardar um exemplar para si, vai notificá-lo sobre a próxima *tournée* de concertos dela e até mesmo comprar-lhe bilhetes a seu pedido.

As pessoas com uma preocupação séria sobre a cultura de uma nação ficam, por vezes, muito nervosas com o crescente poder das grandes empresas de distribuição massiva como a Tsutaya. Elas assumem que o sistema da Tsutaya terá tendência a favorecer estrelas estabelecidas, as grandes editoras discográficas e alguns sucessos, com tendência a homogeneizar o mundo dos *media* e, na prática, reduzir o âmbito da escolha do cliente. (Esta é, na verdade, uma descrição bastante boa de como o anterior modelo de negócio da música funcionava.)

Na verdade, passa-se exactamente o oposto. A Tsutaya varre continuamente a sua base de dados em busca de produtos despercebidos com o potencial de alcançarem um público maior. A empresa selecciona frequentemente esses deleites das prateleiras de trás e promove-os através de cupões, *mail-magas* e posicionamentos dentro da loja. E tendo a Tsutaya construído gradualmente uma reputação de loja mais *hippie* no Japão para filmes e música, os fãs levam as recomendações a sério.

Filmes pouco conhecidos que rapidamente desapareceram dos cinemas, grupos *pop* independentes e obscuros de editoras discográficas desconhecidas e álbuns de música de culto com uma pequena, mas apaixonada, base de fãs, todos encontraram uma nova vida na Tsutaya, e alguns até irromperam para o estatuto de *mainstream* como resultado disso.

O facto de ser capaz de gerir uma vasta base de dados com detalhes sobre a variação do cliente permite à Tsutaya dar aos artistas uma segunda oportunidade para encontrar um público, algo que os sistemas tradicionais dos *media* têm sido notoriamente maus em concretizar. Naturalmente, a mesma capacidade reduz ainda mais o perfil de risco da Tsutaya, diminuindo a dependência da empresa de alguns sucessos estrondosos e aumentando a sua rentabilidade com a «longa cauda» de milhares de produtos de *media* que têm, cada um, poucos seguidores mas entusiastas e cujas vendas, cumulativamente, são tão significativas quanto as das estrelas.

A TOL é a tecnologia de faceamento do cliente mais poderosa lançada pela CCC. No entanto, a empresa utiliza também a tecnologia nos bastidores para ajudar as suas lojas concessionadas a crescer. Os sistemas avançados da empresa incluem:

- Area Marketing System (AMS), um sistema de base de dados transversal a toda a empresa que permite a análise de gestão da actividade das vendas em cada área de mercado.
- Proxy Ordering System, um sistema centralizado que permite à sede da Tsutaya analisar as tendências, todos os dias e a todas as horas, dos artigos em cada loja e colocar ordens de encomenda de artigos em nome dos concessionados.
- Tsutaya Navi, um sistema de partilha de conhecimento que permite à sede enviar informações para as lojas e permite às lojas que façam o *upload* de soluções de gestão sobre temas como o aumento das vendas, a colocação adequada de uma encomenda, a redução de custos e a redução do investimento. Assim, a Tsutaya Navi permite, à sede e às lojas, partilharem bidireccionalmente o conhecimento para o sucesso.

O uso de tecnologias para conectar os clientes ao enorme reservatório de artigos da Tsutaya e ajudá-los a encontrar o caminho até aos produtos culturais que eles adoram constitui um verdadeiro serviço no actual mundo hiper-saturado dos *media*.

Os esforços de conhecimento intensivo da Tsutaya começaram de forma modesta, com uma maior aprendizagem sobre os clientes, um pouco mais de cada vez. Contudo, à medida que aumentou o número e a sofisticação das ferramentas da Tsutaya para coligir e utilizar os dados, também aumentou a vantagem comparativa da empresa. Hoje, em comparação com outras empresas de *media*, a base activa de conhecimento da Tsutaya sobre os interesses e as preferências dos clientes é dez a vinte vezes maior. Uma vantagem de 5% sobre o que os seus concorrentes sabem é extremamente valiosa. Todavia, uma vantagem de 1000% é quase literalmente inestimável.

Os clientes estão a reagir à visão centrada no cliente de Masuda. Eis como um jornalista descreve a cena numa loja de bandeira da Tsutaya:

> Numa noite recente, no bairro futurista de Shibuya, em Tóquio, a loja de seis andares da Tsutaya cantarolava, literalmente... Equipada com um *outlet* de aluguer de telemóveis (agora descontinuado), uma loja de café do Starbucks, filas de cabines de som e caixas de produtos electrónicos, a loja-modelo combina a sensação confusa de uma residência de estudantes com o toque de alta tecnologia do filme clássico, de 1982, *Blade Runner*. Jovens japoneses, com cabelos tingidos de cores variadas e calças de camuflagem, amontoam-se uns aos outros nos corredores enquanto a mais recente música *pop* toca muito alto a partir de colunas escondidas.

No entanto, caminhe alguns quilómetros em direcção a leste até um bairro diferente de Tóquio – a zona alta de Roppongi, há muito famosa pelas suas discotecas, clubes, bares e restaurantes lotados de turistas e estrangeiros, mas também local de uma série de novos edifícios altos de apartamentos onde celebridades, banqueiros e executivos de negócio vivem – e observará um estilo Tsutaya muito diferente.

A Roppongi Tsutaya Tokyo é uma loja impecável, colorida e orientada para a moda. A primeira coisa que vê é uma série de mesas em cima das quais estão empilhadas, até acima, revistas sedutoras de moda japonesas e ocidentais. Prateleiras ali ao lado brilham com fileiras de livros ricamente ilustrados sobre arte, arquitectura, *design*, viagens, culinária, automóveis e outros tópicos sobre o estilo de vida. Ao cimo das escadas, onde os filmes e a música convivem, há postos de escuta ocupados principalmente por adolescentes lânguidos a experimentar os últimos CD de *pop* americano ou japonês. Todavia, há também uma parede decorada com capas *vintage* de álbuns de vinil de *jazz* da década de 50 (não para venda) e um mostruário repleto de exposições de produtos de *media* artisticamente temáticos: livros sobre os filmes de Alfred Hitchcock ou Steve McQueen, por exemplo, juntamente com conjuntos caros embalados dos próprios filmes e compilações em CD da música das pistas sonoras dos filmes. Estes são artigos de gama alta para os habitantes sofisticados de Roppongi, onde a idade do cliente médio chega aos trinta e cinco anos de idade (comparada com o intervalo habitual de idades na Tsutaya de vinte a trinta anos de idade).

O que todas as lojas Tsutaya têm em comum, no entanto, é um foco intenso no cliente. Converse com um gerente e descobrirá que os empregados da loja são contratados com base menos no conhecimento do produto e mais na «orientação para o cliente», e que os empregados competem entre si para memorizarem os nomes, as caras e as preferências de produtos de tantos clientes regulares quanto os que conseguem. O horário das lojas? Na loja de Rappongi, o horário é das 7 da manhã às 4 da madrugada – embora o gerente admita que a loja Tsutaya «na zona rural» onde ele trabalhou antes estava aberta apenas até à 1 da manhã.

As lojas da Tsutaya reflectem a personalidade do presidente da empresa. Masuda é um entusiasta do retalho. Ele adora conversar sobre o espírito das lojas Tsutaya e está constantemente à procura de formas novas de as tornar ainda mais emocionantes, cativantes e revigorantes. Eis como ele nos explicou o desafio:

> O Japão é hoje um país afluente. As nossas necessidades básicas foram há muito satisfeitas. Estamos saturados de bens e informação. Agora queremos mais da vida. Até mesmo um vendedor de refrigerantes entende isto. Precisamos de líquido para nos mantermos vivos. Mas não consegue vender garrafas de água dizendo às pessoas «Beba ou morra!» Oferece-lhes uma bebida que lhes saiba bem. O mesmo se passa com as lojas – elas têm de «saber bem» para fazer com que os clientes queiram regressar. Por exemplo, essa é a razão pela qual temos o Starbucks nas lojas – porque quando vê uma celebridade a beber um café numa mesa do canto, isso faz com que se sinta bem por estar na Tsutaya.

*Oferecer aos clientes «algo que saiba bem».
A loja cintilante da Tsutaya em Roppongi, concebida para atender
os interesses específicos da audiência de gama alta sintonizadas com a moda,
a arte, a arquitectura, a música e o design.*

Hoje em dia, os 18 milhões de japoneses que possuem um cartão azul e amarelo de membro da Tsutaya são servidos por mais de 1200 lojas. Masuda planeia expandir a cadeia para 3000 locais – não é um objectivo arbitrário mas um objectivo calculado usando a análise demográfica e geográfica sofisticada pois a intenção é colocar uma loja Tsutaya ao alcance de qualquer homem, mulher e criança no Japão em 10 minutos. Simultaneamente, toda a cadeia de lojas está em transição para as lojas Tsutaya da nova geração: maiores, mais diversificadas, localizadas em áreas *prime* de retalho e focadas em produtos e serviços relacionados com o estilo de vida, bem como em produtos tradicionais de *media* «de forma a não serem apanhadas na guerra de preços» de acordo com Masuda. (Tal como os líderes da Toyota, Masuda está a competir em antecipação.)

Todavia, a visão de estilo de vida de Masuda – e a sua estratégia de servir os clientes melhor através da informação proprietária – vai para além das lojas Tsutaya e até mesmo para além das ligações de Internet e de telefone possibilitadas pela TOL. A próxima fase de crescimento para a CCC inclui uma rede crescente de ligações com outras empresas através da força do cartão azul e amarelo da Tsutaya. Esta é a terceira plataforma de Masuda (depois das lojas e da Tsutaya Online), e tem o potencial de ser a mais poderosa e revolucionária de todas elas.

Tendo estudado os hábitos de compra da sua base de clientes e identificado áreas de maior potencial para o *marketing* cruzado, a Tsutaya criou parcerias de serviço com a Lawson, Inc., uma cadeia de lojas de conveniência, e a Eneos, uma rede nacional de estações de abastecimento de combustível da Nippon Oil Corp. Rapidamente o conjunto de parcerias expandiu: uma cadeia de lojas de homem, cadeias de restaurantes, uma loja de artigos de desporto, uma cadeia hoteleira, uma companhia aérea – duas dúzias ao todo (até ao momento) com mais de 25 000 locais de retalho. O cartão de membro da Tsutaya permite aos utilizadores desfrutarem de descontos e ganharem prémios pelas compras realizadas em todos esses lugares. Compre uma taça de arroz na Lawson ou encha o depósito de gasolina numa estação Eneos, ou fique hospedado uma noite no Tokyu Hotel, e acumula pontos Tsutaya. Mais tarde esses pontos podem ser convertidos em mais descontos, cupões utilizáveis em retalhistas parceiros ou ofertas especiais da Tsutaya.

Os clientes adoram. (Um inquérito ao retalho descobriu que os clientes utilizavam dois critérios principais na escolha da loja: o primeiro é a conveniência do local; o segundo é a disponibilidade de pontos-T.) O sistema de alianças com o cartão-T encoraja mais novas visitas (e mais redução do risco) para a CCC. O sistema proporciona também poupanças e benefícios significativos aos clientes. «Não se trata de 'capturar' clientes», insiste Masuda. «Que clientes querem ser 'capturados'? Trata-se de oferecer aos clientes um cartão de adesão que substitui uma dúzia de cartões de uma dúzia de retalhistas diferentes, e tornar a sua vida mais fácil e mais conveniente.»

A CCC está agora a desenvolver a plataforma do cartão-T como a nova fonte de crescimento. Em 1988, a empresa estabeleceu uma subsidiária para lidar com uma fase deste negócio, uma operação de licenciamento para ajudar os parceiros da aliança a publicitarem aos membros da Tsutaya. Por exemplo, pode disponibilizar uma oferta gratuita para os clientes Tsutaya – uma amostra de perfume, por exemplo – de um parceiro comercial. A oferta promove o negócio do parceiro ao mesmo tempo que aumenta o valor do cartão-T para os clientes.

Em Julho de 2005, a Tsutaya continuou a crescer com o lançamento de uma nova agência de publicidade designada CCC Communications (uma parceria com o produtor de *websites* IMJ Corp.) para criar publicidade *online* informada com os dados ricos da CCC sobre o comportamento do consumidor. Em alguns casos, a CCC conhece melhor os clientes dos seus parceiros comerciais do que eles próprios. Por exemplo, considere a cadeia de *fast-food* Gusto, um membro da aliança cartão-T. Através da análise dos dados sobre como e onde o cartão-T é usado para as compras, a CCC pode analisar as vendas por loja da Gusto, por item do menu, por categoria demográfica, por geografia e até por hora do dia. Estará a CCC em posição de se tornar, com efeito, no departamento de *marketing* da cadeia de restaurantes? Masuda apenas sorri e afirma, «Um dia, talvez.»

Com as três plataformas de negócio estabelecidas, e à medida que a teia de ligações com os clientes e o poder da base de dados da empresa foram crescendo, a CCC prosperou. Entre 2001 e 2006, a receita anual média por cliente aumentou de $49 para $106. Actualmente, a Tsutaya tem 1273 lojas no Japão, e está em número um nos alugueres de filmes e nas vendas de música e está em número três nos jogos de computador e nos livros (e a aproximar-se rapidamente dos líderes). Um em cada cinco adultos Japoneses (e quase 40% daqueles que têm vinte anos) possui um cartão de membro da Tsutaya. O *website* da TOL tem 8,7 milhões de membros e é o destino mais popular da Internet i-mode, com mais de 50 milhões de visualizações de página por mês. Em 2006, as receitas da empresa atingirão $1,9 mil milhões, gerando $120 milhões em lucros e uma capitalização de mercado de $2,3 mil milhões.

> *O conhecimento profundo sobre as preferências e os comportamentos dos clientes transforma o risco de alteração nas prioridades dos clientes numa grande oportunidade de crescimento.*

Muneaki Masuda e a CCC fizeram um trabalho notável em capitalizar com as tendências culturais na década passada. Não há dúvida de que Masuda está pessoalmente sintonizado com os interesses e os desejos dos consumidores japoneses. Contudo, não é uma questão de ser clarividente. Conforme Masuda afirma: «Eu não poderia prever as condições sociais de hoje há dez anos atrás. Tudo o que eu fiz foi, talvez, acompanhar cada época.»

Uma vez que a maioria das empresas fracassa em «acompanhar cada época» e, em vez disso, fica para trás, essa realização modesta tem sido suficiente para catapultar a Tsutaya para o topo da sua indústria, pelo menos por enquanto. Nenhuma história de risco acaba verdadeiramente. Hoje em dia, o negócio do portal de cultura da Tsutaya está novamente noutra encruzilhada. O novo ponto de inflexão é a ascensão repentina da distribuição digital para uma posição de domínio na indústria dos *media*. Os *podcasts* de rádio, os *downloads* de filmes e séries de TV e a distribuição de livros digitais estão prestes a realizar os mesmos progressos importantes que a música digital fez há três anos atrás. Onde é que isso deixa a CCC?

As lojas de retalho da Tsutaya irão continuar a desempenhar um papel significativo no negócio da CCC. Os jovens sempre gostaram de se juntar nalgum lugar colorido e barulhento, e tal como o próprio Masuda afirma, «Podemos encontrar-nos numa loja Tsutaya – mas não nos podemos encontrar *online*.»

Quanto aos espaços digitais onde a maioria das compras de *media* terá lugar no futuro, a Tsutaya está tão bem posicionada como qualquer outra empresa para os ocupar. A TOL e todas as suas tecnologias subsidiárias – *mail-magas*, cupões *ketai* e o resto – conferem à Tsutaya uma enorme vantagem na procura, na compreensão e a servir clientes de *media*, pelo menos no Japão.

Tal como a Coach expandiu a sua oferta, a Tsutaya reduziu os riscos (*de-risked*) do seu negócio ao expandir a sua oferta para cobrir um maior espectro de necessidades dos seus clientes. À medida que as suas preferências se alteravam, a Tsutaya podia mudar com elas.

E tal como a Coach, o actor-chave na redução dos riscos (*de-risking*) da Tsutaya é o fluxo de informação proprietária. O fluxo de informação ajuda a evitar os inventários em excesso ou as rupturas de inventário, permite a entrega do *mix* certo a cada loja no sistema, e proporciona alertas precoces sobre as alterações nas preferências dos clientes, permitindo que a Tsutaya se ajuste a elas ou até se adiante a elas.

Outros grandes riscos chegam de uma outra direcção. Questione Masuda sobre os riscos futuros que a sua empresa enfrenta e ele dará uma resposta surpreendente: «Os principais riscos que enfrentamos são internos.» Masuda preocupa-se com o facto do crescimento futuro da CCC poder estar limitado por dois factores. Um é tecnológico: podem os complexos sistemas de TI que têm alimentado muito do sucesso da CCC continuar a expandir e adaptar-se a uma cada vez mais complexa matriz de necessidades e relações de parceria, ao mesmo tempo que protegem o direito à privacidade dos clientes? «Se perdermos controlo à nossa informação sobre os clientes, estaremos metidos num grande problema», afirma Masuda. É um assunto sobre o qual ele e a sua equipa trabalham continuamente.

O segundo factor são as pessoas. Masuda gosta de reclamar, com uma gargalhada: «Eu tenho uma grande visão para esta empresa. O problema é que mais ninguém aqui a compreende.» Ele brinca – mas não na verdade. A CCC está sustentada numa ideia única, centrada no cliente, focada em aspirações culturais e de estilo de vida e que tomou forma tangível numa matriz de dados, continuamente analisados, sobre os comportamentos, em constante e rápida alteração, dos clientes, que fornece à empresa e aos seus parceiros comerciais novos métodos de criar valor para os clientes. É um conceito forte, mas veicular esse conceito de forma clara para uma lista cada vez maior de lojas concessionadas da Tsutaya é um desafio enorme. Encontrar uma geração de líderes que estejam bem preparados para implementar a visão através do crescimento futuro, incluindo possíveis expansões no estrangeiro, é um desafio ainda maior. «As nossas pessoas têm de compreender a nossa visão – não apenas intelectualmente, mas também internamente», afirma Masuda.

Assim, tal como os líderes da Toyota, Masuda não está a dar-se ao luxo de desfrutar de dar voltas de vitória. «Percorremos um longo caminho», diz ele. «Mas temos muito, muito mais para fazer.»

AS MEDIDAS DE REDUÇÃO DOS RISCOS (*DE-RISKING*) DA TSUTAYA

Quantas das medidas de redução dos riscos (*de-risking*) utilizadas pela Tsutaya poderiam ser adoptadas pelo seu negócio? Eis uma lista de algumas das medidas mais fortes para considerar.

- Coligir e usar continuamente informação sobre os clientes a partir de muitas fontes (empresas parceiras do programa de fidelidade, vendas *online* e *offline*, contactos na Internet, etc.).
- Pontos de contacto múltiplos com os clientes através do sistema de pontos de bonificação do cartão-T.
- Criar ofertas específicas para clientes (motor de recomendação, cupões, *mail-magas*, etc.) através de análises profundas dos dados.
- Alargar a carteira de ofertas de produtos para reduzir o risco de uma quebra nas vendas.
- Optimizar o *mix* e o volume de produtos por loja através da análise de dados locais sobre os clientes.
- Reduzir os custos de inventário e o tempo de entrega através da análise das tendências horárias e da automatização da encomenda do produto.

As empresas como a Coach e a Tsutaya alcançaram níveis extraordinários de conhecimento intensivo através da compilação e do uso de informação proprietária a um ritmo dramaticamente mais rápido do que os seus concorrentes convencionais (ver Figura 2-3).

FIGURA 2-3
10x Informação Proprietária

	Modelo Convencional	Modelo de Conhecimento Intensivo
Frequência	Anual ou menor	Mensal ou maior
Número de entrevistas / ano	4000 – 6000	40 000 – 60 000
Nível de resolução	Nacional / agregado	Nacional / agregado Regional Local Individual Ocasião de compra
Experiências	Algumas	Milhares

CONHECIMENTO INTENSIVO NA ÁREA DO B2B

A Coach e a Tsutaya demonstraram que a informação proprietária pode reverter o risco do cliente no mundo *business-to-consumer* (B2C) [21]. Será possível fazer o mesmo no mundo *business-to-business* (B2B) [22]?

Em 1985, a Johnson Controls (JCI) era estritamente um fabricante de quadros para assentos de automóveis, uma operação de corte de espuma à base de um custo baixo do trabalho que gozava de oportunidades limitadas para o crescimento do lucro a longo prazo. A JCI fornecia apenas um quarto do valor de um assento de automóvel e estava em desvantagem no processo de licitação por contratos, porque lidava com os agentes compradores depois de as especificações terem sido estabelecidas. A empresa operava no canto inferior direito do mapa de tomada de decisões do cliente (ver Figura 2-4). A empresa tinha pouco conheci-

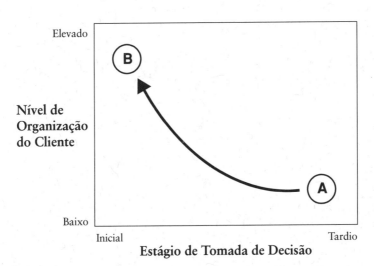

FIGURA 2-4
Mapa de tomada de decisões do cliente

---

(21) N.T. *Business-to-consumer*. Termo que descreve o relacionamento entre as empresas e os seus clientes. Normalmente faz referência ao atendimento directo ao cliente, através da Internet.

(22) N.T. É o termo que descreve o relacionamento entre empresas. É comum utilizar-se para referir o comércio ou a colaboração entre empresas, principalmente através de *extranets* ou da Internet.

mento sobre os planos futuros dos clientes, e podia ser preterida a qualquer momento por um concorrente disposto a produzir uma peça idêntica por menos alguns dólares.

Ao longo das últimas duas décadas, a JCI desenvolveu amplas competências na montagem, na integração e na I&D de peças de automóveis que poucos dos seus concorrentes partilham. Como? Através do estudo intensivo dos seus clientes fabricantes de automóveis e usando o conhecimento proprietário que desenvolve, para criar ofertas valiosas e únicas de novos produtos e serviços. A JCI investiu para aprender, com detalhe extraordinário, a cadeia interna de actividade dos clientes, e como essas actividades estão ligadas à demonstração de resultados e ao balanço. A empresa aprendeu onde estão os problemas de custo e onde o capital está alocado desnecessariamente. E compreendeu as políticas no processo de tomada de decisão dos seus clientes.

As equipas de clientes da JCI operam nas instalações dos clientes para tomarem contacto, em primeira-mão, com os principais problemas e preocupações dos clientes. A JCI realiza também, frequentemente, experiências em pequena escala para aprender quais as inovações que resultam para aqueles clientes. A empresa fá-lo de uma forma que limita severamente os custos e os riscos de cada experiência. Na JCI, ouvirá que falhar não é um problema, desde que «se falhe depressa e a falha seja barata». A realização constante dessas experiências permite à JCI saber coisas sobre os principais problemas dos clientes que outros não sabem.

A JCI agora projecta e monta não apenas assentos mas *cockpits* inteiros para os veículos. A empresa também leva a cabo com os clientes mais investigação sobre os interiores do que qualquer fabricante de automóveis. O Laboratório de Conforto da JCI analisa aquilo que os condutores e os passageiros querem realmente do interior dos automóveis e depois traduz esses discernimentos em novas características, tais como uma unidade de TV-VCR embutido no painel superior dos automóveis ou *minivans*. A JCI fornece milhões dessas unidades por ano aos fabricantes de automóveis.

Graças à aplicação do conhecimento intensivo, a empresa detém uma quota maior de um mercado ainda maior do que anteriormente. Quando antes a empresa fornecia um valor de conteúdo de cada automóvel de cerca de $450 agora cria mais de $1300. Além disso, o ponto de contacto da JCI com os clientes já não é apenas o departamento de compras mas antes toda a equipa de projecto e engenharia. A empresa transferiu-se da sua posição inicial de «tardio/baixo» para a posição de «elevado/inicial» (Figura 2-4, ponto B) no processo de tomada de decisão dos clientes. A empresa obtém uma visão inicial dos planos de produto a longo prazo de cada cliente, e pode ver o que está para chegar nos próximos dois a três anos. E dada a sua experiência e a sua informação única, a empresa pode ajudar a moldar esses planos em benefício de ambas as partes.

A JCI reduziu significativamente os riscos (*de-risked*) do seu negócio através do conhecimento intensivo, criando informação proprietária sobre as preferências dos consumidores e da economia dos fabricantes de automóveis, e por estar envolvido desde cedo no processo de planeamento dos clientes para cada modelo automóvel novo ou redesenhado. Dessa forma, a JCI não tem de adivinhar; ela *sabe* quais serão os requisitos futuros dos clientes.

Na indústria farmacêutica, no início da década de 90, a Cardinal Health era líder no negócio, de crescimento rápido mas margem baixa, da distribuição farmacêutica. Em contraste com outros distribuidores, no entanto, a Cardinal investiu agressivamente para aprender sobre os aspectos económicos dos seus clientes, e sobre novas formas de ajudar a melhorar os processos dos clientes e de aumentar a sua rentabilidade. Hoje em dia, a Cardinal Health usa a sua informação proprietária para expandir o seu campo de actuação para uma ampla gama de serviços relacionados, incluindo sistemas automáticos de distribuição de medicamentos específicos para o paciente; embalagens de fornecimentos cirúrgicos personalizados e específicos para cada procedimento; e serviços de formulação, de produção e de empacotamento de medicamentos para fabricantes de produtos farmacêuticos.

Além de aprender as especificidades sobre os aspectos económicos dos clientes, a Cardinal prosperou com o estudo dos perfis de risco dos clientes e o desenvolvimento de produtos e serviços para os ajudar a mitigar esses riscos. Por exemplo, a tecnologia de distribuição de medicamentos da Cardinal, a Pyxis, reduz significativamente as taxas de erro na medicação em hospitais, reduzindo muito a exposição a processos legais e as responsabilidades por lesões em doentes.

Além disso, a Cardinal olha a jusante para compreender as necessidades do utilizador final. Tal como a JCI utiliza o seu Laboratório de

Conforto para analisar as preferências dos consumidores, a Cardinal opera um centro tecnológico de empacotamento que desenvolve informação proprietária sobre o manuseio e o valor das embalagens para os clientes. E as equipas multifuncionais da Cardinal trabalham no local nos hospitais, nas farmácias e outros locais dos clientes, compilando informação valiosa sobre o processo e as realidades económicas do mundo dos clientes.

Tal como a JCI trabalha no quadrante «elevado/inicial» com engenheiros e decisores empresariais, a Cardinal mereceu a sua posição no quadrante elevado/inicial no mapa das tomadas de decisão dos clientes. A empresa trabalha agora com os executivos de nível sénior para definir as iniciativas que irão melhorar mais o desempenho financeiro dos clientes.

Tal como a JCI e a Cardinal ilustram, as empresas B2B podem criar continuamente informação proprietária sobre os clientes de diversas formas: (1) investir o tempo e os esforços para conhecer o mundo do cliente – a cadeia interna de actividade, a demonstração de resultados, e as políticas no processo de tomada de decisão do cliente; (2) manter equipas a trabalhar nas instalações do cliente; (3) realizar constantemente experiências de mercado em pequena escala e de pouco risco para perceber o que é realmente valorizado e qual o seu valor; (4) criar informação única sobre o cliente do cliente (tal como a JCI faz com os seus Laboratórios de Conforto e a Cardinal faz com os seus estudos sobre as necessidades dos doentes); e (5) criar relações «elevadas/iniciais» com os clientes. Tornar-se uma parte vital do processo de decisão do cliente é a melhor forma de antecipar as prioridades do cliente e ajudar a moldar o futuro em benefício de ambas as partes.

REDUZA OS RISCOS (*DE-RISK*) DO SEU NEGÓCIO

Algumas questões a que pode recorrer para aplicar este capítulo à sua própria situação.

1. Como é que o sistema da sua empresa para a recolha, o rastreio e o uso contínuo de informação sobre os clientes compara com os sistemas existentes na Coach, na Tsutaya, na JCI e na Cardinal Health?

2. Quantas experiências de mercado realizámos nos últimos doze meses? O que aprendemos com essas experiências? Qual o desperdício comercial que evitou em resultado disso?

3. Se gerou uma quantidade significativa de informação proprietária, como é que a usou para construir um modelo de negócio melhor? Como é que a usou para mudar o seguinte:

   • A selecção dos clientes
   • A proposta única de valor
   • O âmbito
   • O modelo de lucro
   • O controlo estratégico

   Se não alterou nenhum destes elementos no seu modelo de negócio, como é que podia e como é que os devíamos ter mudado?

4. Como classificaria o seu sistema para criar e usar informação proprietária? (Escolha a classificação adequada em cada uma das seguintes escalas.)

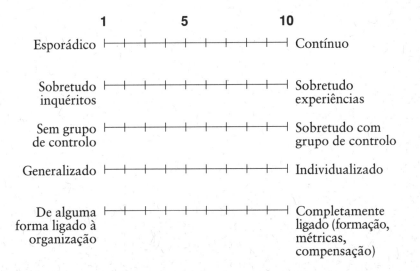

Para a Coach, a Tsutaya, a JCI e a Cardinal, a maioria das escolhas encontram-se no lado direito. Eles demoraram cinco anos até chegar lá. Contudo, o seu lucro aumentou e o risco diminuiu a cada passo dado, simplesmente por observarem (de perto e continuamente) o que os clientes faziam e questionando-se (repetidamente e de muitas formas) o que eles pretendiam.

CAPÍTULO TRÊS

A encruzilhada no percurso

Risco de Transição e o Segredo da Dupla Aposta

O risco de cliente é muitas vezes lento, até imperceptível. O risco de transição é mais parecido com o *Big Bang* – uma mudança súbita e violenta que pode destruir por completo a maior parte, ou todo, do valor do seu negócio.

Nos negócios, as transições tomam, geralmente, uma de duas formas: o aparecimento de uma nova tecnologia que torna as tecnologias antigas obsoletas (e as empresas que estão sustentadas nelas) ou a criação de um novo modelo de negócio capaz de superar radicalmente os modelos existentes no mesmo espaço. Quando qualquer um deste tipo de transição ocorre, o panorama empresarial é rápida e drasticamente alterado, e as empresas que não estão preparadas ficam susceptíveis de serem devastadas.

Cada vez que ocorre uma grande transição de uma tecnologia para outra ou de um modelo de negócio para outro, as empresas de reacção lenta ou apanhadas de surpresa pagam o preço. E no entanto, é tudo tão desnecessário. Não é como se essas mudanças fossem inéditas ou imprevisíveis. Nas últimas décadas, têm havido várias dezenas de alterações de tecnologia ou de modelo de negócio (ver a lista na Figura 3-1).

FIGURA 3-1
Algumas das principais transições nos últimos cinquenta anos

De	Para
Escavadoras accionadas por cabo	Escavadoras hidráulicas
Máquinas calculadoras	Computadores *mainframe*
Computadores *mainframe*	Minicomputadores
Minicomputadores	PCs
Unidades de disco de 14 polegadas	Unidades de disco de 5 polegadas
Software para PCs	Software para a Internet
Unidades de disco de 8 polegadas	Unidades de disco de 5,25 polegadas
Telefones analógicos	Telemóveis digitais
Máquinas de filmar analógicas	Máquinas de filmar digitais
Unidades de disco de 5,25 polegadas	Unidades de disco de 3,5 polegadas
Hardware de armazenamento	Software de armazenamento
Usinas integradas de aço	Mini usinas
Companhias aéreas *hub-and-spoke* [23]	Companhias aéreas ponto-a-ponto
Livrarias independentes	Cadeia de livrarias
Cadeia de livrarias	Retalho de livros *online*
Lojas de vídeo independentes	Cadeias de lojas de vídeo
Cadeias de lojas de vídeo	Subscrições *online* de vídeo
Mediadores de seguros automóveis	Venda directa de seguros
Cafetarias	Cadeias de cafés
Automóveis convencionais a combustível	Veículos híbridos

[23] **N.T.** Um sistema de transporte aéreo em que os aeroportos locais oferecem transporte aéreo até um aeroporto central a partir do qual partem os voos de longa distância.

Essas transições fornecem histórias, estatísticas e lições suficientes para que as empresas possam conhecer a probabilidade de fracasso, estar mais bem informadas sobre o que é provável que aconteça nas suas indústrias e mais bem preparadas para capitalizarem com isso.

As transições, por natureza, são inesperadas. No entanto, paradoxalmente, elas já ocorreram tantas vezes na história (incluindo na história empresarial) que nenhum líder empresarial deveria alguma vez realmente surpreender-se por completo por enfrentar uma. Estar preparado para uma transição e saber o que fazer para transformar a ameaça em crescimento deveria fazer parte do arsenal estratégico de todos os executivos, porque a experiência demonstra que viveremos o suficiente para presenciar uma transição.

HISTÓRIA ARTIFICIAL

Um dos problemas que temos com a compreensão do risco de transição é que quando olhamos para o passado vemos *uma* história. Porque sabemos o que aconteceu e assimilámos aqueles eventos na nossa visão do mundo, essa história da vida real parece inevitável: «Como é que poderia ter acontecido de outra maneira?»

É muito fácil e muito tentador produzir racionalizações depois de ocorridos os factos para os eventos que nos assustaram quando aconteceram. Ouça os eruditos políticos no dia *seguinte* a uma eleição renhida. Cada um tem uma explicação clara, lógica, indisputável sobre a razão porque o Candidato A superou o Candidato B – incluindo todos os eruditos que estavam absolutamente certos, no dia anterior, que o Candidato B ia vencer de certeza. Da mesma forma, quando o índice Dow Jones cai, os analistas não têm dificuldade em explicar os factores que tornaram a queda inevitável – expectativas enfraquecidas de ganhos, incerteza no estrangeiro, um mercado imobiliário fraco. Com exactamente os mesmos dados e uma *subida* do índice Dow Jones, os mesmos especialistas irão oferecer um conjunto igualmente plausível de explicações para esse resultado – aumento da produtividade, confiança do consumidor, taxas de juros mais baixas.

Olhamos para trás, contemplamos uma trajectória histórica e rapidamente aprendemos a vê-la como óbvia e inevitável. Da mesma forma,

quando olhamos para a frente, vemos uma história futura. Chamamos-
-lhe a nossa «previsão base», ou «o caso mais provável», ou «o cenário
de partida.» E embora uma parte do nosso cérebro saiba que existe
sempre incerteza sobre o futuro, uma outra parte rapidamente se sente
confortável a assumir que aquele futuro que consideramos mais provável
é, de alguma forma, real e até mesmo inevitável. Essa suposição leva à
não reflexão preguiçosa e desleixada sobre o futuro.

Para remediar este ponto cego na nossa reflexão, precisamos mudar
a forma como olhamos para o passado e para o futuro.

Quando olhamos para o passado, precisamos de ver uma série de
histórias alternativas dominantes que facilmente poderiam ter ocorrido:
Os Gregos perderam a Batalha de Salamina para os Persas, assegurando
o domínio da Ásia sobre a Europa Ocidental. Os homens de Joshua
Chamberlain foram derrotados em Little Round Top, o exército de Lee
tomou o controlo do estado da Pensilvânia e o Sul ganhou a sua independência. Os diques de Nova Orleães foram ampliados e reforçados antes
de o Katrina atingir a cidade.

Ou, no mundo empresarial: As leis da Europa medieval contra os
juros compostos nunca foram revogadas. O Modelo T foi inventado e
comercializado por um russo empreendedor. A IBM decidiu não entrar
no negócio dos computadores. A Xerox comercializou com sucesso o
rato e a *interface* gráfica para o utilizador. A Apple abriu o seu sistema
operacional a todos.

O que teria acontecido? De que forma o nosso mundo seria hoje
diferente? Que fortunas nunca teriam sido criadas? Que fortunas teriam
sido multiplicadas para além da imaginação?

Para ter uma ideia, considere o xadrez, o derradeiro jogo de estratégia.
A meio do jogo, um grande mestre de xadrez como o Gary Kasparov
inspecciona o tabuleiro e vê o desenrolar de uma dúzia de possíveis histórias artificiais de futuro. Identificada aquela história de futuro que
ele quer transformar em realidade, Kasparov percorre a história de trás
para a frente para identificar aquela melhor jogada que ele pode fazer
agora mesmo – aquela com as melhores opções e a melhor probabilidade,
e é o primeiro passo de um determinado percurso que Kasparov pretende
criar.

Naturalmente, Kasparov *tem* de fazer uma jogada – é exigido pelas
regras do xadrez. Na vida real, não somos obrigados. Podemos adiar

a nossa decisão, deixando o tempo passar e deixar que um pouco mais da história se transforme de artificial em real antes de tomarmos uma decisão. Todavia, a espera é um narcótico: agradável, cria hábito e é, em última instância, mortal.

HISTÓRIA ARTIFICIAL
COMO UMA FERRAMENTA PARA GERIR RISCO

Reflectir habitualmente sobre o mundo em termos de possibilidades multi-ramificadas (ao que o autor argentino Jorge Luis Borges chamou de «o jardim de caminhos que se bifurcam») é uma forma diferente de encarar a vida, uma que é extremamente humilde porque reconhece o papel vital do acaso na história que nos produziu. Como veremos adiante, também pode ser incrivelmente lucrativo, porque vislumbrar os muitos futuros possíveis é um primeiro passo para escolher de entre eles e depois esforçar-se para tornar real o futuro que prefere.

Eis um exemplo da história artificial – a história da queda da Microsoft na década de 90. Se não se recorda de quando isso aconteceu, a sua memória não está a pregar-lhe uma partida. A história que se segue mistura factos que aconteceram realmente com outros que *poderiam* ter acontecido se uma ou duas pessoas chave tivessem feito escolhas ligeiramente diferentes em pontos cruciais da ramificação da história. Tal como poderiam ter existido muitos passados possíveis, existem muitos futuros possíveis – e aquela que conhecerá amanhã depende das escolhas que fizer hoje.

Em Maio de 1994, três directores intermédios da Microsoft, nessa altura uma força dominante no mundo do *software* para computadores, estavam a recrutar em Cornell. O Windows 95 estava a ser preparado para um grande lançamento, e a maioria dos clientes e dos analistas previa um lançamento ainda mais bem sucedido do que o Windows 3.0 em 1990 (aquele que ajudou a destruir todas aquelas empresas de *software* para os PCs). Todos no mundo da tecnologia queriam trabalhar para a Microsoft.

Todavia, outra coisa aconteceu em Cornell. Os directores da Microsoft tiveram oportunidade de ver como os estudantes viviam, trabalhavam nos computadores e comunicavam. Para sua surpresa e desagrado, tudo estava online – os horários das disciplinas, os programas das disciplinas, as salas de *chat* dos estudantes e o calendário dos concertos de *rock*.

E o *software* que tornava possível aceder, navegar e usar toda esta informação facilmente disponível não era o Windows. Era um programa obscuro chamado Mosaic de uma empresa igualmente obscura chamada de Mosaic Communications Corporation (cujo nome foi alterado mais tarde para Netscape).

Para os directores da Microsoft, a vida centrava-se no *desktop* e nos programas da Microsoft que o controlavam. Para os estudantes em Cornell, a vida centrava-se no *website* e no programa Mosaic que acedia a ele. O Windows podia estar à beira de se tornar irrelevante. Uma viagem perfeita estragada.

Quando eles regressaram a Redmond, um dos três directores, um assistente de tecnologia chamado Steven Sinofsky, tentou contar a sua história desalentadora, até mesmo aterradora, aos seus superiores. Ninguém reagiu. A estratégia da Microsoft, como Bill Gates tinha afirmado centenas de vezes, era o Windows. Gates tinha toda a organização focada nisso. Não havia nenhuma disponibilidade de atenção para mais nada.

Num último esforço, Sinofsky enviou um *e-mail* a Bill Gates e aos outros técnicos da Microsoft, intitulado «Cornell está em rede». Nos termos mais urgentes, o *e-mail* fazia soar o alerta sobre a importância da Internet.

Imagine a surpresa de Sinofsky quando o próprio Bill Gates apareceu à porta do seu gabinete poucos minutos depois de ter recebido o *e-mail*. A surpresa transformou-se em choque e consternação quando Gates lhe deu uma sarcástica reprimenda verbal. «O que é que eu tenho de fazer para que as pessoas se foquem?» exigiu Gates. «Trata-se do Windows e de fazer o que for preciso para que seja bem feito. O que não é 50% da nossa atenção e nem mesmo 90%, mas 120%. Entendeu? Isso deixa menos de zero para desperdiçarmos com um bando de miúdos numa qualquer faculdade no norte de Nova Iorque e uma pequena empresa de *software* que, ou não irá sobreviver, ou será engolida nos próximos dezoito meses. Gates fez uma pausa. «Estou a fazer-me entender, Sr. Sinofsky?»

«Perfeitamente», foi o que Sinofsky conseguiu responder. Gates virou as costas e foi-se embora.

Esse foi o começo do fim do império da Microsoft. Como todos sabem, no prazo de três anos, a Netscape e uma série de outras empresas baseadas na *Web* cresceram para dominar o mundo dos computadores agora impulsionado pela Internet. Quando a Microsoft tentou, tardiamente, entrar em acção com o seu lançamento, em 2001, de um poderoso navegador para o Windows, era um caso clássico de demasiado pouco, demasiado tarde. As acções da Microsoft, que tinham sido fraccionadas por cinco vezes entre 1987 e 1994, nunca mais seriam fraccionadas novamente. Hoje a empresa vale um quarto do seu valor total naquele dia fatídico de Maio de 1994, quando Steven Sinofsky viu pela primeira vez aquele outro futuro – um futuro que a Microsoft se recusou a ver.

A DUPLA APOSTA E AS LIÇÕES DA HISTÓRIA

Mesmo as grandes empresas podem ser prejudicadas ou destruídas por uma transição imprevista, para a qual não estavam preparadas. Não obstante, as maiores empresas – incluindo, neste caso, a Microsoft – têm antenas para detectar a chegada da turbulência, e cultivam uma mentalidade capaz de mudanças rápidas, muitas vezes violentas, de direcção. Essas empresas seguem, também, estratégias que maximizem a sua probabilidade de sobrevivência, mesmo quando as suas indústrias são dilaceradas por mudanças extremas. Esse domínio do risco é uma competência difícil de dominar, mas pode ser o seguro estratégico mais importante que uma empresa pode comprar.

No mundo real, tudo o que descrevemos na nossa história artificial da Microsoft aconteceu realmente, até ao momento em que Steve Sinofsky escreveu o seu *e-mail* intitulado «Cornell está em rede» e carregou no botão enviar.

Esse é um momento importante. Quando usamos a história artificial para traçar os passados alternativos e os futuros possíveis da empresa, é importante que os factos estejam correctos. Quais foram as verdadeiras encruzilhadas no percurso? Quais foram as verdadeiras opções na altura? Quais eram as mais prováveis respostas dos concorrentes? Que incertezas não resolvidas podiam ter alterado o panorama? Que indicadores poderiam ter sido monitorizados para revelar o ímpeto da mudança?

A aplicação desta regra pode ser uma lição de humildade, até mesmo dolorosa. Quando se esforça realmente por se submergir nas realidades de uma situação no passado – a informação disponível no momento; os constrangimentos de prazo sob os quais os líderes trabalhavam; e,

> *Na história artificial, a imaginação importa, mas o conhecimento dos factos têm ainda maior importância.*

acima de tudo, as pressões psicológicas, organizacionais e sociais que enfrentavam («O que as pessoas irão pensar?») — pode muito bem ser forçado a admitir que sob essas circunstâncias teria cometido exactamente os mesmos erros que os seus antecessores cometeram.

Não obstante, essa é parte do valor da história artificial. Viver e sentir em retrospectiva esse tipo de decisões sob elevada pressão é uma forma de se preparar para os desafios semelhantes que irá enfrentar na próxima semana ou no próximo ano. Pode, ainda, tomar um passo em falso quando se sentir forçado a decidir naquele momento, em tempo real. Contudo, por ter vivido e sentido uma série de momentos de decisão através da repetição que é a história artificial, a probabilidade de tomar a decisão certa aumenta quando está em jogo o momento real.

Sinofsky desafiou, de facto, a gestão da Microsoft num *e-mail* dirigido ao chefe. Contudo, em resposta, Bill Gates *não* marchou até ao gabinete de Sinofsky e não o massacrou por desviar a sua atenção do Windows. Nem ele, de forma agressiva-passiva, apagou simplesmente a mensagem de Sinofsky sem se preocupar em ler primeiro a mesma.

Gates leu o *e-mail* e percebeu a mensagem. Ele entendeu que Sinofsky estava a descrever um potencial assassino da Microsoft — que através de uma confluência fortuita de boa sorte, uma selecção inteligente de pessoas e a sua própria vontade de escutar, ele, Bill Gates, tinha na verdade a oportunidade de testemunhar o momento de origem de uma nova e grande força disruptiva e precursora de risco. As antenas de risco de Gates devem ter tremido a uma frequência elevada.

Reconhecer os sinais de alerta precoce sobre o risco envolve uma extrema sensibilidade aos fracos sinais envoltos em ruído e que são fáceis de ignorar. Contudo, reconhecer o novo risco que o seu negócio enfrentava não facilitou a decisão de Gates sobre como reagir. A empresa arrivista chamada Netscape, que era responsável pela infra-estrutura digital no *campus* de Cornell, parecia ter descoberto alguma coisa. Todavia, Gates não era um novato nestas coisas. Ele sabia muito bem que a maioria das *startups* de alta tecnologia, por muito promissoras que sejam, se empala nos seus próprios erros durante os seus anos iniciais. Ele tinha visto demasiados grandes lançamentos balbuciar na bruma de uma continuação pouco convincente e mal concebida. A probabilidade de esses tipos da Netscape irem bater contra uma parede da sua própria criação era muito maior do que 90%. Porquê distrair a organização da Microsoft que ele tinha passado os últimos doze meses a aperfeiçoar para conseguir que o Windows fosse bem lançado?

Por outro lado... esses estudantes estavam a viver num mundo diferente, de uma maneira diferente. E esse mundo estava a crescer muito, muito rapidamente, não apenas em Cornell mas nos *campus* universitários e enclaves de alta tecnologia por todo o país. O que devia ele fazer?

Felizmente para Gates, esta não era a primeira vez que uma grande empresa de alta tecnologia se encontrava a olhar para uma encruzilhada assustadora. Gates tinha aprendido com um grande professor como reflectir sobre esses momentos de decisão dolorosos quando uma descontinuidade tecnológica ou do modelo de negócio se assoma.

A International Business Machines Corporation foi fundada em 1914. Durante uma geração, o seu negócio foi principalmente de calculadoras de diversos tipos – grandes, volumosas, dispendiosas e essenciais.

Nas décadas de 30 e 40, a IBM tinha emergido como o gorila no jogo. Sob a liderança inteligente e agressiva de Thomas Watson, Sr., a empresa mais do que prosperou, ela dominou. Watson compreendia bem a sua indústria. Ele sabia que a tecnologia era maravilhosa, mas sabia também que era o cliente que importava e que era a força de vendas que impulsionava o sucesso. Guiado por esses dois princípios, a sua empresa *permaneceu* super-dominante ao longo dos anos de elevado crescimento da década de 50.

Em 1953, a Sperry-Univac introduziu o primeiro computador comercial. Os primeiros computadores trituravam números tal como as máquinas de calcular, mas eram desengonçados, caros e pouco fiáveis. Os promotores de vendas da IBM, instruídos, desdenharam. Contudo, não o filho do CEO, Tom Watson, Jr. Ele viu para além do custo e do desengonço, e viu um potencial assassino da IBM. Ele soou o alarme dentro da empresa.

Isso não deve ter sido fácil. Apenas dez anos antes, Watson, Sr. tinha declarado, e ficou célebre: «Eu acho que existe um mercado mundial para, talvez, cinco computadores.» Não é divertido discordar do chefe em público. É ainda pior quando ele é, por acaso, o seu pai.

Após muitos argumentos e debates acalorados, Watson Jr. conseguiu que o seu pai e os directores seniores da IBM investissem dinheiro de investigação nas máquinas de calcular e nos computadores. Pense nisso como construir uma arca, para o caso de aquelas nuvens no horizonte prognosticarem o dilúvio de uma vida.

Watson seguiu uma estratégia clássica de *dupla aposta*. É uma variante em larga escala da estratégia habitual de jogos como o *blackjack* e as corridas de cavalos em que um jogador faz a cobertura do risco das suas apostas colocando o dinheiro em dois ou mais resultados, aumentando assim a probabilidade de ganhar um retorno. Ou tal como Yogi Berra afirmou em mais do que uma ocasião, «Quando chegar a uma encruzilhada no percurso, tome-a.»

Os genes da IBM influenciaram a empresa a tentar dominar em qualquer coisa que fazia, e a empresa aplicou essa atitude agressiva na nova área dos computadores. No decurso de uma década, a indústria dos computadores tinha-se tornado num negócio real e importante, e a IBM era a líder. Em 1964, a empresa lançou o novo IBM 360, que alterou o modelo de computação e iria cimentar o domínio da IBM nas duas décadas seguintes. Pelo menos era isso que a empresa pensava.

Na década de 60 surgiu um arrivista irritante, chamado Ken Olson, que criou algo a que ele chamou de minicomputador (do tamanho de um frigorífico mas com um décimo da dimensão das *mainframes* da IBM), fundou a Digital Equipment Corporation (DEC) e começou a atrair hordas de clientes. Para a maioria dos principais fabricantes de *mainframes* (incluindo o famoso BUNCH – Burroughs, Univac, NCR, Control Data e Honeywell), o frigorífico de Olson parecia um brinquedo deselegante e demasiado grande. Não para Tom Watson, Jr. O que *ele* viu foi um *outro* assassino da IBM. Ele viu que tinha de fazer novamente uma dupla aposta.

E ele fez. No final da década de 70, a IBM era a número um em *mainframes* e a número dois também nos minis (e a morder os calcanhares da DEC).

No início da década de 80, a IBM era a empresa mais admirada do mundo. Todos falavam da empresa (tal como todos falam da Toyota hoje em dia). Todos queriam ser como a IBM. Contudo, poucos estudaram a empresa tão obsessivamente quanto Bill Gates. Gates copiou a sua tecnologia da Xerox PARC (tal como Steve Jobs o tinha feito), mas ele copiou a sua estratégia da IBM. Ele aprendeu como a IBM tinha singrado no mercado «absolutamente fechado» do Japão; como a IBM tinha controlo sobre o relacionamento com o cliente; como a IBM tinha dominado em todos os segmentos. Todavia, acima de tudo, ele aprendeu que a IBM triunfante do início da década de 80 não era o resultado de uma marcha suave para a vitória, mas de uma série de experiências de quase-morte.

O estadista francês, Georges Clemenceau, que ajudou a forjar a vitória dos Aliados na I Guerra Mundial, comentou uma vez: «A guerra é uma série de catástrofes que resulta numa vitória.» Bill queria estar no lado vitorioso. Portanto, para ele a parte mais importante do plano de acção da IBM era a dupla aposta – a forma mais segura de transformar uma catástrofe em vitória. Ele observou que no mundo da computação a tecnologia nos tornava muito ricos, e depois nos matava. A menos que soubéssemos o suficiente para a dupla aposta.

Assim, a dupla aposta tornou-se uma competência fundamental para a estratégia da Microsoft. No início da década de 80, a empresa fez duplas apostas em aplicativos para os PCs e para os Mac's. No final da década de 80, a empresa fez uma dupla aposta no OS/2 e no Windows.

O que nos leva a 1995, a fatídica viagem a Cornell, e a realização emergente que o novo mundo em rede podia ser um assassino da Microsoft. Podia existir apenas uma probabilidade de 5 ou 10% de a Netscape sair vencedora. Contudo, se o conseguisse, isso podia custar a Gates toda a sua empresa. Isto significava que a Microsoft tinha de levar a ameaça a sério. (As estatísticas mostram que a probabilidade da sua casa se incendiar este ano é de apenas cerca de 1%. Arriscaria não ter um seguro contra incêndios? A maioria de nós subscreve um seguro contra incêndios para a casa mais diligentemente do que subscrevemos um seguro para o nosso negócio contra riscos estratégicos.)

A 7 de Dezembro de 1995, Gates reuniu as suas tropas e proferiu o seu famoso discurso de Pearl Harbor Day [24] – um dos discursos

---

[24] N.T. Referência ao dia do ataque das forças imperialistas do Japão a Pearl Harbor, que culminaria com o anúncio oficial da declaração de guerra por parte dos Estados Unidos da América e a sua participação na II Guerra Mundial.

mais notáveis na história empresarial. Em resumo, a mensagem era esta: *A Internet está aqui, ela representa tudo, e nós vamos incorporar a Internet em tudo o que fazemos. Vamos desenvolver o navegador líder de mercado e tornaremos todos os nossos produtos compatíveis com a Internet, prontos para a Internet, por dentro da Internet.*

A organização, já muito grande (mais de 17 000 empregados), mudou de rumo imediatamente. A Microsoft não abandonou o Windows – a empresa continuou a desenvolver produtos e serviços de suporte ao sistema operacional – mas fez uma dupla aposta investindo fortemente em aplicativos baseados na *web*. À medida que a Internet crescia, a Microsoft foi capaz de crescer com ela. A empresa não só sobreviveu à transição, como teve os seus melhores anos de crescimento de sempre em resultado disso. A empresa tinha transformado a sua maior ameaça na sua maior oportunidade.

Há dois aspectos especialmente dignos de dar nota sobre a história da Internet da Microsoft. Primeiro, tanto os altos executivos como os quadros intermédios desempenham um papel vital em lidar com o risco de transição. A compreensão profunda de Bill Gates sobre o risco, o seu conhecimento da história e a sua prontidão para investir na dupla aposta mesmo quando a ameaça da Netscape podia parecer remota foram cruciais para o sucesso da Microsoft. Todavia, Steve Sinofsky e os seus companheiros directores foram igualmente cruciais. Os quadros intermédios estendem as antenas de uma empresa até às fronteiras da arena competitiva. Através dos seus contactos constantes com clientes, concorrentes, fornecedores, distribuidores e outras fontes externas de informação, eles ouvem falar sobre potenciais descontinuidades quando é ainda suficiente cedo para se prepararem para o choque. Assim, os CEO que aspiram dominar o risco vão ouvir atentamente quando os quadros intermédios trouxerem más notícias. Quanto mais cedo eles as absorverem, maior será a possibilidade de as transformarem em boas notícias.

Em segundo lugar, a ameaça da Internet surgiu precisamente no momento de maior força, rentabilidade e fama da Microsoft – precisamente quando o Windows estava a solidificar a posição de liderança da empresa na computação. É assim que o risco funciona frequentemente. Isto é verdade por muitas razões: psicológica (quando estamos em alta, temos tendência a baixar as nossas defesas), competitiva (o líder da indústria é sempre o alvo para a maioria dos críticos), de gestão (numa empresa muito bem sucedida, todos estão a funcionar em alta velocidade a acompanhar apenas o crescimento; ninguém tem tempo para imaginar os perigos de amanhã) e estrutural (uma empresa de sucesso tem tendência a tornar-se complexa, burocrática e lenta).

> *O seu momento de sucesso máximo é o seu momento de perigo máximo.*

É uma outra lição para o aspirante a modelador do risco: sempre que se sente tentado a relaxar ou até mesmo a ser um pouco presunçoso, *esse* é o momento para estar mais nervoso e redobrar a sua vigilância.

O risco de transição tem vindo a propagar-se a partir do seu nicho tradicional nas indústrias de alta tecnologia para contagiar uma grande variedade de tipo de negócios. Nos últimos dez anos, as indústrias, uma após a outra, têm sido revolucionadas pelo aparecimento de novas tecnologias que afectam a produção, a comercialização, o serviço ao cliente e outros processos tradicionais. Como resultado, as empresas não tecnológicas encontrarão cada vez mais oportunidades para usar a dupla aposta como uma estratégia de controlo do risco e de procura de novo crescimento.

MAIS HISTÓRIA ARTIFICIAL: NETFLIX *VERSUS* BLOCKBUSTER

Mais importante, lembre-se de que a mudança de tecnologia não é o único tipo de risco que requer a dupla aposta. Por vezes o risco envolve uma combinação do modelo de negócio e da tecnologia. Quando um novo modelo de negócio surge, pode ser necessário fazer uma dupla aposta inteligente para salvar a sua empresa. É uma lição que a Blockbuster *poderia* ter dominado – mas que só aprendeu atempadamente no mundo da história artificial.

Estamos em 1999. A febre da Internet contagiou inúmeras empresas em quase todas as indústrias. Alguns negócios, como a venda de livros e os serviços financeiros, já estão a viver os estágios iniciais de uma revolução *online*. Outros, como o supermercado de retalho, assistem a tentativas especulativas de criação de novos modelos de negócio baseados na Internet que irão revelar-se, pelo menos por enquanto, ilusórios – lembra-se da Webvan? Infelizmente, distinguir a verdadeira revolução dos fracassos promissores é muito mais fácil em retrospectiva do que em tempo real.

No negócio do aluguer de vídeos, o arrivista da Internet é a Netflix, que desafia o gigante da indústria, a Blockbuster, com um modelo de aluguer *online*. A Netflix oferece aos clientes várias vantagens em relação à Blockbuster: a velocidade e a facilidade de escolha de vídeos *online* (em contraste com a procura pelos corredores de uma loja local); acesso a uma vasta biblioteca que inclui dezenas de milhares de filmes e outros programas (em contraste com a selecção limitada disponível em qualquer *outlet* Blockbuster); entrega e recolha ao domicílio rápida e confiável através de correio com portes pagos (em contraste com ser obrigado a se deslocar de e para a loja para alugar e devolver vídeos); e, mais importante, a liberdade de manter qualquer vídeo por um período ilimitado de tempo (ao contrário do período de três dias imposto pelas multas muito odiadas cobradas pela devolução fora de prazo nas lojas convencionais de aluguer de vídeos).

Em 1999, a Netflix tem pouco mais de 100 000 assinantes e receitas de apenas $5 milhões, em comparação com os $4,4 mil milhões da Blockbuster. A gestão da Blockbuster assume uma atitude de esperar para ver em relação à Netflix.

Isto é, até 2000. Nesse ano, a Netflix concretiza vários saltos gigantescos para se tornar num interveniente sério no negócio de aluguer de vídeos. A base de assinantes quase triplica, para 292 000. As receitas aumentam mais do que sete vezes, ficando apenas um pouco abaixo de $36 milhões. E a cobertura favorável da imprensa está a fazer com que milhares de clientes da Blockbuster abram contas na Netflix todos os meses.

Os líderes da Blockbuster decidem não esperar mais. Em Março de 2000, eles anunciam planos para lançar o seu próprio serviço *online* de aluguer de vídeos, o Blockbuster Online, concebido muito à volta das mesmas linhas que a Netflix. No entanto, a Blockbuster tem algumas vantagens significativas sobre o seu concorrente arrivista, incluindo um muito melhor reconhecimento da marca, a maior base de clientes existente na indústria, uma rede de mais de 5000 lojas nos Estados Unidos da América e relações positivas com os principais estúdios cinematográficos, de quem a Blockbuster tem sido desde há muito um dos principais clientes.

Para maximizar o valor da sua vantagem, a Blockbuster planeia uma integração inteligente das suas operações *online* e *offline*, oferecendo aos clientes a opção de movimento livre entre elas. Um membro *online* que queira devolver um filme na loja local é livre de o fazer – e se encontrar um DVD na prateleira dos novos lançamentos enquanto está lá, ele pode alugá-lo como parte da sua assinatura *online*. Quanto àquelas multas pela devolução fora de prazo, elas são uma coisa do passado. «Francamente, detestamos deixar de as cobrar», afirma um executivo da Blockbuster, «mas a longo prazo, o nosso fluxo de receitas será mais saudável e mais sustentável, uma vez que estará suportado numa base de clientes mais satisfeitos.»

Tudo somado, é uma proposta de valor muito atractiva. E a Blockbuster deu seguimento ao lançamento com uma série de medidas adicionais para expandir as suas ofertas de serviço ao cliente e solidificar a sua posição enquanto líder em aluguer de vídeos. Em Janeiro de 2002, a empresa começa a oferecer recomendações personalizadas de produtos utilizando *software* disponível de «filtragem colaborativa» ligado à sua enorme base de dados de registos individuais de aluguer de vídeos. Em Outubro de 2003, a empresa lança um programa atractivo de cartão de fidelidade, providenciando descontos aos membros sobre produtos e serviços da Blockbuster, solidificando ainda mais a sua relação com a sua base de clientes.

Estas medidas da Blockbuster retiram o fôlego à Netflix. O crescimento de assinantes com que a Netflix contava nunca se materializa. Em contrapartida, a Blockbuster verificou um aumento enorme no número de membros, e em 2004 o montante das receitas online era mais de $2 mil milhões – cerca de um quarto do volume total de negócios da empresa.

No início do ano seguinte, a Netflix desiste. O anúncio de que a Blockbuster tinha comprado os activos da outrora promissora empresa merece pouco mais do que algumas linhas numa coluna nas páginas dos jornais de negócios. Outras histórias em 2005 e 2006 merecem mais atenção do mundo dos *media* e do entretenimento, com manchetes tais como «A Blockbuster tira partido da sua vasta base de dados sobre alugueres de vídeos em negócios comerciais com os estúdios de Hollywood» e «Dominante nos alugueres, a Blockbuster apodera-se da liderança no novo negócio de *download* de filmes.»

Era assim que poderia ter sido. Infelizmente para a Blockbuster, *não* foi assim que aconteceu.

À medida que a Netflix crescia, no início da década de 2000, a gestão de topo da Blockbuster refreava-se de fazer uma dupla aposta. Eles, tal como tantos outros antes deles, simplesmente falharam em considerar seriamente a ameaça de um novo modelo de negócio competitivo. «Os alugueres de vídeo são uma decisão de impulso», afirmavam eles. «A maioria das pessoas não é um admirador do cinema com uma lista de filmes que querem encontrar *online*. Eles preferem vasculhar as nossas prateleiras e escolher um filme para o fim-de-semana dessa maneira.» Naturalmente, a Blockbuster estava também relutante em abdicar daqueles dólares de puro lucro fácil das multas cobradas pelas devoluções fora do prazo. E quando a bolha do *dotcom* rebentou em 2001, isso simplesmente reforçou o sentimento de que o sucesso da Netflix podia ser ilusório. Algures em Agosto de 2002, um porta-voz da Blockbuster descartou a base de clientes da Netflix como «um mercado de nicho.»

Enquanto a Blockbuster nada fazia, o número de subscritores da Netflix continuou a crescer: de 292 000 em 2000 para 456 000 em 2001 e depois para quase 1,5 milhões em 2003. Essas legiões crescentes da Netflix não eram, também, todas cinéfilas. Um cliente da Netflix, que se descreve como sendo um espectador ocasional de filmes, descreve a sua experiência desta forma:

> A conveniência e a qualidade do serviço são muito impressionantes. Eu adoro ser capaz de navegar pela biblioteca *online* de filmes da Netflix e adicionar fotos à minha lista sempre que tenho alguns minutos livres para dispensar. Os meus gostos vão-se expandindo porque é muito fácil experimentar alguma coisa nova. Eu continuo a gostar de ver os últimos lançamentos, mas comecei também a ver filmes clássicos dos anos 50 e 60 que nunca tinha chegado a ver antes. Quando devolvo um DVD pelo correio, eu descobro que geralmente recebo outro da minha lista em apenas dois dias. E a Netflix questiona-me periodicamente através do *e-mail* sobre a rapidez da entrega, o que me faz sentir que eles se importam realmente em manter o bom nível da qualidade do serviço. Francamente, não consigo imaginar porque haveria alguma vez de regressar à Blockbuster.

As receitas da Netflix cresceram de forma constante, ultrapassando os $250 milhões em 2003. Era ainda um número modesto comparado com as receitas de quase $6 mil milhões da Blockbuster. Todavia, era suficientemente grande para a Wall Street encarar isso com seriedade. No início de 2003, as acções da Netflix superaram significativamente as acções da Blockbuster.

Não foi a Blockbuster, mas a Wal-Mart, que lançou a primeira tentativa de furtar o estrelato da Netflix, com a abertura do seu próprio negócio de aluguer *online* em Junho de 2003. Foi apenas em Agosto de 2004 – quase cinco anos depois da Netflix e catorze meses depois da Wal-Mart – que a Blockbuster anunciou planos para saltar para o mercado de aluguer *online* – uma medida que muitos analistas consideraram como sendo demasiado pouco, demasiado tarde.

Em meados de 2006, a Netflix apresentava 5,2 milhões de assinantes *online*, enquanto a Blockbuster tinha 1,4 milhões. (O esforço da Wal--Mart não teve muito sucesso e foi encerrado em Junho de 2005.) Em Janeiro de 2005, a Blockbuster foi, finalmente, forçada pela pressão dos clientes a eliminar as suas taxas pela devolução fora de prazo. Todavia, devido ao avanço que permitiram à Netflix, esta medida teve relativamente pouco impacto na concorrência entre as duas empresas – excepto subtrair mais de $400 milhões de receitas anuais aos cofres da Blockbuster.

Actualmente, outras empresas – não a Blockbuster – se estão a posicionar como os líderes da próxima década na distribuição de entretenimento. A AOL, a Amazon e a Apple estão, todas, a oferecer serviços de *download online* de filmes, com a Wal-Mart pronta a segui-los. A Apple fez uma parceria com a Walt Disney para oferecer filmes para visualização no seu aparelho iPod de vídeo (e, dentro de meses, através da entrega de vídeos nos aparelhos de TV em casa) e na primeira semana de disponibilidade, com apenas 70 títulos para escolha, a parceria vendeu 125 000 filmes. E a própria Netflix está a subir na cadeia de valor com acordos de co-produção e de comercialização para filmes independentes, incluindo uma parceria a 50% com a Roadside Attractions para adquirir e lançar um filme de romance Sundance.

Se a Blockbuster continuar a responder lentamente às ameaças das novas tecnologias – na história real, em contraste com a história artificial – a empresa pode não sobreviver às próximas duas descontinuidades que atingirem a sua indústria.

PORQUE É QUE NEM TODOS FAZEM DUPLAS APOSTAS?

No final do dia não importa muito se o risco advém de uma tecnologia totalmente nova ou de uma alteração no modelo de negócio que tem pouco a ver com a tecnologia. A dupla aposta providencia a segurança para proteger o seu negócio e abrir uma grande fonte potencial de novo crescimento.

No entanto, o registo histórico das empresas que enfrentam o risco de transição não é encorajador. A maioria delas não fez a dupla aposta. Nas últimas três décadas, ao longo de inúmeras alterações tecnológicas e de alterações nos modelos de negócio, a proporção de empresas que fizeram uma transição bem sucedida não é mais do que 25%.

Considere, por exemplo, a sequência de transições na tecnologia de computação durante a segunda metade do século XX. De todos os fabricantes de máquinas de calcular, apenas um conseguiu fazer a transição com sucesso para os computadores *mainframe* (IBM). Dos oito principais fabricantes de *mainframes* (incluindo a GE, RCA e o assim denominado BUNCH), apenas um conseguiu fazer a transição com sucesso para os minicomputadores (IBM). E das seis principais empresas em minicomputadores (incluindo a HP, Wang, Prime, Data General e DEC), apenas dois conseguiram fazer a transição com sucesso para os PCs (IBM e HP).

Para um outro exemplo, considere o fabrico de aço. Sete empresas dominavam o antigo negócio das usinas integradas de aço – USX, Bethlehem, Inland, Jones & Laughlin, Armco, National e Ford. Dos sete, apenas a USX fez uma transição com sucesso para a fase seguinte da indústria. À medida que considera outras indústrias (ver Figura 3-2), a taxa de transições bem sucedidas é, geralmente, não melhor do que um para cinco.

FIGURA 3-2
Risco de Transição: percentagem das grandes empresas que realizaram com sucesso a transição para a fase seguinte na sua indústria

Empresas de *mainframes*	13%
Grandes armazéns	11%
Empresas de minicomputadores	33%
Empresas integradas de aço	13%
Lojas de descontos	11%
Empresas de PCs	20%
Lojas de renovação de casas	14%
Empresas de *software* para PCs	30%

Fonte: Análise da Oliver Wyman

Não temos de viajar até cinco décadas atrás para observar quantas empresas foram salvas ou destruídas pelas duplas apostas ou a falta de duplas apostas. A última década, apenas, dá-nos testemunhos suficientes (ver Figura 3-3).

FIGURA 3-3:
Uma Década de Duplas Apostas Realizadas ou Falhadas

	Realizadas	Falhadas
1992	A Lotus faz uma dupla aposta no Notes	
1994	A IBM faz uma dupla aposta nos serviços	
1995	A Microsoft faz uma dupla aposta na Internet	
1997		A Motorola não faz uma dupla aposta no digital
1998		Detroit não faz uma dupla aposta nos híbridos
1999		A Blockbuster não faz uma dupla aposta na Netflix
2001		A Sony não faz uma dupla aposta no iPod

Porque é que nem todas as empresas que enfrentam o risco de transição utilizam a dupla aposta como a sua apólice de seguro? O que as impede? Duas histórias contrastantes providenciam uma grande parte da resposta.

Em 1997, a Motorola enfrentava uma dessas encruzilhadas críticas no percurso que a sua história artificial revela tão claramente. A Motorola enfrentava uma questão simples: se devia manter-se nos telemóveis analógicos ou mudar para o digital. A Nokia, que tinha acabado de deixar todos os seus negócios não relacionados com os telemóveis (madeira, borracha, hotéis, etc.) para se concentrar nos telemóveis, estava a mudar para o digital e a fazê-lo muito rapidamente.

A maioria das pessoas na Motorola sabia que a empresa tinha de fazer a mudança, mas a equipa de gestão da unidade de negócio dos telemóveis resistiu. Eles tinham investido muito dinheiro no analógico (onde a Motorola era a grande líder) e anteviam muita incerteza sobre o digital. Esses factores fizeram com que fosse tremendamente difícil para a Motorola fazer a dupla aposta em 1997.

Além disso, por qualquer medida, a Motorola estava a ser extremamente bem sucedida. Entre 1993 e 1996, a Motorola esteve num bom momento. As vendas, os lucros e o preço das acções estavam todos a crescer rapidamente. Todos estavam ocupados de forma produtiva – e quando estamos realmente ocupados, não temos muita energia para reflectir noutras coisas, mesmo que sejam as coisas que mais importam. As coisas estavam a correr melhor do que nunca. «Que risco estratégico?» devem ter-se questionado os líderes dos telemóveis: «Nós não o vemos nos números.»

Assim, os directores da Motorola que *sabiam* que eles deviam fazer a dupla aposta, não fizeram alarido suficiente para forçar a questão. E quando não se faz alarido suficiente, a inércia vence.

A inércia venceu e a Motorola perdeu. Em 2000, a Nokia era a líder mundial de telemóveis.

A história da Motorola mostra, mais uma vez, que o risco estratégico é maior quando o seu sucesso é maior. Esse é precisamente o momento em que está menos capaz de ver o risco e menos inclinado a fazer alguma coisa sobre isso.

O Lotus estava numa situação semelhante em 1992. Após um período difícil no final da década de 80, o Lotus estava de volta. A sua nova versão do Lotus 1-2-3 estava a tomar de assalto o mercado das folhas de cálculo, capturando 70% do mercado global. As receitas, os lucros e os preços das acções não podiam estar melhor. Este era exactamente o momento de risco máximo.

O risco veio do Windows. O mundo estava a mudar do MS-DOS para aplicativos da Microsoft que funcionavam no Windows. E porque a Lotus não tinha feito a dupla aposta na versão 1-2-3 para o Windows cinco anos antes, ela não estava em condições de responder.

Jim Manzi, CEO da Lotus, compreendeu o que estava a acontecer. Como um seguro contra exactamente este tipo de eventos, Manzi financiou um esforço enorme ([25]) para desenvolver o Lotus Notes, o primeiro grande aplicativo de *software* colaborativo. Os clientes adoraram e ele cresceu muito rapidamente. No entanto, em 1992, o Notes era ainda um negócio pequeno comparado com o Lotus 1-2-3, e a organização resistiu decisivamente em apoiar fortemente o Notes.

Na Motorola, dezenas de directores viram claramente o problema da dupla aposta, mas a equipa de gestão da unidade de negócio dos telemóveis resistiu. Na Lotus, foi o oposto: Manzi percebeu que tinham de fazer a dupla aposta, mas a maior parte da equipa de gestão não. Manzi argumentou, persuadiu, adulou – a todos sem sucesso. As pessoas estavam simplesmente a fazer muito dinheiro e a ter um momento demasiado bom no negócio actual para pensar em investir no que era visto como uma *startup* insignificante.

No Verão de 1992, Manzi organizou uma série de almoços com cada um dos seus directores de topo na empresa. Em cada um desses almoços, ele apresentou argumentos para um programa urgente de investimento no Lotus Notes, e pediu ao gestor que tomasse uma decisão: ou apoiá-lo no Lotus Notes ou deixar a empresa.

A maioria saiu. Manzi teve de mudar praticamente toda a sua equipa de gestão de topo, sabendo que ele precisava de um grupo coeso para fazer funcionar a estratégia da dupla aposta.

([25]) **N.T.** O termo original usado pelo autor, em Inglês, é *Skunk Works*, aplicado pela primeira vez em 1943 pela Lockheed, para descrever um grupo dentro de uma organização a quem é conferido um enorme grau de autonomia e isento de burocracia, a ao qual é atribuída a tarefa de trabalhar em projectos avançados ou secretos.

A nova equipa de gestão da Lotus conseguiu que a estratégia funcionasse. Enquanto a Borland, o WordPerfect e outros fabricantes de *software* que tinham falhado em antecipar a descontinuidade causada pelo monstro do Windows tinham perdido 95% do seu valor em 1995, o valor da Lotus aumentou de $1 mil milhões para $3,5 mil milhões em 1996, graças à explosão do interesse e das receitas criadas pelo Lotus Notes.

Estas duas histórias ilustram os vários factores que se interpõem no caminho da dupla aposta. Um é a *incapacidade de enfrentar a realidade*. A tendência humana de fazer vista grossa aos riscos leva as empresas a não agirem atempadamente. Por vezes, a empresa ameaçada simplesmente não acredita que a nova tecnologia é uma ameaça séria. Louis B. Mayer da MGM afirmou que a televisão nunca se transformaria em alguma coisa. Ken Olsen da DEC afirmou que o PC era um brinquedo. A Hollywood da década de 80 achava que as cassetes de vídeo não iriam funcionar. A indústria da música no final da década de 90 pensava o mesmo sobre o MP3. Os executivos da Motorola acreditavam que a telefonia analógica estava simplesmente bem – quem precisava do digital? Isso é humano e compreensível. Se dedicou toda a sua carreira a desenvolver, a comercializar e a definir uma determinada tecnologia ou um modelo de negócio, como pode reconhecer as suas fraquezas ou compreender como algum arrivista pode rapidamente substituí-lo?

O segundo obstáculo é a *lógica estratégica equivocada*. Por vezes, a empresa ameaçada reconhece o poder da nova tecnologia, mas quer evitar a canibalização do seu antigo produto. Infelizmente, essa lógica produz muitas vezes o resultado curioso que todos os outros investem na nova tecnologia *excepto* a empresa ameaçada. É doloroso canibalizar o seu próprio negócio. Não obstante, será melhor ter qualquer *outra* pessoa a devorá-lo? Se for o próprio a fazê-lo, pelo menos pode fazê-lo de uma forma que optimize para as suas pessoas a transição do negócio de ontem para o negócio de amanhã.

O terceiro factor é o *medo de gastar*. A empresa ameaçada acredita na nova tecnologia e pretende investir nela. Contudo, ela também acredita que não tem dinheiro para investir nela, porque é cara e iria estoirar com os seus orçamentos de I&D e de despesas de investimento. Alguns vão ao ponto de afirmar: «Pode ir à falência com a dupla aposta.»

Sim, pode. E *irá* à falência com a dupla aposta se a realizar de forma impensada, sem parar para verificar se o risco que percebe é um falso positivo, uma ameaça aparente que não é real.

A boa notícia é que consegue detectar os falsos positivos, geralmente de forma bastante rápida e barata. Eis alguns exemplos.

No início de 1990, todos se deixaram levar pelo entusiasmo da televisão por cabo.

> *Faça a dupla aposta apenas quando não sabe, e não pode saber, qual a alternativa que vai prevalecer.*

As empresas de telefone pensavam que tinham de ter mais capacidade do que as empresas de cabo para se protegerem. Todavia, quatro meses de investigação (na verdade, realizadas de forma independente por várias organizações diferentes que trabalharam a partir do mesmo conjunto de factos) mostraram que não existiam novas aplicações de vídeo suficientes, que não existiriam por vários anos (porque a comunidade de produtores era simplesmente demasiado pequena) e que, em qualquer caso, o consumidor não pagaria o suficiente para cobrir o custo do excesso de capacidade. A maioria das empresas percebeu a mensagem e não desperdiçou milhares de milhões na dupla aposta do excesso de capacidade no cabo.

No final da década de 90, as trocas B2B (redes *online* para a compra e venda de matérias-primas, peças, serviços de manufactura e afins) estavam na moda. Alguns previam que essa tendência iria transformar-se num negócio de $100 mil milhões dentro de alguns anos. Os fabricantes preocuparam-se, e os distribuidores ficaram ainda mais preocupados. Contudo, se tivesse dispendido algumas semanas a fazer uma análise fundamental da proposição das trocas B2B teria descoberto que existiam vários factores de qualificação (tais como as especificações, a logística, as taxas de câmbio, os termos dos contratos, etc.) necessários para que um produto fosse adequado para a venda através de trocas B2B. A ausência de apenas um desses factores afastaria a possibilidade de trocas B2B. A conclusão: não havia forma alguma desse negócio se expandir como estava previsto. E não aconteceu.

O Webvan, o serviço *online* de supermercado e entrega, foi lançado em 1999. O conceito fez com que muitos supermercados ficassem muito nervosos, principalmente a partir do momento em que $800 milhões em capital de risco afirmaram que seria uma boa ideia. Todavia, assim que fizesse o cálculo do racional económico dos clientes convencionais, que utilizariam a sua própria gasolina, tempo e desgaste do veículo, e determinasse quanto uma empresa autónoma de entregas teria de ser mais eficiente para superar essa desvantagem, perceberia que a Webvan simplesmente não conseguiria ser bem sucedida. Efectivamente, a empresa foi à falência em dois anos.

Em todos os casos, era possível determinar *naquela altura* (não apenas com o benefício da retrospectiva) que a ameaça era falsa. *Poderia* saber – e não precisava de fazer a dupla aposta.

PERFIS DE CORAGEM

Por todas as razões que já citámos, a dupla aposta é a arma mais complicada, psicologicamente, no seu arsenal de gestão dos riscos. É quase dolorosamente difícil de concretizar. Imagine as condições nas quais um grupo de pessoas astutas tem de tomar esta decisão:

1. São parte de uma empresa muito grande, muito bem sucedida e financeiramente segura.
2. O seu modelo básico de negócio tem um grande impulso por trás dele.
3. O seu mercado está longe de estar saturado; o tecto de crescimento está a muitos anos de distância.
4. Está primorosamente consciente dos desafios operacionais na gestão do seu actual modelo de negócio, e pretende manter as suas pessoas focadas nesses desafios.
5. No momento da decisão, não sabe e, geralmente, não *consegue* saber se o novo modelo vai funcionar.
6. Em contrapartida, *sabe* que a dupla aposta vai arruinar as suas demonstrações financeiras no curto prazo.
7. A dupla aposta significa mobilizar as suas pessoas mais talentosas, ter semanas de trabalho de noventa horas (e mais algumas) e funcionar sob condições de extrema intensidade emocional.

Então tente explicar esta sugestão ao seu chefe: «Vamos pegar nas nossas trinta melhores pessoas, fazê-las trabalhar até à morte durante o próximo ano para nos protegermos contra uma ameaça que pode não acontecer.» Não tem de pensar muito para imaginar o que o chefe vai dizer. É a decisão empresarial mais difícil de se tomar. É por isso que a dupla aposta não acontece normalmente.

REDUZA OS RISCOS (*DE-RISK*) DO SEU NEGÓCIO

1. Em que altura é que o seu próprio negócio será confrontado com o risco de transição? Que riscos deste tipo vislumbra, de momento, no horizonte? Eles surgem de inovações tecnológicas, alterações no modelo de negócio ou uma combinação dos dois? Como pensa que a sua organização vai reagir?
2. Crie um pouco de história artificial futura relacionado com o negócio que ajuda a gerir. Imagine e esboce algumas das medidas, decisões, contra-medidas, respostas, reviravoltas e surpresas que iluminam possíveis percursos que pode tomar nos próximos anos. Comece por olhar retrospectivamente. Pense nos últimos três anos, e anote três histórias artificiais alternativas, completamente diferentes.
3. Revendo as histórias artificiais que criou, pondere as respostas a estas questões: Quais foram os momentos chave de decisão, evento, acção e intervenção que fizeram com que as coisas acontecessem da forma como aconteceram? Qual o papel do acaso nesses resultados que, em retrospectiva, parecem inevitáveis? Como é que as coisas poderiam ter sido diferentes?
4. Finalmente, mude a sua atenção para o futuro. Anote três histórias artificias *muito diferentes*, facto após facto, acompanhando o seu negócio ao longo dos próximos vinte e quatro meses. Este exercício em particular vai forçá-lo a reflectir mais profundamente no futuro do que qualquer outra coisa. Perante as encruzilhadas no percurso que vislumbra, que decisões devem ser tomadas de forma diferente hoje?

CAPÍTULO QUATRO

Imbatível

Sobreviver à Chegada do Concorrente Único

Não há nada como enfrentar, frente a frente, um concorrente único e forte para que a nossa adrenalina flua. Basta perguntar ao grande jogador de basquetebol, Bill Russell.

Em 1956, Bill Russell formou-se na Universidade de San Francisco e começou a jogar como centro nos Boston Celtics da NBA. Russell era um jogador notável com um talento especial para capacitar as suas equipas a ganhar. Aconteceu na escola e na faculdade, e agora estava a acontecer nos Boston Garden. Ele jogou pelos Celtics durante as temporadas de 1956-1957 e depois levou os Celtics aos campeonatos de 1959 e 1960.

Em 1959, Wilt Chamberlain entrou na liga, jogando primeiro para os Philadelphia e os San Francisco Warriors e depois, a partir de 1964, para os Philadelphia 76ers.

Wilt era muito diferente de Russell. Russell media 2,08, mas Wilt media 2,16. Russell pesava 113 quilos, mas Wilt pesava mais 22 quilos. Mais alto, com maior alcance e mais forte, Wilt era uma máquina defensiva (ele conseguia bloquear remates melhor do que ninguém) e

«Eu cheguei primeiro à posição favorita dele.»
Bill Russel dos Celtics impede outra jogada a Wilt Chamberlain dos Sizers, mais alto e mais forte.

uma máquina de pontuar (50 pontos por jogo era quase uma rotina; num jogo que ficou lendário ele marcou 100). Os investidores experientes afirmavam: *Não é possível ganhar ao Wilt. Ele vai acabar consigo. Não há forma nenhuma de sobreviver num mundo Wilt Chamberlain.*

Efectivamente, Wilt foi nomeado Rookie do Ano e MVP (Most Valuable Player, Jogador Com Mais Valor) da NBA em 1960, apenas o primeiro de quatro prémios MVP que iria ganhar. Wilt pairava sobre a liga, um concorrente único se alguma vez existiu um. O que é que Russell podia fazer?

Russel passou muito tempo a debater-se com o dilema colocado pelo seu rival. A sabedoria convencional era que ninguém podia vencer Wilt no jogo vertical – ele era simplesmente demasiado alto, demasiado grande e demasiado forte. E tudo isto era verdade.

À medida que Russel reflectia sobre isso, ele deu-se conta de algo engraçado. «Quanto», questionou-se, «do jogo de basquetebol *é* vertical?»

Russell começou a fazer alguns cálculos simples. Num jogo típico da NBA, cada equipa tenta cerca de 80 remates, pelo que há 160 remates ao todo. Cada remate demora 2 a 3 segundos. Existem também cerca de 80 oportunidades de rebotes, um por cada remate falhado. Cada um deles dura cerca de 1 a 2 segundos. Todos esses movimentos verticais somam um total entre 500 a 600 segundos, ou cerca de 8 a 10 minutos de um jogo com 48 minutos. Os outros 40 minutos são horizontais. E no jogo horizontal, as questões e os desafios são diferentes. Não se trata de quem consegue saltar mais alto; trata-se da posição a que um jogador consegue chegar antes do seu adversário. Para que posição é que consegue atrair o seu adversário, para o tirar da sua zona de conforto?

No seu livro *Russell Rules*, Russell explica o que ele fez com este novo discernimento. «Wilt jogava na vertical, eu jogava na horizontal. Eu chegava primeiro à sua posição favorita. Isso irritava-o. Eu fazia-lhe a cobertura de forma que ele tinha de rematar de um ângulo que não gostava.» Russell jogava um jogo diferente, de uma maneira diferente.

Wilt marcou sempre mais pontos. *Todavia, os Celtics pareciam ganhar sempre.* Eles ganharam os campeonatos da NBA em 1961, 1962, 1963, 1964, 1965, 1966, 1968 e 1969. Os investidores experientes afirmavam que não era possível ganhar a Wilt, mas Russell provou que eles estavam errados.

> *Quando não consegue vencer um concorrente único no seu próprio jogo, invente em vez disso um jogo diferente.*

CONHECER O CONCORRENTE ÚNICO

Em 1962 – seis anos depois de Bill Russell chegar à NBA – Sam Walton abriu a primeira loja Wal-Mart em Rogers, no Arkansas. Tal como acontece com todas as aberturas, houve muitas falhas e alguns erros, mas os preços baixos atraíam as pessoas, e elas continuavam a voltar.

A cada ano que passava as coisas pareciam acelerar. A Wal-Mart rapidamente aprendeu os segredos do sucesso no retalho. Em breve a empresa seria insuperável na compra agressiva, na gestão brilhante de inventário e a saturar uma zona com lojas para obter uma posição de custo imbatível.

No final da década de 60, a Sol Price introduziu um novo formato, o Price Club, que era ainda mais barato do que o Wal-Mart. Isso assustou muito Sam Walton; alguém tinha copiado a sua fórmula e tinha sido melhor do que ele nisso. Depois de alguma angústia, Sam fez o que tinha de fazer: criou um novo negócio – o Sam's Club – para ser concorrente directo do Price Club. Funcionou. Agora Sam Walton tinha dois motores de crescimento para gerir. A taxa de aprendizagem simplesmente se tornou maior.

A Wal-Mart desenvolveu muitas técnicas novas. Tornou-se incrivelmente boa na logística, na tecnologia de informação e a recolher e a usar informações sobre os clientes. Em muitas áreas, ela *era* o mercado, o que significava que a Wal-Mart sabia muito mais sobre o que estava a acontecer do que os fabricantes, os distribuidores ou qualquer outro retalhista. Em 1980, a Wal-Mart vendeu $1 mil milhões em artigos. Em 1992, vendeu $43,9 mil milhões.

À medida que a Wal-Mart se expandia, de cidade em cidade e de estado em estado, os retalhistas concorrentes a todos os níveis sentiram o choque. Os primeiros a sofrer foram os retalhistas locais – os proprietários dos grandes armazéns individuais, lojas de artigos de uso doméstico e de ferramentas, lojas de brinquedos, retalhistas de vestuário e lojas generalistas de desconto. Quando a Wal-Mart chegava a algum lugar, mesmo um negócio com raízes geracionais profundas numa comunidade depressa descobria que os seus clientes abandonavam a experiência familiar de compras na Main Street a favor de conduzir durante mais uns dez ou quinze minutos até ao hipermercado de descontos, logo a seguir aos limites da cidade – tudo por causa dos «preços baixos todo o dia» em tudo, desde o champô e os guardanapos de papel às *jeans* para as crianças. Num ano ou dois, as lojas da Main Street estavam a fechar.

Em seguida foi a vez dos retalhistas de desconto regionais – empresas veneráveis como a Bradlees, a Ames e a E. J. Korvette, que tinham construído negócios prósperos na América pós-guerra vendendo toneladas de artigos a preços um pouco abaixo dos grandes armazéns. Os preços da Wal-Mart eram consistentemente inferiores – não por muito, mas o suficiente para serem notados – e a escolha era maior, as lojas eram mais coloridas e o inventário era melhor. Uma por uma, as cadeias regionais começaram a fechar sob a investida deste concorrente único.

Na década de 80, o impacto da Wal-Mart estava a ser sentido a nível nacional. As empresas como a Sears e a Kmart, que outrora tinham dominado o panorama do retalho nos Estados Unidos da América, estavam a sentir a pressão. A analogia mais próxima à Wal-Mart, a Kmart, que tinha entrado em cena exactamente ao mesmo tempo que a cadeia de Sam Walton, resistiu por um algum tempo e depois foi à falência.

Agora a proeza temível dos comerciais, dos redutores de custos e dos génios da logística na Wal-Mart tinha-se tornado na sabedoria convencional. Os investidores experientes afirmavam: *Não é possível ganhar à Wal-Mart. Ela vai acabar consigo. Não há forma nenhuma de sobreviver num mundo Wal-Mart.*

JOGAR UM JOGO DIFERENTE

As lojas da Target cresciam à sombra da Wal-Mart. A primeira loja Target foi aberta pela empresa-mãe, Dayton Company, na suburbana Roseville, no Minnesota, em 1962 – o mesmo ano em que a Wal-Mart nasceu. A nova cadeia de lojas de descontos cresceu muito bem durante a década de 60, embora nunca com o mesmo ritmo que a empresa de Sam Walton.

Bob Ulrich juntou-se à Target logo a seguir à faculdade, como estagiário no *merchandising*, em 1967. Nascido em Minneapolis e licenciado pela Universidade de Minnesota, ele era um jovem empresário calmo, sério e cabisbaixo, ansioso por aprender sobre o mundo do retalho. Trabalhou muito arduamente, observou os clientes de perto e tomou nota ao que eles reagiam e aos que eles não reagiam. Ele também aprendeu que não importa o quanto inteligente, intuitivo e bem sucedido somos no *merchandising*, se não formos realmente bons nas operações nunca iremos realmente vencer no jogo do retalho.

Uma outra coisa sobre Bob Ulrich era especialmente invulgar. Todas as organizações de retalho têm os seus angariadores de receitas (vendedores natos que vivem para movimentar artigos) e os seus redutores de custos (que pensam que os custos são o diabo e vivem para cortar nas despesas). Bob Ulrich era um angariador de receitas e um redutor de custos, numa única pessoa. Isso dava a Ulrich uma grande vantagem sobre os outros na sua área. Se compreender o quanto o mundo dos custos é duro, consegue realmente apreciar até que ponto ter um artigo único para oferecer é poderoso – artigos que os clientes não conseguem obter em nenhum outro lugar e que trazem os clientes à sua loja. Bob Ulrich percebeu que era nessas bolsas de não-sobreposição que a maior parte dos lucros no retalho era capturada. Era um discernimento crucial que iria servir-lhe bem quando a necessidade de gerir o risco único colocado pela Wal-Mart bateu à sua porta.

Ulrich subiu dentro da organização e tornou-se presidente da Target em 1984. Foi nomeado CEO da empresa-mãe da Target (que então se chamava Dayton Hudson) em 1995. Mesmo enquanto ele subia na empresa e desenvolvia o seu astuto sentido de *merchandising*, manteve a sua personalidade taciturna, que foge da ribalta, do Centro-Oeste. Isso funcionou muitas vezes a seu favor. Por exemplo, durante as conferências com analistas de Wall Street, Ulrich confiava, habitualmente, as respostas às questões a assessores de confiança, o que gerou muita admiração pela sua modéstia e o seu espírito de equipa. Até hoje, Ulrich é talvez o menos conhecido dos grandes CEOs do mundo. Suspeita-se que ele goste que seja assim. Um directório de biografias empresariais – embora refira a «genialidade de Robert Ulrich» – fornece apenas os seguintes dados pessoais: «Família: Filho de um executivo da 3M (nome desconhecido); casado (nome desconhecido da mulher; divorciada); filhos: dois.» Estão disponíveis mais dados do que estes para a maioria das pessoas no programa federal de protecção de testemunhas.

Contudo, se Ulrich manteve um perfil discreto, a Wal-Mart e o seu fundador carismático, Sam Walton, não fizeram o mesmo. Na altura em que Ulrich assumiu as rédeas da Dayton Hudson, todos no mundo conheciam a Wal-Mart e falavam dela incessantemente. A empresa tinha evoluído para uma incrível máquina económica, destruindo os concorrentes em todos os lugares. Os retalhistas do país procuravam desesperadamente refúgio deste monstro sem precedente através de consolidações ou de outras estratégias de último recurso.

Se a Target tivesse seguido o exemplo de alguns outros retalhistas e simplesmente tentasse superar a Wal-Mart – competindo de igual para igual no preço – a sua probabilidade de sobrevivência teria sido bastante reduzida, provavelmente não mais do que 10%. Todavia, Bob Ulrich tinha compreendido que nem todos os clientes são, ou até mesmo querem ser, clientes da Wal-Mart. Muitos clientes procuram coisas diferentes numa loja de retalho de desconto. Decifrar essas pessoas e responder às suas necessidades pode tornar possível jogar um jogo diferente, um jogo que a Wal-Mart pode não dominar.

A Target há muito tempo que tentava jogar o seu próprio jogo. Já desde os anos 70, ela era descrita como uma «loja de descontos de gama alta» – uma loja de descontos com uma diferença. A empresa encontrou e servia uma camada de clientes acima da camada de clientes da Wal-Mart e logo abaixo da camada de clientes dos grandes armazéns. Isso, por si só, melhorou a probabilidade de sobrevivência da Target – talvez para 20%. Contudo, com o CEO Bob Ulrich, esta estratégia de «jogar um jogo diferente» aumentou vários níveis.

Uma das tácticas de Ulrich foi acabar com a suposição tradicional de que o preço baixo tinha de significar produtos genéricos, indistintos. Tal como os fabricantes de automóveis japoneses, como a Toyota e a Honda, tinham acabado com a suposição tradicional de que o automóvel económico tinha de ser pobre em equipamentos, Ulrich e a Target propuseram-se a combinar preços de desconto com bom estilo através do desenvolvimento de linhas de artigos que não eram caras mas tinham charme, elegância e um grande *design* – toda uma série de qualidades que a Wal-Mart não oferecia.

Este foi um percurso que nasceu, em parte, da história da empresa-mãe da Target. Enquanto proprietária da Marshall Field's, uma cadeia de grandes armazéns de gama alta, a Dayton Hudson há muito que valorizava a alta moda como um impulsionador de tráfego de clientes. (A principal razão que Ulrich costumava citar sempre para manter aquelas grandiosas lojas velhas – até que ele as vendeu finalmente em 2004 – eram as ideias e os contactos com a moda que as lojas ajudavam a gerar para a Target.)

Contudo, o bom *design* é também um amor pessoal de Ulrich. Ele colecciona máscaras e figuras de madeira esculpida do Zaire, é também um director participativo no Instituto das Artes de Minneapolis e ajudou, segundo se diz, um arquitecto a projectar uma casa ao estilo de Frank Lloyd Wright nos subúrbios da cidade. Assim, a noção contra-intuitiva de infundir estilo no ADN de uma loja de descontos pode ter sido natural para Ulrich.

Todavia, como conseguir isso? Os *designers* famosos não são baratos – a menos que o momento seja absolutamente certo. Ulrich queria oferecer artigos com estilo aos seus «convidados» (linguagem da Target para se referir aos clientes) mas não queria (e, num mundo Wal-Mart, não podia dar-se a esse luxo) pagar demasiado. Assim, a Target focou inteligentemente nos *designers* brilhantes que estavam temporariamente numa maré de má sorte. Recorda-se da Disney no final da década de 80? À medida que o estúdio cinematográfico se esforçava por renovar a sua imagem desvanecida, a empresa aplicava um lema de «criatividade e disciplina» a todas as áreas das suas operações, incluindo a contratação de estrelas. A sua estratégia era procurar estrelas de cinema com nomes sonantes que tivessem aparecido numa série recente de fracassos e pudessem, portanto, ser contratadas por um preço razoável. Actores talentosos tais como Bette Midler, Alan Arkin, Richard Dreyfuss e Nick Nolte depressa contracenaram em filmes da Disney. As suas carreiras foram reavivadas e a Disney criou uma série de sucessos – a um custo muito barato. A Target usou a mesma abordagem. Ambas as empresas estavam, afinal, no negócio do entretenimento.

Quando os financiadores de Isaac Mizrahi se retiraram na década de 90, a Target substituiu-se a eles com um acordo de *design* e *merchandising*. Quando Mossimo Giannulli estava em baixo em 2000, a Target estava lá. No final da década de 90 e inicio da década de 2000, a Target estava a oferecer vestuário de *design* desenhado por Mizrahi, roupa desportiva por Mossimo, artigos de uso doméstico desenhados pelo famoso arquitecto Michael Graves, chocolates de Philippe Starck, vinhos de Andrea Immer, artigos de exterior de Stephen Sprouse, roupa para grávidas de Liz Lange, roupa de cama de Amy Coe e artigos distintivos de muitos outros. O turbilhão de nomes de *designers* conquistou inúmeras manchetes para a Target e impulsionou a probabilidade da empresa sobreviver no espaço da Wal-Mart para algo em torno de 30%.

A elegância, o estilo e a exclusividade da Target.
A Target diferenciou as suas lojas e as suas ofertas através da contratação de designers bem conhecidos para a criação de linhas exclusivas de vestuário e de artigos de uso doméstico, e dando nas vistas nos desfiles de moda.

Ao invés de simplesmente escolher artigos já disponíveis destes *designers* para expor nas lojas da Target, Ulrich e a sua equipa de desenvolvimento de produto trabalharam com eles na criação de linhas exclusivas disponíveis apenas na Target. Ele contratou Robyn Waters, uma *marketeer* astuta que outrora tinha aspirado a ser uma corretora de cereais nos mercados de futuros mas ficou viciada em *merchandising* enquanto coordenadora de moda para a cadeia Donaldson. (Desde então ela já deixou a Target para lançar uma consultora de *design*.) Waters fazia referência à sua Teoria de Design 3H em todas as suas conversas com *designers* da Target: *Head* [cabeça] é a necessidade que impulsiona a compra; *Handbag* [mala] é o valor que o artigo e o seu preço representam e *Heart* [coração] é o íman emocional criado pelo bom *design*. Quando todos os três são maximizados, o resultado é um produto perfeito da Target.

O exemplo favorito de Waters é, de todas as coisas, o copo *sippy* [26] para miúdos desenhado por Philippe Starck. Veja como ela conta a história:

> Quando ele sugeriu pela primeira vez que a Target produzisse um copo *sippy* sobre um pedestal que parecia ser de cristal talhado e tinha duas asas como um cálice, os compradores diziam algo como, «Desculpe, mas um copo *sippy* não é isso. Um copo *sippy* não deve estar num pedestal.» No entanto, porque não? Eu tinha acabado de tomar café com uma mulher com quem costumava trabalhar na Target. De alguma forma o copo *sippy* veio à baila. Ela ainda o tem. Ela recorda-se de quem lho ofereceu. Quando ela prepara uma mesa bonita para jantar com a família dela, ela coloca o copo no lugar da sua filha pequena. É uma coisa especial. É apenas um copo *sippy* de plástico que custa $3,49, mas que representa muito mais.

As ofertas únicas da Target não se restringiam aos artigos de *design* artístico. A empresa também estabelecia parcerias com fornecedores pouco conhecidos para transformar produtos locais de nicho em marcas nacionais. Um comprador na Target descobriu sabonetes e detergentes amigos do ambiente da Method numa pequena loja em São Francisco. Hoje os produtos da Method são vendidos em lojas Target por todo o país. E a Target continua a trabalhar com grandes empresas para criar linhas de produtos exclusivas apenas para os seus clientes, tal como uma linha de electrónica de consumo toda branca criada pela Sony.

Ao longo de todo este processo, a Target foi sendo gerida com o coração de um *merchandiser*, mas a alma de uma loja de desconto. Os dois lados da personalidade de Ulrich fizeram um bom trabalho.

A Target racionalizou as suas operações, reduzindo os custos em $350 milhões durante os primeiros quatro anos de mandato de Ulrich. Ulrich ganhou a reputação de gestor obstinado famoso por exigir exactidão, eficiência e competitividade intensa aos seus funcionários: «Bullet

---

[26] **N.T.** O copo *sippy* é o primeiro copo, evolutivo, com bico, que os bebés usam para aprenderem a beber água sem a ajuda dos pais.

Bob», conhecido pelo seu lema, «A rapidez é vida.» Tudo isto e estilo chique também – criatividade e disciplina. Funciona. E a disciplina rigorosa de preço ajudou a impulsionar a probabilidade de sobrevivência da Target ainda mais – vamos dizer para 40%.

As pessoas em todo o país começaram a falar da Target. Elas notaram a anomalia – uma loja de descontos com bons preços baixos comparáveis aos da Wal-Mart, mas com ofertas únicas de produtos e um estilo elegante, que a sabedoria convencional tinha decretado que *nunca* poderiam ser oferecidos a preços de desconto. Era uma lei absoluta do retalho: Era possível oferecer aos clientes *ou* preços baixos *ou* artigos exclusivos e actuais – mas nunca ambos. A Target parecia ter intenção de revogar essa lei. A empresa surpreendeu as pessoas de uma forma maravilhosa, muito à semelhança do que os fabricantes de automóveis Japoneses tinham feito.

O boca-em-boca sobre a Target começou a crescer. Com Bob Ulrich, a Target encontrou formas habilidosas de estimular ainda mais esse boca-em-boca. As ideias de retalho, divertidas e inovadoras, da Target pareciam aparecer nas primeiras páginas a cada alguns meses. Em 2002, a Target ancorou um navio de 67 metros de comprimento no Upper West Side, de Manhattan, muito em voga, angariando imensa publicidade local e mesmo mundial. Em 2003, a Target abriu uma *boutique* temporária de Isaac Mizrahi, durante seis semanas, no Rockefeller Center. No Verão de 2004, os camiões «*Deliver the Shiver*» da Target venderam aparelhos de ar condicionado no SoHo, com os vendedores abrigados atrás das cordas de veludo vermelho, como aquelas usadas para controlar as multidões no exterior das discotecas mais na moda no centro da cidade. (Eles venderam 1000 aparelhos de ar condicionado a $75 cada.) A Target comprou cerca de 2136 metros quadrados de espaço publicitário em nove painéis em Times Square, um dos locais de publicidade mais famosos e visíveis do mundo. E quando o remodelado Museu de Arte Moderna (famoso, entre outras coisas, pela sua colecção de produtos de *design* com estilo e contemporâneos) abriu no final de 2004, a Target patrocinou entradas gratuitas todas as sextas-feiras à noite.

Em 2003, os resultados de uma sondagem mostraram que 96% de todos os Norte-Americanos reconheciam o logótipo de olho-de-boi, vermelho e branco, da Target, um nível de reconhecimento superior ao do pónei da Ralph Lauren Polo ou mesmo ao símbolo da Nike. Quando

Michael Francis, o vice-presidente sénior comercial da Target, comunicou a boa notícia a Ulrich, ele pediu-lhe para descobrir os restantes 4% da população e perceber o que a empresa estava a fazer de errado. «E ele não estava a brincar», afirma Francis. A fama aumentou apenas um pouco mais a probabilidade da Target sobreviver – vamos dizer para 50%.

Assim que os clientes são atraídos para as lojas da Target através de anúncios ou pela publicidade favorável, a selecção de artigos faz o resto. Uma mulher jovem descreve a Target como «a única loja de desconto onde vou», e explica porquê:

> Eu gosto das escolhas que eles fizeram para eu espreitar. A selecção deles é muito cuidada – eles têm um bom sentido sobre os clientes e sobre o que podem querer. As roupas têm um estilo atraente e são muito actuais – o que eu chamo de «moda de deitar fora», roupas com que me posso divertir durante uma estação ou assim e depois substituir por outra nova. Naturalmente funciona para mim, porque eu acabo sempre por comprar peças que eu não achava estar a precisar delas.

Outra cliente frequente, desta vez uma mãe de meia-idade, realça a experiência de ir às compras na Target:

> Eu não me quero sentir deprimida depois de ter ido às compras. Essa é a razão porque compro na Target. É mais colorida e mais arrumada que as outras lojas, e os expositores são mais esmerados e bem organizados. Tal como as caixas de saída. Na Target parece haver sempre muitas caixas abertas, e as filas de espera são pequenas, mas noutras lojas de desconto nunca sabemos o que esperar.
>
> Acho que estou realmente a tornar-me numa admiradora da Target. Hoje em dia visito, geralmente, o *website* da Target antes de ir às compras, simplesmente para antecipar o que irei ver na loja. Contudo, assim que chego lá, frequentemente acabo por comprar algumas coisas extra – os expositores são muito apelativos.

Uma parte significativa dos compradores na Target transforma-se em promotores da empresa. Visite o *blog* Slave to Target (www.slaveto target.blogspot.com) e conhecerá duas entusiastas declaradas da Target, duas mães domésticas que percorrem religiosamente os corredores à procura de artigos desde artigos úteis (um purificador de água, um sensor de movimentos para bebés) aos artigos invulgares (plantas carnívoras), aos artigos de estilo (uma bolsa de pele em cor-de-rosa para portáteis com um forro às bolinhas pretas e brancas). Outras admiradoras da Target visitam o *website* com o intuito de descrever as suas próprias aventuras às compras na sua loja favorita.

Para a Target, a elegância, o estilo e a exclusividade não vêm *ao invés* de operações perfeitas. Eles vêm *em conjunto* com as operações perfeitas. Os leitores de códigos de barras da Target verificam todos os artigos na loja e enviam sinais aos armazéns indicando quais os artigos que precisam de ser repostos. As taxas de erro na reposição das prateleiras são monitorizadas meticulosamente. Para tornar a vida dos trabalhadores mais fácil e o seu dia de trabalho mais eficiente, as prateleiras do depósito no armazém estão organizadas com embalagens de cartão dispostas de acordo com os códigos de barras. O objectivo é reduzir as taxas de erro para menos de 3,0%. (Alguns funcionários já reduziram para 0,2%.)

Todos os funcionários são classificados relativamente ao desempenho no serviço através de um sistema simples de verde (bom), amarelo (alarmante) e vermelho (mau). Quando há demasiados vermelhos, os gerentes concentram-se na loja para resolverem as questões, e regressam em intervalos de onze dias até que o problema seja resolvido.

O serviço rápido é outra questão premente para «Bullet Bob» Ulrich. A Target implementou um padrão de atendimento na caixa de um-mais--um: é aceitável ter uma pessoa a ser atendida e uma pessoa à espera – mas não mais. Como resultado, a rapidez ao longo da fila espera foi melhorada em 25% nos últimos três anos.

Os gerentes e os funcionários agrupam-se todas as manhãs para se focarem nas questões do dia e para promoverem o reconhecimento por um desempenho excepcional. A crença é que «os empregados são os gestores da marca», e se não se investe neles, não se está a investir na marca.

O investimento significa tempo, esforço e sistemas. Por exemplo, todos os corredores do supermercado têm um telefone vermelho numa extremidade, que um cliente pode utilizar para solicitar ajuda para encontrar alguma coisa. (Um cliente frequente da Target com quem falámos apreciava especialmente o telefone vermelho: «Adoro usá-lo. As pessoas chegam em menos de sessenta segundos – e caramba, como eles vêm a correr!») Todos, desde o funcionário da loja ao gerente, sabem quando o telefone vermelho é usado, com quanta frequência e quanto tempo demora a responder à pergunta. Ao longo do tempo, os expositores e a sinalética continuam a melhorar para que a utilização do telefone vermelho continue a diminuir.

Considere o foco intenso na melhoria do serviço, e a probabilidade de sobrevivência da Target face à Wal-Mart aumenta ainda mais – talvez para 60%.

Bob Ulrich continua ainda a perseguir o seu Santo Graal pessoal da «não-sobreposição». Embora 70% das lojas da Target estejam em mercados onde existe uma Wal-Mart, apenas 30 a 40% da variedade de artigos se sobrepõe. E Ulrich pretende tornar essa sobreposição ainda menor no futuro – não apenas em termos dos artigos oferecidos, mas também em termos da sua apresentação. A aparência e a apresentação são críticas, tanto para serem claras e de fácil leitura para os clientes, como para realçar as qualidades que tornam a Target única. As lojas são reformuladas e actualizadas a cada três a quatro anos, com categorias específicas de produtos a encolher ou a crescer em resposta à procura em mudança. Esta é uma frequência inédita para uma loja de descontos. Todavia, faz tudo parte de jogar um jogo diferente, de uma maneira diferente, e de criar a não-sobreposição máxima com todos – e não apenas com a Wal-Mart, mas também com outros retalhistas.

Quando solicita a Bob Ulrich que fale sobre as secções nas lojas com as quais ele ainda não está satisfeito, a sua resposta é reveladora. Depois de reflectir um pouco, ele menciona as plantas vivas e os produtos para automóveis. Porquê? Porque nessas áreas, «a nossa apresentação não se distingue; *somos parecidos com todos os outros* [ênfase acrescentada pelo autor].» Essa qualidade genérica, tomada como certa pela maioria dos retalhistas (existem realmente assim tantas formas diferentes de exibir os rododendros?), é simplesmente inaceitável na Target.

A estratégia de Ulrich de procurar constantemente formas de conseguir uma aparência completamente diferente de todos os outros provou-se espantosamente lucrativa para a Target. Enquanto as falências de lojas de desconto se tornaram comuns num mundo Wal-Mart, os lucros da Target têm crescido a 17%. Nos últimos sete anos, o crescimento das receitas, o crescimento das vendas *same-store* e o crescimento dos lucros da Target têm excedido os da Wal-Mart.

«Não consegue sobreviver a um concorrente único» é o princípio básico – e é normalmente uma regra sábia. É certo que não conseguirá se jogar o jogo dele, da forma dele. Contudo, se estiver focado em criar o nível máximo de não-sobreposição, se escolher jogar um jogo *diferente*, você e os seus clientes podem ter uma fase extremamente boa num mundo onde outros concorrentes estão a ser vencidos por uma força «imbatível» tal como a Wal-Mart.

O que é um risco imbatível para os outros transforma-se numa oportunidade de crescimento para si, desde que se mantenha obcecado em jogar esse jogo diferente, de uma maneira diferente. Tal como Bob Ulrich afirmou em resposta à enésima pergunta que lhe foi colocada sobre a Wal-Mart: «Sim, eles são a maior empresa do mundo, e sim, sentimo-nos ameaçados por eles. Não obstante, se fizermos o nosso trabalho todos os dias, existe ainda um nicho e uma necessidade pela Target.»

À medida que a Target cresce, a história de risco da empresa continua a evoluir. Uma das áreas de maior crescimento da cadeia são as novas lojas SuperTarget, que incluem hipermercados e são em geral comparáveis aos Supercenters da Wal-Mart. Em 2005 existiam 136 SuperTargets, e Ulrich planeava abrir mais, a uma taxa de 40 por ano, representando cerca de 40% do crescimento futuro estimado da empresa.

Contudo, jogar no mundo dos supermercados, notoriamente competitivo e com margens baixas, coloca uma série de novos desafios. Os clientes que vão comprar embalagens de tamanho familiar de carne moída ou grades de água gaseificada ou pacotes de doze rolos de papel higiénico estão focados, sobretudo, no preço. E aqui a imagem cuidadosamente pensada de estilo e elegância da Target pode ser uma responsabilidade mais do que um activo. «Os clientes não se apercebem que os nossos preços são baixos», afirma Ulrich. «Por essa razão, o maior desafio de *marketing* para as lojas SuperTarget é a percepção de preços na área do supermercado».

A solução para o dilema actual da Target, enquanto supermercado de desconto com um estilo criativo, terá de ser multifacetada. Ampliar a variedade de marcas *private-label* [27] (incluindo quer marcas de gama

---

[27] N.T. Os produtos ou serviços *private-label* são tipicamente fabricados ou fornecidos por uma empresa para serem oferecidos sob a marca de uma outra empresa.

alta, quer marcas de valor) e impulsionar a sua quota no cesto de compras dos clientes são dois elementos da estratégia actual da empresa. Outra é estimular os clientes a visitar as lojas da Target com mais frequência – por exemplo, melhorando a selecção de assistentes de saúde e beleza e expandindo os serviços de farmácia. Esta última iniciativa está a ser impulsionada pelo novo *design* único das embalagens da Target para medicamentos sujeitos a receita, com instruções de leitura mais fácil, classificação por cores para os diferentes membros da família, ilustrações de aviso consistentes e claras e uma série de outras pequenas, mas significativas, inovações – por exemplo, evitar a palavra «*once*» nas instruções de dosagem, dado que significa «onze» em Espanhol.

Estas medidas visam mudar subtilmente a percepção do cliente sobre a Target. A nova mensagem: *Sim, a Target é ainda uma loja onde as roupas apelativas e os artigos de uso doméstico únicos podem ser encontrados a preços surpreendentemente acessíveis. Contudo, é também um óptimo lugar para ir duas ou três vezes por semana para comprar agrafos e artigos sanitários a preços baixos.* Gerir esta mudança de foco – e manter *ambas* as imagens vibrantes – é um dos maiores riscos que Ulrich enfrenta agora. É um risco que ele vai precisar de dominar com toda a subtileza que ele já demonstrou anteriormente se pretende que a Target seja um desafio sério à Wal-Mart na área do supermercado. Ter sucesso nisso irá certamente aumentar a probabilidade de sucesso sustentado da Target – provavelmente na ordem de 70%.

Os investidores experientes não estão a apostar contra o calmo personagem do Minnesota.

DETECTAR AS AMEAÇAS NO HORIZONTE

Num qualquer momento da história empresarial, existem apenas alguns poucos concorrentes únicos no horizonte empresarial. (A Figura 4-1 ilustra uma perspectiva histórica sobre alguns dos concorrentes únicos dominantes no século passado.) Neste momento, os mais fortes dividem-se em duas categorias. Na primeira categoria estão as empresas como a Wal-Mart, a Microsoft, a Dell, a Progressive ou a Southwest Airlines, cujos modelos de negócio permitiu-lhes varrer uma banda larga da concorrência, alcançando rapidamente uma posição dominante nos mercados, um após o outro. Na segunda categoria estão as nações emergentes como a China ou a Índia, que jogam com o trabalho a baixo custo e uma infra-estrutura em melhoria para se tornarem numa força competitiva em indústrias de manufactura e de serviços.

Quando um concorrente único entra no seu negócio, os resultados podem ser devastadores. Pode perder metade do seu valor, ou todo. Basta perguntar à Borland, à Wordperfect, à Ashton Tate, à Bradlees, à Ames ou a qualquer outro fabricante de PCs, fabricante de automóveis, empresa de manufactura ou empresa de *software*.

> *Se criar um sistema de alerta precoce suficientemente sensível para detectar as ameaças emergentes, dará a si mesmo o maior tempo de avanço para gerir o risco do concorrente único.*

FIGURA 4-1
Concorrentes únicos

Ford	1910s
U. S. Steel	1910s – 1960s
Standard Oil	1930s
General Motors	1950s
IBM	1970s
Microsoft	1990s
Wal-Mart	1990s
Dell	1990s
Starbucks	1990s
Soutwest Air	1990s
Tesco (mercerias UK)	1990s
Google	2000s
Progressive Insurance	2000s
Empresas indianas de *software*	2000s

O risco é grande, grave e potencialmente total – contudo, nunca súbito. Há sempre sinais. Para aqueles que sabem onde procurar, os sinais, embora pequenos, são inconfundíveis – como o aglomerado de trovoadas anda à deriva ao longo de uma faixa de água quente nos mares tropicais, que é o ponto de origem de um furacão que pode fustigar vários quilómetros ao longo do litoral e afastar dezenas de milhares de pessoas das suas casas. Esses pontos de origem podem ser vistos com antecedência suficiente para alterar o seu modelo de negócio para sobreviver, e prosperar.

É importante mapear continuamente as medidas das grandes empresas no, e em torno do, seu mercado. Por exemplo, eis o registo de como a Southwest Air expandiu gradualmente a sua área de serviço durante os últimos 25 anos do século XX:

- 1975: A Southwest voa para quatro cidades no Texas.
- 1983: Localizações adicionais no Texas acrescentadas, além da Califórnia, o Sudoeste e incursões iniciais no Centro-Oeste. Penetração mais no Leste: Nova Orleães. Destinos totais: **22**.
- 1990: Mais penetração no Centro-Oeste. Penetração mais no Leste: Detroit. Destinos totais: **33**.
- 1995: Penetração inicial nos estados mais a nordeste e a noroeste. Penetração mais a Leste: Baltimore. Destinos totais: **45**.
- 2000: Mais cidades a nordeste e a noroeste acrescentadas, além de cinco cidades na Florida. Penetração mais no Leste: Boston. Destinos totais: **60**.

Este é um padrão inequívoco, um que cria sinais de alerta precoce e o tempo de avanço necessário para preparar uma resposta.

O mesmo é verdade para o retalho a desconto. Qualquer concorrente que tivesse simplesmente acompanhado o círculo em expansão das lojas Wal-Mart durante as décadas de 80 e 90 num mapa dos Estados Unidos da América teria sido capaz de antecipar e prever quando este concorrente do retalho chegaria à sua porta. Com origem no Arkansas, esse círculo expandiu-se a uma taxa de cerca de 110 quilómetros por ano. Qualquer loja de desconto poderia ter calculado o momento em que chegaria à sua área de influência. Muitos dos grandes retalhistas não conseguiram fazê-lo. Um punhado deles, incluindo a Target, reconheceu o que estava para vir e reagiu atempadamente.

ALTERAR A EQUAÇÃO

Outra contra-medida crucial é criar a não-sobreposição – locais onde pode jogar um jogo diferente do jogo do concorrente único.

A Target e Bill Russell não foram os únicos que enfrentaram o risco de um concorrente único, supostamente imbatível, e inventaram um jogo diferente para vencer. Alguns dos melhores exemplos vêm da mesma área que a Target. Num mundo Wal-Mart, as lojas como a Kohl's, a Aldi, a Dollar e a Whole Foods estão a fazer mais do que simplesmente a manter o seu mundo. Cada uma destas cadeias criou a sua própria área de não-sobreposição. Cada uma delas inventou um jogo diferente, e uma maneira diferente de jogar. E cada uma delas apresenta resultados financeiros excelentes num contexto difícil de retalho.

Pode não enfrentar um concorrente imbatível na sua indústria (neste momento), mas observe de perto as empresas que superaram o risco do concorrente único e a forma como o conseguiram. Elas podem dar-lhe algumas ideias para gerir a sua própria equação competitiva de maneira diferente – criando mais não-sobreposição, inventando um jogo diferente, jogando de forma diferente, pelo menos em algumas partes do seu negócio. Estas são as medidas que podem mudar globalmente a sua equação de risco através da criação de bolsas de elevado retorno e baixo risco dentro da estrutura global da sua empresa.

AS MEDIDAS DE REDUÇÃO DOS RISCOS (*DE-RISKING*) DA TARGET

Pare por uns momentos para rever as medidas que a Target tomou e que lhe permitiram prosperar num mundo Wal-Mart:

- Jogue um jogo diferente: defina uma base de clientes, um *mix* de produtos, uma imagem de marca e um modelo de negócio diferente do concorrente único.
- Optimize o sistema: minimize o custo fixo e maximize as eficiências para reduzir o risco financeiro.
- Procure a não-sobreposição: procure constantemente formas de diferenciar a sua oferta de produtos e serviços da oferta do concorrente único.

- Crie estilo com um orçamento baixo: crie parcerias com marcas da alta moda que estão temporariamente disponíveis a preços razoáveis.
- Alimente rumores para ganhar a atenção dos clientes fora de proporção da escala da sua empresa.
- Utilize a tecnologia e a formação rigorosa dos empregados para fomentar um serviço imbatível.

UM JOGO COMPLETAMENTE NOVO:
MIKE LEACH ALTERA O CAMPO DE JOGO

Bill Russell foi uma das primeiras figuras do desporto a descobrir o segredo para vencer um concorrente aparentemente imbatível. Ele não foi o último. Em todas as épocas do desporto, existe um atleta individual, uma equipa ou mesmo um grupo de concorrentes que são geralmente percebidos como imparáveis – até que alguém chega, descobre uma forma de redefinir a natureza da competição e rouba o seu esplendor.

O exemplo mais recente é o treinador Mike Leach, que transformou o humilde Texas Tech oriundo de Lubbock, no Texas, numa potência do futebol que compete em pé de igualdade contra as equipas mais ricas e mais famosas, como os Texas, os Oklahoma e os Texas A&M, que podem dar-se ao luxo de estratégias de recrutamento de jogadores muito mais agressivas. Ano após ano, a lista de Leach está repleta de jogadores que as outras equipas não se deram ao trabalho de recrutar. No entanto, as equipas dos Tech de Leach ganharam 39 jogos nos seus primeiros cinco anos (um recorde da escola), apareceram em cinco jogos depois da temporada nesse período (outra estreia) e estabeleceram mais de 150 recordes de equipa e individuais.

Resultados como estes seriam provavelmente impossíveis se Leach tentasse competir com os grandes nos seus próprios termos e condições. Pelo que ele não o faz. Em vez disso, inventa tácticas que a maioria dos treinadores considera estranhas e muitas vezes irritantes – mas que nada no seu treino os preparou para elas. Ao invés de lutar por um «ataque equilibrado», no qual as jogadas de *runs* e de passes são aproximadamente iguais em número, em que cada uma prepara supostamente a próxima, Leach prefere passes após passes, espalhando lançamentos por todo o campo e utilizando todos os jogadores possíveis como um receptor potencial. Ao invés de tentar gastar tempo de relógio com a ofensiva, ele acelera a acção (os Texas Tech conseguiram uma vez uma série de seis jogadas num intervalo de 21 segundos contra os Alabama), usando passes na linha lateral seguidos de passos rápidos para fora dos limites para trocar tempo por uma posição no campo. Ele alinha a ofensiva não numa linha apertada mas com, até, 1,5 a 2,0 metros de distância entre os jogadores, o que confunde os defensores (que são forçados a espalharem-se de uma forma igualmente tão distante), força os jogadores de formação, com 130 quilos, do adversário a desgastarem-se a correr por todo o campo e torna o movimento dos jogadores mais fácil para o seu *quarterback* ver, ler e reagir em tempo real.

Como resultado da experimentação incessante de Leach, as equipas dos Texas Tech exibiram algumas pontuações de linha pouco comuns. Os primeiros tempos dos seus jogos tendem a ser altamente competitivos, com pontuações ao intervalo como 14-10 ou 21-13. Depois, como se Leach e a sua ofensiva «resolvessem» de repente a defensiva descobrindo as suas fraquezas escondidas, os Texas Tech explodem, conseguindo muitas vezes cinco ou seis *touchdowns* consecutivos no segundo tempo e ganhar jogos, terminando com pontuações finais de 65-10 ou 75-21.

O treinador Leach inspira reacções estranhas nos seus colegas noutras equipas da liga. Eis como o seu agente, Gary O'Hagan, explica isso:

> Ele põe-nos nervosos. Eles não gostam de treinar contra ele; eles preferem treinar contra uma outra versão deles próprios. Não é que eles não gostem dele. Mas em privado eles não o aceitaram. Sabe como se percebe? Porque quando falamos na segunda-feira de manhã e dizemos, «Viram a jogada que Leach usou na terceira e na 26.ª?, eles desconsideram isso imediatamente. Desconsideração é a palavra. Eles desconsideram-no de imediato. E sabe porquê? Porque ele não está a fazer as coisas apenas porque essa é a forma como foram sempre feitas. É como se lhe tivessem dado este tabuleiro de xadrez, e todas as peças, mas nenhuma das regras, e ele está a tentar perceber onde deve colocar todas as peças de xadrez. A partir do nada!

Mike Leach descobriu o segredo para vencer o concorrente único: Se não consegue vencer o outro no seu jogo, jogue um jogo diferente em vez disso.

REDUZA OS RISCOS (*DE-RISK*) DO SEU NEGÓCIO

Eis algumas questões que o podem ajudar a preparar-se para o advento de um concorrente único na sua área de negócio – ou a repelir a investida de um concorrente único que já chegou.

1. O seu modelo de negócio tem um sistema de alerta precoce em vigor para identificar novos concorrentes fortes quando eles entram em cena? A sua organização tem um fórum no qual as suas pessoas da linha de frente – vendedores, representantes do serviço ao cliente, gestores da cadeia de fornecimento, gestores de distribuição, e assim por diante – podem trazer à atenção da sua liderança as novas ameaças competitivas? Tem uma mentalidade que encoraja as pessoas a levarem essas ameaças a sério, mesmo quando podem parecer distantes ou insignificantes?
2. Existe um concorrente único que já opera na sua área de negócio ou em qualquer área adjacente? Se analisar o modelo integral de negócio do concorrente único com tanto detalhe quanto possível, e o comparar com o seu próprio modelo, quais são as diferenças mais importantes que conferem ao concorrente único a sua vantagem?
3. Como pode ajustar o seu próprio modelo de negócio para criar uma diferenciação significativa em comparação com o concorrente único? Que activos possui que o possam capacitar a oferecer benefícios aos clientes que o concorrente único seria duramente pressionado a igualar? Esses activos podem ser tangíveis (instalações, equipamentos, produtos, sistemas de informação) ou intangíveis (conhecimento do mercado, conhecimento do produto, imagem de marca, fidelização de clientes).
4. Mais difícil de tudo, que pressupostos tácitos sobre o seu negócio o impedem de criar um jogo novo e diferente no qual consiga superar o concorrente único? Se despender algum tempo em fazer um *brainstorming* sobre os dez factos acerca da sua indústria que «todos sabem» serem verdadeiros, e de seguida, examinar cada um deles e virá-los de cabeça para baixo – o equivalente a «tornar-se horizontal», tal como Bill Russell fez quando enfrentou Wilt Chamberlain – quais desses dez factos podem ser alterados para criar uma nova área de negócio à medida dos seus pontos fortes?

CAPÍTULO CINCO

Forte, orgulhoso e vulnerável

Repensar o seu modelo de negócio para proteger a sua marca

Na década de 60, Plymouth foi uma das principais marcas de automóveis no mundo. Hoje, a Plymouth não existe.

Entre os anos 30 e os anos 70, o nome Pan American simbolizou o melhor do transporte aéreo – eficiência, fascínio, sofisticação. Já não existem muitas dessas qualidades no transporte aéreo. E não há dúvida que a Pan Am já não existe.

Destinos semelhantes têm acontecido a uma série de outras marcas outrora grandes, desde a Lucky Strike à Pepsodent e à Brylcreem. (Consegue ainda, provavelmente, cantarolar os seus *jingles* publicitários, décadas depois de se terem calado para sempre.) Considere simplesmente uma lista parcial das marcas outrora bem conhecidas, fortes, lucrativas e inexpugnáveis que caíram a pique em valor ou chegaram mesmo a desaparecer (Figura 5-1).

As marcas surgem como uma tentativa de escapar ao risco. Os consumidores, e até mesmo os compradores corporativos, gostam de marcas porque elas oferecem uma garantia de qualidade. Tal como o *The Economist* observou uma vez, «Alguém que compra livros pode não

FIGURA 5-1:
Marcas que Perderam a Glória

Kmart	Howard Johnson	Pepsodent
Polaroid	Oldsmobile	Zenith
Cutty Sark	Schlitz	Plymouth
Bulova	Sony	Keds
Maytag	Levi's	Canada Dry
Blockbuster	A&P	Gateway
Pinch	Reader's Digest	7-Up
Norelco	Baldwin Pianos	Brylcreem
Winston	Hawaiian Punch	Wise
Rheingold	Fiat	Pabst

confiar o seu número de cartão de crédito a uma empresa sediada em Seattle se a experiência não lhe tivesse ensinado a confiar na marca Amazon; um norte-americano pode não aceitar uma garrafa de água francesa se não fosse o nome Evian.» E as empresas gostam de marcas não só porque elas criam um prémio no preço, um prémio no volume e geram um passa-a-palavra positivo, mas também porque oferecem protecção parcial contra a concorrência – ou, pelo menos, assim parece. No seu auge, as marcas parecem ser sempre inexpugnáveis. Nos seus anos de glória, a ideia de que grandes nomes como a Plymouth, a Pan Am e a Schlitz iriam simplesmente desaparecer teria parecido risível.

E é aí que reside o risco. A própria força de uma boa marca contamina o pensamento dos seus proprietários, levando a erros de percepção que são frequentemente fatais. As empresas confiam demasiado nas suas marcas. Pensando que elas são invulneráveis, as empresas investem pouco nas marcas, tratando o valor da marca como uma conta bancária inesgotável que quase não precisa de ser reposta não importa quantos cheques são sacados contra ela, ou esbanjam dinheiro em «investimentos na marca» que na verdade dão pouco suporte à marca. Eles ignoram ou interpretam mal a inter-relação virtual entre a marca, o produto e o modelo de negócio que, como veremos neste capítulo, determina o valor de longo prazo da marca.

Como resultado, o risco da marca aumenta – geralmente de formas que até profissionais de negócio, inteligentes e trabalhadores, não conseguem entender. Jeremy Bullmore, do Grupo WPP, falou em nome de muitos executivos quando comentou: «As marcas são coisas extremamente complicadas, esquivas, escorregadias, meio-reais/meio-virtuais. Quando os CEOs tentam pensar em marcas, os seus cérebros sofrem.»

O risco da marca pode atacar de duas formas básicas: o colapso da marca (muito dramática, muito evidente) e a erosão da marca (mais lenta, mais subtil, mas igualmente onerosa). O colapso da marca ataca de um momento para outro, tal como quando um problema amplamente divulgado sobre a adulteração do produto, a quebra de qualidade ou um escândalo corporativo devasta a imagem de uma marca. Quando bem gerido, o colapso da marca pode levar à sobrevivência e ao fortalecimento (após a crise da sua cápsula de cianeto, a Tylenol emergiu mais forte do que nunca). Quando mal gerido, o colapso pode levar ao esquecimento (tal como com a Arthur Andersen). Noutros casos, o valor da marca sofre uma erosão lenta, mas devastadora a longo prazo. E, hoje em dia, tais erosões são mais comuns e mais onerosas do que nunca.

EROSÃO DA MARCA: A HISTÓRIA DA SONY

Para ilustrar o processo de erosão da marca, vamos considerar o que aconteceu à Sony.

Quando viajava pelo mundo nas décadas de 80 e de 90, podia ver o logótipo da Sony em todos os lugares. O logótipo inspirava um conjunto forte de sentimentos. A marca representava as pessoas que tinham inventado o Trinitron, o Walkman, a Playstation e toda uma série de outras maravilhas electrónicas. O nome significava inovação, qualidade perfeita e liderança. Era a número um na mente dos compradores de electrónica – um nome pelo qual se pagava um prémio no preço de 40% ou mais.

Em termos práticos, isso significava um padrão previsível de comportamento dos clientes em resposta a esse logótipo da Sony. Imagine uma recém-licenciada da faculdade a entrar numa loja de electrónica, em Setembro de 2000, para comprar um leitor de DVD para o seu primeiro apartamento. Ela vê várias marcas à venda, das quais a Sony é a mais cara. Talvez escolha um modelo por ela própria, ou talvez ela peça aos seus amigos que a aconselhem. De qualquer forma, a decisão é susceptível de ser fortemente influenciada por essa marca Sony: «Pode valer a pena pagar alguns dólares a mais pelo leitor que eu *sei* que vai funcionar durante os próximos anos.»

Multiplique essa decisão por milhões de consumidores e tem um grande impacto financeiro, que pode ser medido e valorizado. A Interbrand, uma consultora internacional de marcas, produz periodicamente estimativas do valor gerado pelas marcas líderes no mundo. Em 2000, a Interbrand estimou que as quatro letras no nome Sony apresentavam um valor de marca de $16,4 mil milhões, que ficou classificado em vigésimo na lista das principais marcas do mundo.

Depois algo aconteceu. O prémio de valor que os produtos da Sony tinham ganho ao longo dos anos começou a dissipar-se.

A esfera de concorrência da Sony começou a mudar. A Sony costumava concorrer com a Panasonic, a Philips, a Samsung, a Toshiba e outros fabricantes de electrónica de consumo. Depois entraram novos nomes na disputa, incluindo a Microsoft, a Apple e a Hewlett-Packard. Os retalhistas como a Best Buy, a Wal-Mart e a Circuit City começaram a desenvolver uma marca de força que rivalizava com a de Sony e de outros fabricantes. O mesmo aconteceu com os distribuidores *online* como a Amazon. Os clientes começaram a questionar-se: «Preciso de pagar mais por um leitor de DVD da Sony? Provavelmente não – se a Best Buy vende esta máquina sem marca, provavelmente não tem problema.»

À medida que atraíam para si próprios a lealdade dos clientes, os retalhistas procuraram novos fabricantes muitos ansiosos por desmistificar a magia da marca dos líderes, vendendo artigos produzidos com competência a preços muito baixos.

A Apex é um caso em questão. Este fabricante chinês de leitores de DVD não precisava de gastar centenas de milhões em publicidade.

A empresa só precisava de fazer negócio com alguns grandes retalhistas que estavam ansiosos por encontrar artigos a preços baixos para vender.

A Apex começou a vender leitores de DVD em 1999, quando a quota da Sony no mercado de leitores de DVD era de 20%. Quatro anos mais tarde, a Apex tinha uma quota maior (15%) do que a Sony (13%). E o prémio no preço da Sony caiu de 44% (em 2000) para 16% (em 2004).

Em 2004, não era muito provável que aquela mesma licenciada da faculdade optasse pelo leitor de DVD da Sony mais caro. Em vez disso, era mais provável que a sua linha de pensamento fosse mais assim: «Vejam quanto custa mais o leitor da Sony – $200 ao lado desta marca de $49,99 de uma empresa da qual nunca ouvi falar. Mas os meus melhores amigos da faculdade compraram o leitor mais barato e afirmam que funciona bem, pelo menos por algum tempo. Pode vir a avariar num ano ou dois, mas nessa altura posso comprar um novo leitor e ainda assim gastar menos do que teria gasto no meu primeiro Sony. E daqui a dois anos, o que quer que seja que eu compre hoje, estará, provavelmente, obsoleto de qualquer forma. Vou comprar a marca mais barata.»

A força multi-dimensional que foi alterando a concorrência na esfera da electrónica exerceu incessantemente pressão sobre a marca Sony, como um conjunto de chapas de aço a empurrar de direcções diferentes. O risco da marca intensificou, e a erosão do valor da marca reflectia a erosão do que estava a acontecer dentro da mente do cliente (ver Figura 5-2).

FIGURA 5-2:
O Valor da Marca Sony, em $ mil milhões

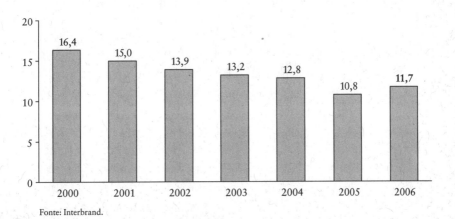

Fonte: Interbrand.

A Sony era ainda uma boa marca, mas já não parecia ser tão especial. A fidelidade do cliente Sony, outrora um dos laços mais fortes em todo o comércio, tinha começado a desgastar-se.

A FORD NAS MANCHETES

Às vezes, tal como com a Sony, a erosão da marca começa discretamente. Às vezes, tal como com a Ford, a erosão começa com um incidente dramático e público. Em 2000, a Ford tinha um valor de marca calculado em $36 mil milhões. Depois chegou a crise Firestone-Explorer.

Em Fevereiro de 2000, a estação de televisão KHOU-TV, em Houston, relatou uma série de acções judiciais pouco conhecidas sobre segurança automóvel. As acções judiciais sugeriam que os pneus Firestone que explodiram, montados nos SUVs Ford Explorer, tinham causado cerca de trinta mortes devido ao capotamento dos veículos.

A princípio, quer a Ford, quer a Firestone (bem como a Bridgestone, a empresa-mãe da Firestone) negaram qualquer responsabilidade, culpando-se uma à outra pelo problema. Os jornalistas por todo o país começaram a investigar e o número de mortes relatadas envolvendo capotamentos Firestone-Explorer aumentou, atingindo, por fim, um total de 271. Finalmente, em Agosto, um mês antes de se iniciarem as audiências altamente publicitadas do Senado sobre segurança dos pneus, a Firestone reconheceu o problema e tomou a decisão extraordinária de revocar 6,5 milhões de pneus, a maior revocação de segurança automóvel de sempre na história.

Para piorar ainda mais as coisas, documentos da Firestone e da Ford sugeriam que ambas as empresas tinham tido conhecimento de acidentes fatais causados pela combinação da separação do piso dos pneus e de SUVs pesados, mas nada tinham feito para alertar os condutores (uma alegação que a Ford negou sempre). As imagens de marca quer da Ford, quer da Firestone, sofreram golpes duros.

Tal como no caso da Sony, uma pressão enorme sobre a marca da Ford era exercida de várias direcções, incluindo não só a tragédia do capotamento mas também o declínio do Taurus (cujo sucesso tinha impelido tão fortemente a marca e a empresa nas décadas de 80 e de 90), o *downgrade* da dívida da Ford e a gama de automóveis da empresa cada vez mais impopular, que sofreram descontos cada vez maiores para serem vendidos.

A marca Ford tinha sido a marca mais valiosa do mundo automóvel. Agora atravessava um colapso de escala mundial (Figura 5-3).

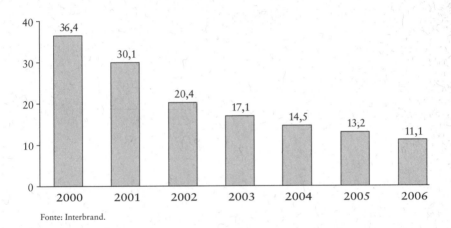

Figura 5-3:
Valor da Marca Ford, em $ mil milhões

Fonte: Interbrand.

Conseguirá a Ford ficar fora de perigo ou irá o declínio continuar?

AS MARCAS DE HOJE: MAIS VALIOSAS DO QUE NUNCA

Ninguém está a prever o fim iminente da Sony ou da Ford. Estas empresas são demasiado grandes e fortes para sucumbirem à série de reveses dolorosos que têm sofrido nos últimos três anos. Todavia, as actuais batalhas das empresas para reconstruírem as suas imagens de marca nunca deveriam ter sido necessárias.

Nos últimos anos tem-se assistido a um aumento surpreendente no número de marcas cujo valor caiu drasticamente. Um estudo

> *Mesmo as grandes marcas são vulneráveis ao risco insidioso e debilitante da marca – hoje mais do que nunca.*

recente constatou que dos clientes que se descreviam como sendo «extremamente leais» a uma determinada marca, quase *metade* relatou que já não eram fiéis à mesma marca apenas um ano mais tarde.

De 2000 a 2005, a classificação da Interbrand para as marcas do Top 100 incluía 57 marcas que apareciam no quadro de líderes em cada um dos seis anos. Dessas 57, cerca de 40% sofreram uma perda significativa do valor da marca (alguns exemplos são ilustrados na Figura 5-4). O risco da marca é real, e está cada vez mais generalizado.

FIGURA 5-4:
Declínio no Valor da Marca em 5 anos, em $ mil milhões

	Valor da Marca, 2000	Valor da Marca, 2006	Decréscimo de Valor
Levi's	3,8	2,7	29%
Duracell	5,9	3,7	37%
Xerox	9,7	5,9	39%
Microsoft	70,2	56,9	19%
Ford	36,0	11,0	69%
Sony	16,0	11,7	27%
VW	7,8	6,0	23%
Nokia	38,5	30,1	22%
Disney	33,5	27,8	17%
Kodak	11,8	4,4	63%

Fonte: Interbrand.

Os actuais níveis crescentes do risco da marca não podem ser atribuídos a gestores de marca incompetentes. O facto é que hoje a gestão do risco da marca é mais subtil e complexa do que era na década de ouro de 80 e início da década de 90. Outrora considerada como relevante principalmente nos produtos embalados, a marca tornou-se extremamente importante em quase todos os segmentos de negócio, como é indicado pela explosão de gastos com publicidade com o objectivo de construir marcas em segmentos como as telecomunicações, a indústria farmacêutica, o retalho e os serviços financeiros, e tanto no domínio do B2B como no domínio do B2C. Existem, correspondentemente, muitos modelos possíveis de investimento na marca baseados em combinações complexas e altamente variáveis de indústria, marca e condições de mercado – tudo isto torna a gestão do risco da marca uma disciplina muito mais complicada do que era há uma década atrás.

SUPERAR O RISCO DA MARCA: O TRIÂNGULO DOURADO

O autor James Surowiecki oferece um discernimento útil sobre o que tem estado a acontecer no universo contemporâneo da marca:

> Se outrora no tempo os clientes casavam com as marcas – as pessoas que conduziam Fords conduziam Fords durante toda a sua vida – hoje eles são mais como monógamos em série que mudam para outra marca logo que surge algo mais apelativo. Os gurus falam sobre construir uma imagem para criar um halo sobre os produtos de uma empresa. Todavia, hoje em dia, a única maneira segura de manter uma marca forte é continuar a colocar produtos no mercado, que por sua vez irão projectar o halo. (O iPod tem feito muito mais pessoas interessadas na Apple do que a Apple tornou as pessoas interessadas no iPod.)

A questão não é que as marcas estejam mortas ou ficaram sem valor. Contudo, as marcas *por si só* têm hoje menos força para criar e manter os clientes fiéis que outrora tiveram. Enquanto considerar a marca como uma mera comunicação de posicionamento ou imagem, não conseguirá resolver o problema do risco da marca. Actualmente, o investimento na sua marca requer *construir e manter grandes produtos e desenvolver um grande modelo de negócio* que seja consistente com, e que dê suporte a, *uma mensagem de marca relevante e apelativa*. Os três elementos fundamentais estão interligados no que chamamos de Triângulo Dourado do valor da marca (Figura 5-5).

Figura 5-5
O Triângulo Dourado

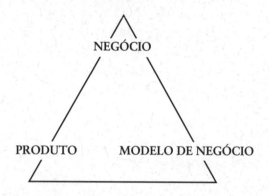

Hoje em dia, o modelo de negócio, o produto e a mensagem da marca são três actores inseparáveis no drama do risco da marca. Produtos exaustos ajudam à erosão mais rápida da marca. O modelo de negócio errado (especialmente em áreas como os serviços, a distribuição, a qualidade, a informação e a experiência do cliente) pode fazer o mesmo.

O reverso também é verdadeiro. As marcas em declínio podem ser rejuvenescidas com grandes produtos, e ainda de forma mais forte com grandes modelos de negócio. Exemplos impressionantes incluem a marca Apple, o produto iPod e o modelo de negócio do iTunes Store; a marca Toyota, o produto Prius e o modelo de negócio da Toyota para a sua linha de híbridos; e a marca Lexus, o produto Lexus e o modelo de negócio da Lexus para uma rede de concessionários separada e altamente especializada.

O processo começa por saber *porque* é que a marca está em erosão. Isso requer, geralmente, uma descodificação detalhada dos pontos fortes e dos pontos fracos da marca, medidos contra as características que são as mais importantes para os seus clientes. Para executar esta *análise do risco da marca*, precisa primeiro de determinar os verdadeiros elementos do valor da sua marca ([28]). Considere qualquer marca com que trabalha. Quais são as cinco a sete dimensões de valor que mais importam aos seus clientes? (Para o ajudar a enumerá-las, veja o exemplo de dimensões listadas na Figura 5-6.) De seguida tente classificar esses elementos por ordem de importância para os seus clientes. Quantifique a importância *relativa*. Finalmente, descubra como é que a sua marca pontua junto dos seus principais clientes, comparada com a marca do seu concorrente mais forte. O resultado pode ser uma visão reveladora sobre um risco da marca iminente no seu futuro.

Assim que tiver identificado o problema, pode começar a atacar a erosão com um programa de investimento radicalmente alterado e reestruturado que inclua melhorias no produto, no modelo de negócio e na forma de comunicar a própria mensagem da marca. Todos os três vértices do triângulo são essenciais para parar e reverter o risco de erosão da marca.

FIGURA 5-6
Exemplos de elementos de valor da marca

Digno de confiança	Fornece um bom serviço
Rápido	Bom para a família (*'Family-friendly'*)
Elevada qualidade	Prestigioso
Poupa-me dinheiro	Vanguardista na moda
Poupa-me tempo	Fácil de utilizar (*'user-friendly'*)
Flexível	Seguro
Luxuoso	Divertido
Inovador	Tecnologicamente sofisticado

---

[28] **N.T.** O termo original em Inglês é *brand equity*. É a soma das qualidades distintivas de uma marca, por vezes denominada como *reputational capital* (capital de reputação). Um produto ou serviço com um valor alto de *brand equity* beneficia de uma maior vantagem competitiva, o que lhe pode permitir aplicar um preço mais alto.

SAMSUNG: INVESTIR NA MARCA
INVESTINDO NO MODELO DE NEGÓCIO

A Samsung fornece um exemplo típico de risco da marca e de como a gestão inteligente pode mitigar o risco e, em seguida, revertê-lo através da alteração no padrão de investimento da marca.

O ano era 1997. O gigante coreano da electrónica, a Samsung, possuía uma marca associada principalmente, na mente dos clientes, a televisores, a fornos de microondas e a leitores de vídeo da gama baixa. Samsung significava «barato.» Na tradição do *chaebol* (conglomerado) coreano, os gestores da Samsung estavam focados em aumentar continuamente a produção e as receitas das vendas, mesmo enquanto os preços dos seus produtos em rápida *comoditização* [29] caíam e os lucros diminuíam.

Jong-Yong Yun é o CEO da Samsung. De voz calma e imponente, ele é conhecido pela sua boa vontade para abordar as decisões difíceis e assumir as consequências das suas decisões. Embora o seu legado educacional seja uma licenciatura em engenharia eléctrica da Universidade Nacional de Seul, Yun é um humanista de alma: estudou engenharia, afirma ele, porque «a Coreia era, então, um país pobre, pelo que ele sabia que se tivesse concluído uma formação em filosofia não teria emprego». E por vezes fala como se o seu emprego na Samsung fosse meramente uma fase intermédia em preparação para um desafio da vida com mais significado. «Eu quero liderar a Samsung Electronics para que esta se torne numa das melhores empresas no mundo», afirmou. «Quando alcançar este objetivo, quero visitar locais históricos e culturais em todo o mundo para prosseguir os meus estudos de filosofia.» Talvez esta perspectiva mais ampla tenha ajudado Yun a lidar com as interacções complexas entre o modelo de negócio, o produto e a mensagem da marca que estão subjacentes na história de risco da Samsung.

Em 1997, enquanto Yun aferia o morticínio trazido pela recente crise financeira asiática (risco enorme que se manifestou) e ponderava

---

[29] N.T. É a transição para a concorrência perfeita: o processo pelo qual um artigo ou serviço outrora único ou superior se torna igual a outros artigos ou serviços similares aos olhos do mercado. A *comoditização* é a transição para a concorrência indiferenciada entre duas ou mais empresas que oferecem o mesmo produto ou serviço. O que leva a preços mais baixos.

as realidades que a sua própria empresa enfrentava, ele percebeu que os riscos que a empresa enfrentava eram extremamente graves. A Samsung encaminhava-se para o declínio e para a perda de rentabilidade por causa de retalhistas fortes e da rápida *comoditização* – os seus produtos eram demasiado parecidos com aqueles feitos por uma dúzia de outras empresas. Além do mais, a marca representava produtos baratos. Não havia nenhuma base para exigir um prémio no preço – de facto, a estratégia da Samsung focava nos preços baixos, a ficarem constantemente mais baixos. A força dos clientes, as diferenças insignificantes de produto e a falta de elevação da marca combinaram-se para eliminar os lucros e enfraquecer a empresa.

O risco da marca é difícil de quantificar. Contudo, se Yun tivesse querido calcular a probabilidade de a marca Samsung conseguir evitar um colapso do valor em grande escala nos próximos cinco anos, ele podia ter chegado a um número na ordem de 40% – uma posição muito desconfortável para se estar nela.

É difícil ver a sua história de risco de forma clara em tempos de grandes sucessos. É ainda mais difícil ver a sua história *real* de risco em tempos de grandes crises. Todavia, Yun, o filósofo-rei da Samsung, tinha o dom raro de uma boa visão, boa audição e a boa vontade e a determinação para agir.

Reconhecendo o enorme risco da marca da Samsung, em erosão e debilitada (condicionando toda uma geração de clientes da Samsung a pensar as coisas erradas sobre a Samsung), Yun decidiu abordar frontalmente o problema do risco da marca: «Se continuarmos a vender produtos de gama baixa, isso prejudica a nossa imagem corporativa... Acreditamos que daqui a cinco a dez anos o nosso futuro dependerá do nosso valor da marca».

Yun reconheceu a importância crucial da *inovação* e do *speed to market* [30] como componentes da marca no mundo da electrónica de consumo, onde os novos dispositivos retêm o seu valor total apenas durante alguns trimestres ou até meses. Estas características tinham de

---

[30] **N.T.** O *speed to market* é um termo usado amplamente para denotar a rapidez com que um produto é introduzido no mercado. O termo é, ainda, usado para sinalizar a rapidez com que uma empresa se diferencia através da oferta de um produto ou serviço inovador ou de valor acrescentado.

se tornar parte da marca Samsung, e não seria suficiente tentar convencer os consumidores através de anúncios inteligentes ou truques publicitários. O modelo de negócio subjacente tinha também de mudar.

Em resposta à liderança de Yun, a empresa começou a apostar grandes recursos em I&D, posicionando a Samsung para lançar novos telemóveis, aparelhos de TV, leitores de música e outros produtos, a um ritmo mais rápido do que concorrentes como a Sony e a Panasonic. Por exemplo, foi a Samsung (em parceria com um instituto público de investigação) que desenvolveu a WiBro, a nova tecnologia sem fios de alta velocidade que é oito vezes mais rápida do que os sistemas convencionais móveis, e muito mais barata. Prevê-se que, no final de 2006, a Coreia seja o primeiro país a adoptar o padrão WiBro.

A Samsung tomou, igualmente, medidas para alterar o equilíbrio de poder entre engenheiros e *designers* a favor dos *designers*. Com a ajuda do Art Center College of Design em Pasadena, na Califórnia, a empresa abriu uma escola interna de *design*, onde os *designers*, os comerciais e os engenheiros da Samsung começaram a frequentar aulas, seis dias por semana, em técnicas de ponta sobre *design*. A empresa criou centros de *design* em todos os principais mercados, a melhor forma de captar as tendências dos clientes locais. Por exemplo, a Samsung abriu estúdios de *design* para telemóveis em Seul, San Francisco, Londres, Tóquio, Los Angeles e na China.

A empresa tomou, também, passos decisivos para transmitir aos seus colaboradores e aos interessados externos a seriedade do seu compromisso para com a qualidade do produto. Quando as reclamações sobre os telefones sem fios da Samsung começaram a multiplicar-se, todo o inventário do produto – artigos no valor de quase $50 milhões – foram amontoados num logradouro da fábrica. Foram dadas instruções a trabalhadores com faixas na cabeça com o *slogan* «Qualidade em primeiro lugar» para destruir os telefones e atirá-los para uma fogueira. «Antes de estar terminado», de acordo com um relato, «os empregados choravam.» Foi um momento de choque, um momento que transmitiu uma mensagem inequívoca e inesquecível.

O compromisso de Yun para com a qualidade, a promoção forçada de um plano agressivo de I&D e um programa de *design* vanguardista ajudou provavelmente a melhorar a probabilidade de sobrevivência da marca Samsung para cerca de 60%.

Implementar estas mudanças no negócio era duro, mas no entanto outras alterações no modelo de negócio eram ainda mais duras. Estas envolviam algumas escolhas dolorosas. A mudança de rumo da Samsung gerou alguns custos que estavam longe de serem óbvios. Por exemplo, depois de Yun anunciar o novo foco em produtos de elevado estilo, a empresa decidiu que não iria continuar a oferecer os seus aparelhos de TV mais velhos e baratos. A empresa retirou os aparelhos de TV mais antigos dos mercados europeus meses antes dos seus aparelhos digitais de TV, mais caros, estarem disponíveis. «Os aparelhos de TV são a cara da Samsung Electronics», explicou Yun. A desistência deliberada de meses de receitas fáceis produziu ondas de choque, tanto interna como externamente; enviou uma mensagem inequívoca para os clientes e a organização, e aumentou a urgência para completar a transição. Todavia, Yun reconheceu que esta medida era um investimento essencial na criação de uma imagem de marca clara e verdadeiramente nova para a Samsung, que seria muito mais rentável no longo prazo.

A segunda decisão difícil foi tomada em 2000. Yun percebeu que vender através da Wal-Mart não era compatível com a marca que ele estava a criar. A Samsung tomou a difícil decisão de retirar os seus produtos da Wal-Mart – o maior e mais forte retalhista do mundo – e redireccionar o volume e o foco para lojas como a Best Buy e a Circuit City.

É preciso uma verdadeira coragem para enfrentar uma situação assim frontalmente. O preço no curto prazo é óbvio. Os benefícios a longo prazo, embora muito menos óbvios, são enormes. A escolha de Yun em renunciar a receitas fáceis, mas perigosas, associadas a produtos de aparência antiga em canais de distribuição de grandes descontos, melhorou a perspectiva de protecção da marca Samsung por mais alguns pontos, aumentando a probabilidade de sobrevivência até cerca de 70%.

Os esforços direccionados e agressivos de comunicação da mensagem da marca – o terceiro ponto do Triângulo Dourado – acompanharam as medidas no produto e no modelo de negócio. A Samsung aumentou a sua despesa em *branding* e *marketing* para cerca de $3 mil milhões por ano, celebrou um contrato com a New Line Cinema, por dois anos, para a colocação de produtos, e tornou-se num dos parceiros dos Jogos Olímpicos. Os produtos da Samsung apareceram em filmes, tal como a série *Matrix*, e em programas de *co-marketing* com revistas da elite da moda e de *design*, tais como a *Vogue* e a *Style.com*. Estes esforços de comunicação da mensagem da marca teriam tido um impacto mínimo se não fosse a reinvenção das realidades subjacentes ao produto e ao modelo de negócio. No entanto, em combinação com esse esforço, eles ajudaram a melhorar a probabilidade de sobrevivência da marca da empresa para cerca de 80%.

Hoje em dia, impulsionada pela sua nova imagem da marca, um fluxo constante de grandes produtos e um modelo de negócio muito diferente, a Samsung está preparada para desafiar a Sony na liderança global do mercado da electrónica de consumo. De 2000 a 2004, as vendas da Samsung mais do que duplicaram, de $27 mil milhões para $55 mil milhões. Actualmente, com uma capitalização bolsista de $98 mil milhões, a Samsung é a empresa de tecnologia não americana mais valiosa do mundo.

O valor da marca seguiu a mesma ascensão, e a Samsung ultrapassou o seu principal concorrente. Em 2006, a marca Sony valia $11,7 mil milhões e a da Samsung $16,2 mil milhões (Figura 5-7). Além do mais, os produtos da Samsung estão a começar a beneficiar do prémio no preço outrora cobrado pela Sony. Por exemplo, os auscultadores da Samsung vendem-se agora a preços 44% mais caros do que os modelos comparáveis fabricados por empresas concorrentes.

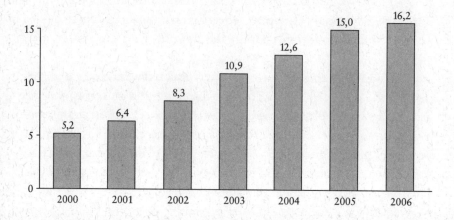

FIGURA 5-7
O Valor da Marca Samsung, mil milhões de dólares

A Samsung tomou muitas medidas de redução dos riscos (*de-risking*) do seu modelo de negócio. A empresa focou-se na flexibilidade nas fábricas, para produzir uma ampla variedade de produtos nas mesmas instalações. A empresa celebrou um acordo amplo de partilha de tecnologia com a Sony, para reduzir o risco de desfasagens tecnológicas. E a empresa realizou inúmeros testes de mercado para se certificar que os seus esforços de desenvolvimento estavam bem direccionados.

Não obstante, as medidas mais importantes que tomou foram as acções combinadas realizadas no produto, na marca e no modelo de negócio, que reverteram a erosão da marca da década de 90 e lançaram uma das grandes histórias de crescimento da marca na década de 2000.

A ARTE DA ESTRATIFICAÇÃO DA MARCA NA SAMSUNG E EM OUTROS LUGARES

Essa mudança drástica na imagem da marca da Samsung não é uma manobra de alto risco? A Samsung não correu o risco de perder os atributos da marca que tinham contribuído para o seu sucesso inicial enquanto não conseguia fazer a transição para um conjunto novo e ainda mais valioso de atributos?

Sim, essa possibilidade existe. Qualquer medida para mudar a imagem da sua marca é inerentemente arriscada. Assim, os modeladores do risco como Jong-Yong Yun limitam o risco através de um processo de *estratificação da marca*: fazer investimentos em todos os três vértices do Triângulo Dourado, concebidos para adicionar atributos positivos à sua imagem da marca e que sejam coerentes com, e sejam sustentados nos, seus atributos positivos existentes.

No momento em que Yun decidiu lançar a sua remodelação da marca, em 1997, a Samsung já se tinha tornado numa das maiores empresas de electrónica do mundo, e já existiam alguns atributos positivos da marca que a sustentavam. Sim, a Samsung significava «barato». Não obstante, significava também, «acessível», «fiável» e de «tecnologia comprovada.» Cada vez que um cliente comprava outro aparelho de TV ou um gravador de vídeo (VCR), ou mesmo uma panela para cozer arroz, básico mas perfeitamente aceitável, da Samsung, aqueles atributos positivos ficavam um pouco mais fortes.

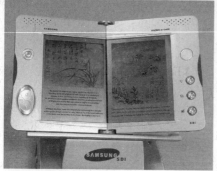

De commodities à vanguarda da tecnologia: os produtos da Samsung depois da remodelação da marca da empresa. Liderada pelo CEO Jong-Yong Yun, a Samsung transformou um enorme risco de marca num trampolim para um crescimento sem rival.

Teria sido um absurdo e altamente arriscado para a Samsung tentar desfazer-se totalmente da sua imagem de marca familiar – por exemplo, tentando transformar-se numa fonte de equipamentos electrónicos de gama alta, ultra-sofisticados, especializados e dispendiosos. Em vez disso, Yun e a sua equipa procuraram estratificar uma série de novos atributos positivos em cima dos atributos familiares, acrescentando qualidades que eram novas mas não fundamentalmente contraditórias. Os produtos da Samsung são ainda acessíveis, fiáveis, e assim por diante. Não obstante, eles são, igualmente, cada vez mais engenhosamente concebidos, versáteis, têm estilo e estão na vanguarda da tecnologia actual – e não tão baratos como antigamente.

Este processo de alteração da marca através da estratificação tem sido bastante consciente e deliberado. Hoje em dia, a equipa de liderança da Samsung planeia a próxima fase de mudança, na esperança de adicionar o atributo de «originalidade do produto» à imagem de marca da empresa. É o elemento em falta que a Samsung precisa para fazer evoluir a sua marca para o nível seguinte. Quando questionámos um grupo de clientes típicos de electrónica de consumo, em meados de 2006, sobre as suas percepções sobre a Samsung, ouvimos comentários tais como estes:

> «Quando escolher o meu próximo aparelho de TV ou telefone, irei provavelmente incluir a Samsung no meu conjunto de escolhas.»
> «Eu não sei muito sobre a Samsung, mas penso que é bastante boa.»
> «Parece que estão a introduzir algumas características novas e simpáticas.»
> «A partir dos anúncios deles, tenho a impressão que a Samsung está a tentar colocar-se numa fasquia mais alta.»

Esta é uma grande melhoria no tipo de comentários que poderíamos ter ouvido há uma década atrás, quando atributos tais como «básico», «gama baixa», «*no-frills*» ([31]), e «barato» teriam dominado a conversa. No entanto, o que está a faltar é o tipo de entusiasmo, admiração e até paixão que os clientes teriam outrora expressado pelas marcas de electrónica tais como a Sony e que agora aplicam ao iPod da Apple. Ninguém utiliza a palavra *adoro* na mesma frase que o nome Samsung.

Para alterar isso, a empresa precisa de desenvolver um produto inovador comparável com o Walkman da Sony ou o iPod da Apple. Os líderes da empresa reconhecem isso. «Aquele tipo de produtos inovadores vem uma vez numa geração», afirma um executivo da Samsung. «Nós tivemos muitos produtos semi-icónicos, e ainda temos de desenvolver um produto icónico.» Esse esforço requer um grande investimento em investigação tecnológica para complementar o vasto aumento das despesas com o *design*, já descritas. Ao longo dos próximos cinco anos, a Samsung planeia duplicar o seu investimento em I&D; a empresa aumentou em 800 doutorados a sua lista de investigadores (atingindo o total de 1900) e aumentou o número de centros de I&D para dezassete, empregando 32 000 colaboradores. Actualmente, quase 30% das pessoas

---

([31]) **N.T.** É um termo usado para descrever qualquer serviço ou produto no qual os atributos não essenciais foram retirados para manter o preço baixo.

na Samsung estão envolvidos em investigação, desenvolvimento, *design* e actividades conexas.

Reconhecendo o desafio de adicionar ainda mais uma camada à imagem de marca revitalizada da Samsung, Jong-Yong Yun não encara o recente sucesso da empresa como uma razão para a auto-satisfação. Eis como um dos directores de investigação de Yun coloca a questão: «O vice-presidente Yun salienta que se relaxarmos, se nos tornamos complacentes, uma crise irá encontrar-nos.» O próprio Yun resume o estado actual da sua empresa desta forma: «Estamos na encruzilhada de nos tornarmos o líder mundial ou um fracasso enorme.» E ele está pronto a fazer o que for necessário para colocar a Samsung na direcção certa. «Eu sou um fazedor de caos», afirma ele. «Não podemos perder o sentido da crise que nos ajudou a mudar. Quando tudo o resto corre bem, esse é o momento quando as coisas correm mal.»

Quando olhamos para outras empresas que foram recentemente bem sucedidas a reforçar ou a revitalizar a marca, observamos o mesmo padrão que na Samsung. O foco não é apenas no posicionamento da marca ou em investimentos na mensagem, tais como a publicidade ou o *marketing*. Pelo contrário, o foco está numa combinação cuidadosamente estruturada dos investimentos certos concebidos para reformular a carteira de produtos e o modelo de negócio para sustentar a marca. E ao longo de todo o processo, o risco de reformulação da imagem da marca é reduzido através da estratificação estratégica de novos atributos que não destruam, mas antes reforcem, fortaleçam e modifiquem, os anteriores.

Para um exemplo mais extremo de reversão do risco da marca, considere a IBM da década passada. Quando Lou Gerstner chegou à IBM, em 1994, a história de risco da marca IBM poderia ter soado a algo como isto, se ele tivesse escrito:

> Até ao início da década de 90, a IBM tinha, talvez, a marca mais forte no mundo B2B. Comprar IBM era um passo na direcção certa para proteger a carreira. Agora, em meados da década de 90, o oposto é verdadeiro. Como resultado das mudanças na indústria e das medidas agressivas da Microsoft, da Oracle, da Dell, da EMC e da Cisco, a IBM parece ultrapassada e longe da realidade. Os inquéritos com clientes mostram que comprar IBM não é mais um passo na direcção certa para proteger a carreira. Está a tornar-se num passo que ameaça a carreira.

A erosão da marca IBM manifestou-se em diversas partes do seu negócio, incluindo o *hardware* mais simples que a empresa vendia. Em 1996, um computador pessoal vendia-se a um preço $200 mais barato quando tinha a marca IBM do que quando exactamente o mesmo objecto (o mesmo processador, a mesma memória, as mesmas características) tinha a marca Compaq.

Para reverter este tipo de erosão da marca, Lou Gerstner teve de efectuar inúmeras mudanças na empresa. Três das mudanças mais importantes focaram-se no Triângulo Dourado do modelo de negócio, da carteira de produtos e da mensagem da marca. A mudança no modelo de negócio foi profunda. Gerstner previu um «colapso no centro» a ocorrer no mercado das tecnologias da informação, e mudou o modelo de negócio da IBM para um modelo tipo «haltere de pesos» ([32]), vendendo componentes de tecnologia numa extremidade e serviços com elevado valor acrescentado na outra. A mudança fundamental no produto era transformar a IBM de uma empresa onde os serviços eram secundarizados em relação ao *hardware* para um negócio onde os serviços eram o facto principal. E a IBM alterou o seu investimento na mensagem da marca, da ênfase no *hardware* para a ênfase nas soluções. A campanha Solutions for a Small Planet [Soluções para um Planeta Pequeno] mudou o significado da marca IBM para os seus principais clientes.

Estas três mudanças no investimento estabilizaram e reverteram o percurso acentuado de erosão em declínio da marca. Em conjunto, elas permitiram à IBM transformar habilmente o significado da sua marca de «fabricante de *hardware* com uma tradição de qualidade conservadora» para «prestador de serviços de informação com profundidade e amplitude incomparáveis de conhecimento.» Ao manter a estratégia de estratificação, *ambas* as imagens são positivas, embora sejam bastante diferentes. O elemento comum: a IBM foi sempre, e continua a ser, uma «solucionadora fiável de problemas de informação para os negócios.» O que mudou é a estratificação dos elementos em cima deste alicerce de identidade.

---

[32] **N.T.** O termo original é "*barbell*". Uma estratégia *barbell* foca-se em investir no curto prazo e no longo prazo, mas não no prazo intermédio. Neste caso, a IBM focou-se nas extremidades da sua cadeia de valor, não investindo nas áreas intermédias.

O simples facto de a sua marca ter hoje uma imagem fortemente favorável não o isenta de considerar a necessidade de mudar essa imagem para um sucesso sustentado no futuro – como empresas como a Southwest e a Dell, por exemplo, podem precisar de fazer num futuro próximo.

AS MEDIDAS DE REDUÇÃO DOS RISCOS (*DE-RISKING*) DA SAMSUNG

Eis um resumo das principais medidas que a Samsung tomou para reduzir o seu risco da marca. Quantos destes são relevantes para os desafios de risco da marca que a sua empresa enfrenta?

- Comprometa-se com uma nova grelha de produtos de elevada qualidade – mesmo na eventualidade de literalmente destruir artigos mais antigos e baratos.
- Melhore a imagem da marca estratificando novos atributos que sejam compatíveis com as características positivas existentes da marca.
- Invista milhares de milhões de dólares em esforços acelerados de I&D.
- Melhore drasticamente o *speed to market*, tornando a Samsung um líder da indústria na inovação.
- Altere o equilíbrio de poder entre engenheiros e *designers*.
- Retire os produtos de retalhistas de gama baixa que não se encaixam na nova imagem de marca.
- Aumente a despesa em publicidade, *marketing* e promoção para sustentar os outros dois vérices do Triângulo Dourado.
- Comprometa-se a desenvolver um produto icónico que leve a marca ao próximo nível.

INVESTIMENTO NA MARCA EM TODOS OS TRÊS VÉRTICES DO TRIÂNGULO

A importância crucial do alinhamento entre a mensagem da marca, o produto e o modelo de negócio significa que superar o risco da marca envolve muito mais do que os gastos tradicionais em *marketing* ou publicidade.

Todos os três vértices do triângulo afectam-se uns aos outros; cada vértice depende dos outros. Pense numa equipa de futebol (americano) que enfrenta uma situação de *third-down-and-long-yardage* [33] num jogo renhido com implicações de *playoff* [34]. À medida que o *quarterback* dá um passo para trás e perscruta a cobertura por um receptor disponível, de quem depende o sucesso da jogada? No homem com a bola nas mãos, que luta por se manter de pé e descobrir uma abertura na cobertura? Na linha ofensiva, que tenta desesperadamente aguentar o ataque embalado da defensiva e ganhar tempo para o seu *quarterback* e os seus receptores? Ou nos próprios receptores, que correm para o campo do adversário na esperança de serem mais rápidos que os *cornebacks* a correr em direcção à bola descendente em espiral? É algum destes mais importante que os restantes? Ou o elemento vital será a inter-relação entre todos os três?

Obviamente, todos os três são importantes, e todos os três se afectam uns aos outros – em termos de coordenação, padrões de jogo, boa execução. Da mesma forma, a força do seu produto pode reforçar ou debilitar a sua marca; a força da sua marca pode sustentar ou enfraquecer o seu modelo de negócio; e a força do seu modelo de negócio pode melhorar ou erodir a sua marca e o seu produto.

Na mesma lógica, «investir na sua marca» significa muito mais do que gastos em publicidade, custos de *merchandising* ou programas de *marketing*. O «investimento na marca» deve ser redefinido para incluir *todos* os investimentos que são relevantes para as experiências dos clientes e as suas percepções da sua marca.

Uma empresa que invista astutamente para criar um grande produto e um grande modelo de negócio pode ser capaz de desenvolver um grande nome para a marca através da comunicação das experiências

---

[33] N.T. No futebol americano, é uma situação de 3.º *down* com uma distância não especificada mas longa para percorrer (usualmente mais de 7 metros). É um termo usado, frequentemente, como metáfora para uma situação desesperada que exige que acções arriscadas sejam tomadas.

[34] N.T. Um *playoff* ou final, no desporto (e no desporto norte-americano, em particular), é um jogo ou uma série de jogos jogados depois de terminada uma temporada regular com o propósito de determinar o campeão da liga.

dos clientes, *mesmo sem um dispêndio significativo em marketing e publicidade*. Por exemplo, basta considerar as marcas altamente respeitadas e valiosas como o Starbucks, a Amazon, o Google e o eBay.

O fio condutor comum a dezenas de marcas em erosão é o *mau investimento* crónico – não ser capaz de ajustar o *mix* de investimento de forma adequada para a protecção e o crescimento a longo prazo do valor da marca.

Alguns gestores minimizam completamente a necessidade de investimento na marca para proteger (e reforçar) a sua marca. Em vez disso, eles usam as suas marcas, construídas através de grandes investimentos ao longo de décadas, como «mealheiros» convenientes dos quais podem retirar valor, melhorando os seus resultados no curto prazo. A falta de efeitos negativos visíveis a curto prazo incentiva, então, mais comportamentos de empréstimo/protelação. Decorridos vários anos dessa erosão, o custo para reconstruir as marcas torna-se enorme. Por fim, a falta de investimento leva a um ponto sem retorno, onde o custo para revitalizar ou reposicionar a marca supera a receita de *upside* esperada. Tal negligência pode destruir a marca – e até mesmo a empresa, uma vez que, para muitas empresas, o valor da marca pode representar tanto quanto 30 a 50% do valor de mercado total da empresa.

A falta de investimento é uma das armadilhas de investimento mais comuns que gera níveis desnecessários de risco da marca. Todavia, está longe de ser a única (ver Figura 5-8). O *mix* errado de investimentos, a sequência errada de investimentos, o fracasso em adaptar a sua estratégia de investimento ao longo do tempo, e muitos outros erros de investimentos na marca, podem ser tão prejudiciais como não investir de todo. Estas formas de mau investimento também podem empurrar as marcas em direcção ao ponto de não retorno, o ponto em que é menos oneroso construir uma nova marca do que reabilitar a marca antiga.

Figura 5-8
Fracassos de Investimento na Marca: as muitas causas para o Risco da Marca

Tipo de Fracasso	Definição	Exemplo de Empresa
1. Falta de Investimento	Supor que o valor da sua marca é preponderantemente auto-sustentável, uma mina a ser explorada em vez de uma coisa viva que precisa de ser alimentada, regada, podada e cuidada.	Avon (uma marca de grande relevância que foi ultrapassada no investimento por novos concorrentes).
2. *Mix* Errado de Investimento	Investir em *marketing*, publicidade, promoção, patrocínios, ou programas com produtos que fazem muito pouco para criar valor para a marca e podem até prejudicá-la.	Leitores MP3 (investiram na criação da categoria, enquanto o iPod investiu para estabelecer a marca).
3. Sequência Errada de Investimento	Investir em programas com um baixo retorno esperado (em termos de aumento de receitas de clientes *versus* custo do investimento) antes ou em vez de programas com um retorno esperado maior.	Alguns bancos nacionais e regionais (investiram na publicidade do produto antecipadamente ao serviço ao cliente).
4. Foco Míope do Investimento	Focar apenas sobre uma ou poucas opções de investimento enquanto ignora outros factores que são essenciais para o valor da marca.	Wal-Mart (focou exclusivamente nos clientes de retalho, ignorando outros aspectos fundamentais).
5. Investir nos Pontos de Contactos[35] Errados	Investir para melhorar os pontos de contacto de clientes de relevância marginal, enquanto negligencia os pontos de contacto que são cruciais para a resposta ao cliente.	Operadores de TV por cabo (investiram no desenvolvimento da tecnologia e na adição de conteúdo ao invés de melhorar o serviço ao cliente).

---

[35] **N.T.** Os pontos de contacto (em Inglês, *touchpoints*) são todas as interacções físicas, comunicacionais e humanas que as audiências vivem na sua relação com uma organização.

Tipo de Fracasso	Definição	Exemplo de Empresa
6. Investir no Posicionamento Errado	Investir em estratégias que privilegiam os componentes de valor da marca que não impulsionam o comportamento dos clientes, enquanto ignora outros componentes que o fazem.	Motorola (no final da década de 90, destacou a vantagem tecnológica nos telemóveis quando os clientes estavam mais preocupados com a facilidade de uso).
7. Fracasso na Adaptação	Investir em componentes do valor da marca que se tornaram irrelevantes para os clientes ao longo do tempo ou até mesmo são percepcionados como atributos negativos ao invés de positivos aos olhos dos clientes.	Oldsmobile e Plymouth (fracassaram em adaptar as suas marcas, mesmo quando os atributos da marca assumiam cada vez mais significado negativo para a maioria dos clientes).
8. Carteira de Marcas Mal Concebida	Investir em demasiadas marcas com valor mínimo, marcas que estão focadas em mercados estagnados ou a encolher, ou marcas que estão a tornar-se rapidamente numa *commodity*.	Unilever (investiu em 1600 marcas globais em vez de focar nas 400 marcas *core*).
9. Diluição da Marca	Investir em estratégias que enfraquecem a marca tentando esticar o seu significado para abranger uma gama muito ampla de clientes, mercados, produtos ou serviços.	Mercedes (a posicionar-se na gama baixa, sacrificando a qualidade e a estatura da marca).
10. Uso Indevido de Métricas da Marca	Fracasso na medição de importantes indicadores chave sobre a saúde da sua marca; escolhendo concentrar-se em indicadores que têm pouco ou nenhum significado real; ou ignorar, negar ou racionalizar os sinais de alerta que as métricas da sua marca revelam.	Folgers (confiava em indicadores tradicionais como a consciência e a consideração enquanto o Starbucks roubava o seu mercado).

SOLUCIONAR (E RESOLVER)
O QUEBRA-CABEÇAS DO INVESTIMENTO NA MARCA

O *mix* adequado de investimento na marca não é uma decisão que possa ser tomada uma vez por alguns anos. Ao longo do tempo, à medida que a marca percorre os estágios do seu ciclo de vida e o mercado muda, o *mix* de investimento na marca necessita, inevitavelmente, de um ajuste. Assim, o reconhecimento do estado actual da sua marca tem um impacto directo sobre a natureza dos investimentos na marca que precisa de realizar. As empresas astutas realinham os seus investimentos na marca conforme é ditado pela natureza específica dos riscos da marca que enfrentam. Alguns exemplos incluem:

- Um banco de retalho com um baixo índice de satisfação no serviço ao cliente teve de alterar as suas despesas de investimento na marca, da publicidade e *marketing* para a formação do pessoal e programas renovados de serviços.
- Uma empresa de produtos embalados com uma linha de produtos sem brilho e indiferenciada alterou as suas despesas em programas de canal (tais como a disponibilidade de faixas horárias e publicidade cooperativa) para desenvolvimento de produto e actualizações de qualidade.
- Um retalhista de vestuário cujas lojas tinham uma aparência ultrapassada e pouco atraente alterou o seu investimento na marca da publicidade para a concepção das lojas e a sua renovação.
- Uma empresa de serviços financeiros cujo serviço genuinamente excelente não tinha sido reconhecido em novos mercados teve de começar a fazer investimentos significativos na publicidade para conseguir actualizar e melhorar a mensagem da sua marca, apesar disso significar que os lucros foram sacrificados temporariamente.

As alterações nas condições económicas e de mercado exigem também mudanças no *mix* do investimento. Um veículo que circule em terreno acidentado e montanhoso necessita de realinhamento das rodas com mais frequência do que um automóvel que circula apenas na estrada. As marcas de hoje não circulam em estradas lisas. O *mix* do investimento na marca requer realinhamentos muito mais frequentes. Um *mix* estático, ou um *mix* que retarde mudanças externas, pode destruir a força da marca.

É sempre difícil superar a inércia da despesa. É particularmente difícil se a mudança altera hábitos aceites de dispêndio e de reflexão. E é uma mudança muito arriscada se a fizer sem as informações correctas.

REDUZA OS RISCOS (*DE-RISK*) DO SEU NEGÓCIO

Se não tem certezas sobre a solidez subjacente da(s) marca(s) da sua empresa, eis algumas questões para o ajudar a lidar com o risco da marca que pode estar a enfrentar e as soluções mais prováveis.

1. A sua empresa tem uma marca real? Que mensagem é que ela passa ao cliente? Qual é o prémio no preço que ela conquista? Qual o prémio no volume (vender mais a preços idênticos)?
2. A sua marca gera um passa-a-palavra positivo? A marca conquista um lugar para os produtos no conjunto das considerações do cliente quando o cliente está disposto a ir às compras?
3. Porque é que os clientes escolhem a sua marca ao invés de marcas concorrentes ou genéricos? A que segmentos de clientes é que apela mais? Quais são os clientes que afasta?
4. Verificou as suas crenças sobre a sua marca, questionando os clientes sobre o que sua marca realmente significa para eles?
5. Quais são os principais riscos que podem destruir o valor da sua marca? Qual é a história de risco da sua marca? Se apresentarmos a nossa história de risco (em cinco frases ou menos, modelada à semelhança da história de risco de Gerstner, deste capítulo) a vários colegas, será que eles acenam vigorosamente enquanto lêem o que escreveu – ou simplesmente abanam vigorosamente as suas cabeças? Se o fazem, já tomámos o primeiro passo na direcção certa.
6. À medida que avalia o(s) seu(s) produto(s), bem como todos os principais elementos no modelo de negócio – selecção dos clientes, proposta única de valor, modelo de lucros, âmbito das actividades, controlo estratégico e arquitectura organizacional – de que forma é que o(s) produto(s) da sua empresa e o seu modelo de negócio estão bem alinhados com a mensagem da sua marca? Estes elementos encaixam-se logicamente com a mensagem da

sua marca, ou existem incompatibilidades óbvias – por exemplo, uma marca que significa «diversão em família» ligada à selecção dos clientes centrada em *baby boomers* a envelhecer?
7. Qual foi a quantidade total de dinheiro e de horas de gestão que a sua empresa investiu na sua marca durante o ano passado? Esse dinheiro inclui dinheiro em publicidade e *marketing*, bem como todo o dinheiro gasto em outras actividades que alteram a percepção dos clientes sobre a sua marca: programas de qualidade, formação sobre o serviço, programas em canais, programas de *media*, desenvolvimento de novas funcionalidades de produto, e assim por diante. Calcular o dinheiro total de investimento na marca, directo e indirecto, não é fácil – a primeira tentativa pode estar errada em qualquer coisa como 30 a 70% – mas precisa continuar a trabalhar os números até que considere que incluiu *tudo* o que se encaixa no pote de investimento na marca. Este torna-se o ponto de índice 100.
8. Gastámos o índice 100 de forma adequada em relação ao que interessa aos nossos clientes? O *mix* de investimento do ano passado foi o *mix* certo? Porquê ou porque não? E qual será o *mix* certo para os próximos doze meses? E para os próximos vinte e quatro meses? Porquê?

CAPÍTULO SEIS

Quando ninguém ganha dinheiro

*Fazer parcerias com os concorrentes
para escapar a uma zona de não-lucro*

O risco de indústria, uma das ameaças mais fatais que qualquer negócio enfrenta, é também um dos menos compreendidos. O risco de indústria ataca quando *toda uma indústria* evolui para uma zona de não-lucro. Não está relacionado com o crescimento; o risco de indústria pode atingir indústrias em crescimento. Não se trata de obsolescência; uma zona de não-lucro pode tragar indústrias onde a inovação é robusta e frequente. O risco de indústria está relacionado com os factores estruturais que criam uma redução intensa da margem mesmo em empresas bem geridas. O risco de indústria é sobre a psicologia da espiral descendente – sobre como as pessoas reagem quando, de repente, estão ansiosas por lucros, que são a lufada de vida para qualquer negócio.

Considere, por exemplo, o negócio da electrónica de consumo, que em anos recentes se tornou numa zona clássica de não-lucro. Os factores estruturais que provocam a redução dos lucros incluem a força crescente dos retalhistas, a proliferação das escolhas dos clientes, a imitação ultra--rápida de novos produtos e o aparecimento de fabricantes de muito baixo custo na China e em outras regiões. Todos estes factores se combinam para provocar a queda dos preços mais rápida que a redução dos custos, comprimindo as margens até desaparecerem.

Em outras indústrias com zonas de não-lucro, existem outros factores diferentes. Para as companhias aéreas, os factores estruturais incluem custos fixos muito elevados, a *comoditização* do serviço, um sistema de *hub-and-spoke* muito inter-ligado que é extremamente vulnerável a alterações climatéricas, e picos imprevisíveis no preço do petróleo – bem como, novamente, a proliferação das escolhas dos clientes. Tal como na indústria da electrónica de consumo, estes factores combinam-se para tornar praticamente impossível desfrutar de margens de lucro decentes nessa indústria.

Assim que os factores estruturais iniciam a espiral descendente, encaminhando-se para uma zona de não-lucro, numa determinada indústria, os factores psicológicos começam a fazer efeito. Medidas irracionais de preço são respondidas com respostas irracionais. Num determinado momento do processo, a lógica imperfeita também se manifesta: «Se forçarmos os preços a descer e forçarmos os concorrentes mais fracos a entrar em falência, então haverá excesso de capacidade na nossa indústria e os sobreviventes serão novamente capazes de ganhar dinheiro.»

Infelizmente, em geral não é assim que funciona. Em vez disso, a falência frequentemente *intensifica* a concorrência, à medida que as empresas falidas reemergem com uma estrutura de custos mais baixa, à semelhança do que aconteceu com a Northwest Airlines e a US Airways. Além disso (novamente, em desafio da lógica económica) nova capacidade é geralmente adicionada, de qualquer forma, às indústrias em zonas de não-lucro – isso aconteceu não apenas nas companhias aéreas e na electrónica de consumo, mas também nos *chips* de memória, no fabrico de automóveis, nos supermercados de retalho e nos noticiários das televisões.

Uma zona de não-lucro no negócio é equivalente a um buraco negro. Tal como um buraco negro absorve e consome toda a matéria e luz na sua vizinhança, uma zona de não-lucro absorve e consome todo o capital e os lucros.

Existe uma forma de reverter o risco e escapar à zona de não-lucro. A contra-medida crucial é *alterar a relação competir/colaborar* na indústria – isto é, encontrar formas de cooperar com concorrentes na indústria, especialmente em actividades que têm pouco potencial para a diferenciação. A colaboração nessas actividades poupa dinheiro a todos na indústria, impulsionando as margens de lucro e ajudando as empresas a gerar a «velocidade de escape» necessária para fugir ao buraco negro. Os dinheiros assim libertados podem ser canalizados para as actividades com os quais os clientes se importam e que criam oportunidades para a diferenciação significativa entre as empresas.

Esta é a fórmula de eficácia comprovada para reverter o risco de indústria. Contudo, é uma escolha difícil para a maioria dos gestores. Essa escolha requer a reponderação de alguns pressupostos básicos sobre a concorrência e a colaboração.

A concorrência vigorosa é, naturalmente, a seiva das economias modernas. Ela induz a criatividade, rejuvenesce os mercados, mantém as empresas ágeis e garante aos consumidores melhores produtos e preços mais baixos. Todavia, tal como a experiência em muitas indústrias revela, a concorrência pode ser má como também boa. Nas economias dinâmicas, o valor migra constantemente de modelos de negócio desactualizados para aqueles que estão mais bem calibrados para satisfazer as prioridades críticas dos clientes. À medida que o jogo se altera, certos aspectos da concorrência tornam-se desactualizados e irrelevantes, e as empresas têm de revisitar o âmbito das actividades em que se envolvem. Quando as empresas disputam por coisas que têm pouco valor para os clientes, ou oferecem pouco potencial para a diferenciação competitiva, elas estão empenhadas numa concorrência que é destrutiva ao invés de construtiva. Essas empresas estão a desperdiçar dinheiro dos accionistas, a desperdiçar tempo e energia valiosos e a reduzir os recursos disponíveis para a inovação, reduzindo assim a probabilidade de rentabilidade amanhã – não apenas a sua própria rentabilidade, mas a rentabilidade de toda a sua indústria.

Actualmente, muita da concorrência nos negócios tornou-se desactualizada. De facto, a prevalência de concorrência destrutiva é uma das principais razões porque uma grande variedade de indústrias, desde a música às companhias aéreas e à electrónica de consumo, têm assistido a uma erosão constante e aparentemente inexorável da sua rentabilidade.

Porque é que os gestores persistem na concorrência destrutiva? Porque foram treinados para isso e espera-se deles que o façam. A ideia de baixar as armas e trabalhar em conjunto com os concorrentes em algumas partes do negócio é um anátema para a maioria dos executivos.

Quando as margens são generosas, a relação competir/colaborar está, geralmente, próxima dos 100/0. Essa relação começa a alterar-se quando as margens sofreram erosão e as empresas esforçam-se vivamente por encontrar poupanças onde quer que estas existiam.

No entanto, não tem de ser assim. Alguns exemplos extraordinários na música, nas aeronaves, no retalho, nos cartões de crédito e até nos automóveis ilustram a eficácia, em termos de política de seguro, que a transição para uma maior colaboração pode ter.

O CATALISADOR EXTERNO: STEVE JOBS INCENTIVA A COLABORAÇÃO NO NEGÓCIO DA MÚSICA

No final da década de 90, o negócio da música *pop* estava num estado de depressão. Os dias de glória das duas décadas anteriores já tinham passado há muito tempo. Nenhuma das estrelas pós-prosperidade tinha igualado as vendas ou o impacto de actuações mais antigas como o Elvis Presley, os Beatles, os Rolling Stones ou o Bob Dylan. E a prosperidade (de certa forma artificial) criada pela transição dos discos de vinil e das cassetes de fitas para os CD, no final da década de 80, já tinha terminado há muito – e com isso as margens de lucro da indústria de 15 a 20%.

Ao longo de tudo isso, o custo dos CD continuou a subir mesmo quando os admiradores da música descobriram que a maioria dos CD consistia em uma ou duas músicas boas, rodeadas de dez outras que eram muito menos interessantes. Não admira que se ressentissem de pagar $18,95 pelo pacote completo.

No entanto, os executivos das editoras discográficas não estavam muito preocupados. Eles já tinham passado anteriormente por depressões da procura e tinham sido sempre resgatados por alguma nova grande coisa – ou uma onda de novos talentos ou um formato novo e emocionante. Certamente algo surgiria em breve para rejuvenescer a indústria.

Algo acabou por *surgir*. Infelizmente, foi exactamente a coisa certa para tornar os problemas da indústria muito, muito piores.

Por volta de 1999, a convergência das tecnologias – o triunfo da música digital no formato do CD, os novos gravadores ubíquos de CD nos computadores e, especialmente, a massificação da Internet – criou uma onda de novas tecnologias de código aberto que, pela primeira vez, dissociaram a música das empresas que possuíam o conteúdo. Em breve, milhões de pessoas estariam a fazer cópias não autorizadas de CD, gravando e distribuindo gravações não autorizadas, mas de qualidade quase profissional, dos seus artistas favoritos e a descarregar músicas da Internet. De repente, havia uma alternativa ao desembolso de $18,95 para as editoras discográficas.

> *As indústrias em perigo acabam sempre por colaborar; infelizmente, essas indústrias tomam esse passo geralmente sete a dez anos demasiado tarde.*

Em breve, as novas tecnologias começaram a ter um efeito significativo sobre as receitas da música. Entre 2000 e 2003, as receitas da indústria da música nos EUA diminuíram a uma taxa anual composta de 6,5%. E como os preços dos CD *continuavam* a subir, as vendas unitárias estavam a cair ainda mais depressa.

É um pouco irónico, porque a indústria da música tinha lucrado muito com as descobertas tecnológicas anteriores. Até tinham vendido a *mesma* música aos *mesmos* clientes várias vezes em formatos sucessivos. O novo avanço importante – a digitalização em conjunto com o *networking* através da Internet – era possivelmente a maior mina de ouro de todas, pois eliminava os custos de fabrico, embalagem, transporte e comercialização de cópias físicas da música. Tratada adequadamente, esta mudança podia salvar a indústria do seu período de estagnação económica. Contudo, teria que ser concebido um novo modelo de distribuição que protegesse a propriedade intelectual das editoras discográficas e o direito dos artistas de lucrar com o seu trabalho.

Esta era a grande oportunidade e o grande desafio. A indústria da música esquivou-se de ambos. Vislumbrando apenas a ameaça da distribuição digital, a resposta da indústria foi tanto apavorada como ineficaz. Em primeiro lugar, começou por fazer *lobby* pela criação de legislação para proibir o *download*, iniciar processos judiciais contra quem fazia *downloads* e as empresas de Internet que os ajudavam, e lançar campanhas de relações públicas contra a partilha de música digital. O objectivo, ao que parecia, era empurrar o génio digital de volta para dentro da garrafa – pelo menos até que eles descobrissem o que fazer com isso.

A campanha legal teve alguns sucessos. As editoras discográficas ganharam o processo contra o Napster, a maior das redes de *downloads* gratuitos, que foi obrigado a fechar e reorganizar-se como um serviço de música licenciado e não gratuito. Todavia, enquanto o Napster desaparecia, surgiam no seu lugar *sites* de distribuição *peer-to-peer* (P2P) como o Kazaa e o Morpheus. Porque estes não têm servidores centrais, são muito mais difíceis de fechar, e como os fãs que utilizam os serviços têm controlo total sobre o conteúdo que partilham, é muito mais difícil de provar que os *sites* são responsáveis por qualquer violação dos direitos de *copyright* que possam ocorrer.

Em 2001 e 2002, a indústria reconheceu que não seria capaz de litigar ou fazer *lobby* contra os *downloads*. Portanto, passou à próxima ideia lógica – cooptar o movimento digital. As editoras discográficas prometeram lançar serviços pagos de música *online* com a mesma selecção ilimitada e facilidade de uso que o Napster.

Contudo, apesar de vários anos de aviso, faltava o sentido de urgência necessário às editoras discográficas para as forçar a trabalhar em conjunto para resolverem os seus problemas. E tal colaboração era essencial. O que tornou o Napster tão apelativo era o facto de providenciar aos utilizadores acesso a milhões de ficheiros de música de quase todos os artistas que alguma vez existiram. Os admiradores querem a música, já, e o Napster fornecia isso. Podiam as editoras discográficas propor-se a fazer o mesmo?

Infelizmente, não. Em vez disso, elas prejudicaram a sua própria estratégia agindo umas contra as outras, criando sistemas de distribuição concorrentes e, portanto, irremediavelmente fragmentados. A Universal e a Sony lançaram uma *joint-venture* chamada de Pressplay, enquanto a AOL Time Warner, a Bertelsmann (proprietária da BMG), a EMI e a RealNetworks lançaram a MusicNet. As duas iniciativas recusavam licenciar, uma à outra, as suas músicas em vez de colaborarem entre si para atraírem clientes já cépticos. Como resultado, nenhum dos serviços tinha músicas suficientes para atrair os clientes que pagam. Aqueles que experimentaram os serviços pagos depressa se sentiram frustrados e voltaram-se de novo para o Kazaa ou o Morpheus ou um dos outros sistemas P2P.

Coube à Apple desenvolver uma solução.

Várias grandes peças do quebra-cabeças já estavam no lugar – o leitor iPod de música digital, o formato digital de música proprietário da Apple (AAC), o *software* básico de música iTunes e uma marca associada à diversão e à criatividade. Agora a Apple queria transformar o iTunes num serviço lícito de *download* que iria transformar um meio pirata numa fonte legítima de lucros para os artistas, as editoras discográficas e a própria Apple. O conceito da Apple: vender as músicas a um preço fixo de 99 cêntimos de dólar por cada faixa de música, suficientemente barato para transformar o iTunes numa alternativa atractiva aos *sites* de pirataria cheios de erros (*bugs*) e carregados de vírus, mas *justamente* o suficiente para gerar receitas razoáveis para todas as partes partilharem. Eliminar as taxas de assinatura que os amantes da música odiavam. Incorporar a flexibilidade suficiente para que os utilizadores possam desfrutar dos seus ficheiros da maneira que mais gostam – mas com restrições suficientes para que a distribuição ou cópia descontrolada seja difícil ou impossível. E, obviamente, tornar a *interface* fácil, divertida e intuitiva de usar, na forma clássica da Apple.

Era uma visão convincente. Contudo, fazê-la funcionar significava que Steve Jobs tinha de convencer as editoras discográficas a licenciarem as suas músicas para serem descarregadas – o que não seria pouca coisa dada a sua história, a sua competitividade e os seus sentimentos anti-tecnologia.

Felizmente, as funcionalidades embutidas de segurança da Apple apelaram ao desejo de controlo da indústria da música. O formato AAC inclui um sistema de protecção contra a cópia para impedir as pessoas de partilhar as músicas de forma ilegal. Os utilizadores do iTunes da Apple podem ouvir os seus ficheiros nos iPods ou em até cinco computadores pessoais em que o *software* iTunes tenha sido instalado, e os ficheiros do iTunes podem ser gravados num CD virgem até sete vezes. Contudo, se o utilizador tentar fazer o *upload* de um ficheiro iTunes (para um sistema de P2P como o Kazaa, por exemplo), e ele é convertido em linguagem indecifrável.

Uma a uma, as principais editoras discográficas aderiram à visão colaborativa de Jobs, à medida que Jobs se esforçava por conquistar também os principais músicos. «Tantos artistas estavam desconfiados do mundo digital», afirma Lyor Cohen do Island Def Jam Music Group. «Isso realmente demonstrou a sua determinação em fazer isto acontecer.»

A iTunes Music Store foi inaugurada em Abril de 2003, com quatro das principais editoras discográficas a bordo. Venderam-se um milhão de músicas na primeira semana. Nos primeiros oito meses, a iTunes Music Store vendeu 25 milhões de músicas, conseguindo uma receita adicional de $22 milhões para a indústria da música. Em 2005, a iTunes Music Store vendeu um total estimado de 550 milhões de músicas, conseguindo uma receita adicional de $490 milhões para a indústria da música – ou 3,5% da sua receita total estimada da indústria (e uma proporção consideravelmente maior do seu lucro) – e reivindica 70% do negócio da música *online*. Em 2008, de acordo com a estimativa da Forrester Research, as músicas descarregadas responderão por cerca de 23% das receitas da indústria da música.

Se o iTunes continuar a crescer, a Apple poderá ter conseguido salvar o negócio da música, superando (pelo menos por um tempo) o espectro do risco de indústria que tem drenado os lucros e a esperança do negócio. Como é que Jobs e a sua equipa fizeram isso?

Como é habitual com qualquer história notável de sucesso empresarial, está tudo relacionado com o modelo de negócio – em particular, o controlo estratégico e o modelo de lucros que a Apple criou à volta do iTunes.

Comece com o modelo de lucros. Por cada 99 cêntimos de dólar por *download*, os executivos da música estimam que a Apple pague 65 cêntimos em *royalties* às editoras discográficas e 25 cêntimos em taxas com cartões de crédito e custos de distribuição. Assim, restam cerca de 10 cêntimos como margem de lucro da Apple – uma margem não muito grande. No entanto, depois a Apple tem também dezenas de milhões de iPods, com uma grande margem, para vender. O preço baixo para os *downloads* do iTunes cria uma reversão brilhante do modelo clássico de negócio da lâmina de barbear. Ao invés de oferecer uma gilete para vender centenas de lâminas (tal como King Gillette o fez uma vez), a Apple praticamente oferece centenas ou milhares de músicas para vender um iPod.

Quanto ao controlo estratégico, o iTunes oferece música no seu formato proprietário de ficheiros AAC, que frusta a partilha ilegal de música. O iPods suportam os ficheiros WAV e MP3, o que significa que pode digitalizar a música que já possui, armazená-la no iTunes e ouvi-la no seu iPod. Contudo, não pode armazenar música ou tocar música que tenha sido descarregada de serviços concorrentes, como o Windos Media Store ou a RealNetworks, o que cria uma dependência de formato entre os clientes do iTunes.

    O controlo técnico que a Apple embutiu na linha de produto iTunes/iPod, combinado com os seus esforços inteligentes no *marketing* e na distribuição, tornou a Apple no padrão de facto para a música digital. Isso, por sua vez, ajudou a construir a sua base de clientes, a sua biblioteca de conteúdo e o seu leque de parceiros. Com efeito, a Apple catalisou as empresas de música para uma colaboração. E todos têm beneficiado. Como a maioria das receitas da Apple com a música *online* é entregue às editoras discográficas, a loja iTunes impulsionou significativamente os lucros globais da indústria.

    A indústria pode, ainda, prejudicar o modelo brilhante de colaboração que um intruso criou. Ao mesmo tempo que a Apple estabelecia um modelo claro, atractivo e rentável, a Sony, a BMG Music Entertainment e a Warner Music Group insistiam num sistema de preço variável, cobrando mais pelas músicas de sucesso actuais, que muito provavelmente iria alienar os clientes. Jobs tem defendido o padrão dos 99 cêntimos de dólar e tem-se esforçado para manter a colaboração transversal na indústria que alcançou tanto para reverter o declínio da margem da indústria.

    É possível que Hollywood, que enfrenta um risco de indústria que é muito semelhante ao do negócio da música, possa fazer um trabalho melhor na abordagem ao desafio da distribuição digital. Vários grandes produtores de cinema já começaram a trabalhar em conjunto para desenvolverem técnicas partilhadas de bloqueio de cópias que lhes permita manter o controlo sobre os seus produtos e ainda assim alcançar o vasto público potencial para *downloads* de entretenimento electrónico.

    E qual é o fabricante de alta tecnologia que se está a posicionar para ser um interveniente importante neste novo cenário colaborativo? A Apple, é claro. Em Outubro de 2005, a Apple apresentou o mais recente iPod com um ecrã de vídeo concebido para reproduzir filmes caseiros, vídeos de música, programas de televisão e curtas-metragens. Os episódios de séries de sucesso como «Lost» [«Perdidos»] e «Desperate

Housewives» [«Donas de casa desesperadas»] foram imediatamente disponibilizados para serem descarregados, bem como cerca de 2000 vídeos licenciados pelas empresas de música e uma selecção de curtas-metragens animadas da Pixar. Na primeira semana em que uma selecção de filmes da Disney foi disponibilizada, os utilizadores descarregaram 125 000 cópias. O próximo passo é o lançamento, na Primavera de 2007, de um equipamento da Apple (nome de código iTV) que irá permitir que os filmes descarregados sejam visualizados, em modo *wireless*, numa televisão a partir de um computador. O modelo de música da qual a Apple foi pioneira pode ter demonstrado a Hollywood a importância da colaboração, ao invés da concorrência, no processo de disponibilizar os seus filmes a milhões de ecrãs domésticos.

A indústria da música não foi a única que sentiu o choque grave do risco de indústria, e a erosão da margem que daí decorre. Muitas outras indústrias que viveram esse risco alteraram a sua relação competir/colaborar de formas que estancaram e reverteram o declínio da margem.

POUPE DINHEIRO E DEPOIS REINVISTA PARA CRIAR NOVO VALOR

Na década de 60, o fabrico de aeronaves na Europa parecia condenado. As empresas Norte-Americanas, em particular a Boeing e a McDonnel Douglas, tinham-se tornado nos intervenientes dominantes numa indústria cada vez mais de capital intensivo. Aos fabricantes Europeus, mais pequenos, espalhados pelo continente e lutando ferozmente uns contra os outros, bem como contra os seus concorrentes internacionais, faltava a escala e o capital para competirem efectivamente contra as suas contra-partes dos EUA na construção de grandes jactos modernos de passageiros. No final da década de 60, a quota de mercado combinada do mercado da aviação das empresas europeias tinha diminuído para apenas 10% apesar do facto de 25% dos aviões estarem a ser adquiridos por companhias aéreas europeias.

Depois, em 1970, quatro dos principais fabricantes Europeus – a Aérospatiale da França, a Diamler-Benz da Alemanha, a Casa da Espanha e a British Aerospace do Reino Unido – fizeram algo radical. Formaram a *joint venture* Airbus, juntando os seus recursos para projectar, produzir e vender aviões a jacto. Essa parceria não só providenciou economias de operação e reduziu os riscos financeiros, como a combinação de capital e de talento levou, também, a um surto de inovação. Apesar dos conflitos iniciais de gestão, a Airbus foi pioneiramente bem sucedida na adopção de novas abordagens ao projecto de aviões, incluindo a tecnologia de controlo «*fly-by-wire*» e na introdução de um *cockpit* comum em toda a sua gama de modelos de aeronaves. Entre 1984 e 1994, a *joint venture* lançou três aviões altamente eficientes e tecnologicamente avançados, que se mostraram muito atractivos para um grande número de companhias aéreas.

A colaboração não providenciou apenas suporte temporário para a sobrevivência dos fabricantes de aviões; ela permitiu-lhes prosperar. Embora os primeiros clientes da Airbus tenham sido companhias aéreas europeias, a empresa começou a penetrar no mercado norte-americano em 1980, e na década de 90 a sua clientela alargou-se para incluir gigantes norte-amercianos como a United Airlines, a US Airways e a Northwest Airlines. Não só os fabricantes europeus de aviões sobreviveram, como a Airbus se tinha tornado, em essência, o único concorrente da Boeing (que em 1997 tinha adquirido a McDonnel Douglas). A Airbus cresceu rapidamente ao longo das últimas duas décadas, ao ponto de agora bater o seu arqui-rival norte-americano em entregas anuais de novos aviões. Em 2000, os parceiros europeus reforçaram e alargaram a sua colaboração, consolidando a gestão e as operações da Airbus numa instalação centralizada em Toulouse, França. Embora surjam periodicamente acusações de subsídios governamentais ilegais de ambos os lados, a importante lição empresarial são a maior eficiência e a inovação tornadas possíveis com a parceria Airbus.

Nem todas as indústrias poderiam ou quereriam trabalhar em conjunto da forma como a Airbus o fez. Contudo, a alteração na relação competir/colaborar pode tomar muitas formas diferentes. Um exemplo clássico é a colaboração que preparou o palco para a mudança de rumo na indústria de semicondutores dos EUA, outrora sitiada. Durante a década de 80, os fabricantes norte-americanos de *chips* estavam a ser derrotados pelos concorrentes japoneses de baixo custo. Entre 1980 e 1986, a indústria de semicondutores dos EUA viu os seus lucros reduzirem-se em mais de $2 mil milhões e o número de colaboradores ser reduzido em mais de 27 000 trabalhadores. O colapso contínuo do sector causou grandes preocupações entre os decisores políticos norte-americanos, por questões de segurança nacional, bem como por razões económicas. Metade dos *chips* usados no caça de combate F-16, por exemplo, estava a ser fornecida por fabricantes japoneses.

Em resposta, o Departamento de Defesa dos EUA liderou o esforço para a criação de um consórcio de investigação para parar as perdas da indústria. Catorze empresas norte-americanas, representando 85% da indústria, juntaram-se para formar, em 1987, a SEMATECH com o intuito de «resolver os problemas de fabrico através da alavancagem dos recursos e da partilha dos riscos». Cada um dos participantes, em conjunto com o governo dos EUA, investiu $100 milhões no esforço, e em troca foi-lhes dado o direito de partilharem as tecnologias resultantes. A iniciativa de investigação SEMATECH, lançada a partir de instalações dedicadas em Austin, no Texas, teve sucesso em reforçar toda a cadeia de valor dos semicondutores nos EUA enquanto estimulava progressos rápidos na miniaturização e na velocidade de processamento dos *chips*. O esforço conjunto desempenhou um papel crucial no reaparecimento da indústria durante a década seguinte.

> *A colaboração liberta dinheiro para investir em áreas do negócio que oferecem o potencial para gerar a verdadeira diferenciação.*

Estas duas histórias ilustram não só que a colaboração próxima entre concorrentes é possível – e legítima (ver texto, «A colaboração é legítima?», na próxima página) – mas também que ela pode melhorar dramaticamente a rentabilidade de indústrias e de empresas individuais, em particular nos negócios cuja margem está em erosão. A colaboração permite que as empresas alcancem os benefícios de uma escala maior, dos activos racionalizados e do talento combinado nessas áreas da cadeia de valor que oferecem pouco potencial para uma diferenciação estratégica. Todavia, ainda mais importante é o potencial *upside* que ela cria.

A COLABORAÇÃO É LEGÍTIMA?

«Não podemos juntar-nos aos concorrentes – isso vai criar-nos um problema de concorrência.» Essa pode ser uma desculpa conveniente, mas não é geralmente verdadeira. As empresas devem, naturalmente, reflectir sobre as ramificações legais de qualquer parceria cooperativa. Elas têm de evitar trabalhar em conjunto em áreas que poderiam envolver a partilha de informação sobre preços ou implicar outras acções que poderiam prejudicar os clientes. E elas não podem juntar-se de uma forma que lhes confira poderes tipo cartel sobre uma componente crítica de uma infra-estrutura partilhada do mercado.

Contudo, o objectivo das leis sobre a violação da concorrência não é o de evitar a cooperação. Antes, é o de bloquear actividades que prejudicam o interesse público através da redução da eficiência dos mercados, o atraso na inovação ou a obstrução da concorrência produtiva. Dado que a colaboração estratégica melhora, na verdade, a eficiência do mercado, estimula a inovação e intensifica a concorrência produtiva, ela beneficia o público e, portanto, é improvável que seja alvo de uma acção do governo. (De facto, os exemplos de colaboração na indústria no passado envolviam, frequentemente, o encorajamento e o apoio directo do governo.) As empresas que lançam uma iniciativa de colaboração podem precisar de educar os decisores políticos e o público em geral sobre o âmbito e os benefícios do esforço, mas isso não deve ser um dissuasor à cooperação. Os ganhos potenciais – para os clientes, bem como para as empresas – são demasiado grandes.

MEDIDAS PRÓ-ACTIVAS

Os exemplos dados aqui revelam também algo mais. A colaboração acontece, geralmente, demasiado tarde. Os fabricantes europeus de aviões e os fabricantes norte-americanos de *chips* começaram a colaborar apenas depois de o seu negócio se ter deteriorado gravemente, e em ambos os casos foi necessário o encorojamento e o apoio financeiro governamental para as parcerias cooperativas se concretizarem.

Existiram algumas excepções notáveis à regra da colaboração como último recurso. Um grupo de 25 pequenas lojas de *hardware* juntou-se para formar uma cooperativa para a compra e a publicidade conjunta, ainda em 1948 – bem antes de se sentirem ameaçadas pelos grandes retalhistas tais como a Home Depot. A cooperativa, agora denominada True Value, cresceu para englobar mais de 6200 lojas de *hardware*, jardinagem e aluguer de equipamentos em 54 países. A organização permite aos seus membros, maioritariamente proprietários empreendedores, beneficiar das economias de escala das grandes empresas sem sacrificar a sua independência.

Do lado do produto, a True Value fornece aos seus membros uma vasta selecção de artigos *private-label* sob marcas populares como True Value, Master Mechanic, Green Thumb e Master Plumber. Os artigos são despachados a partir dos doze centros regionais de distribuição, assegurando um reabastecimento rápido e um serviço responsivo. Do lado do *marketing*, além das campanhas de publicidade e dos folhetos de publicidade partilhados, a True Value permite aos seus membros obterem vantagem de um programa de fidelização dos clientes, o True Value Rewards, que não só reforça as relações locais com os clientes, como também providencia dados profundos de mercado que seriam proibitivamente onerosos para as lojas coligirem por si mesmas. A cooperativa permite, igualmente, a partilha das melhores práticas através de *kits* de ferramentas de *marketing* que incluem instruções detalhadas e modelos para actividades promocionais e de relações públicas já testadas.

As grandes empresas lançaram, também, iniciativas pró-activas de colaboração. No início da história do negócio dos cartões de crédito, por exemplo, os bancos emissores de cartões perceberam que a cooperação providenciaria dois benefícios críticos. Primeiro, iria permitir-lhes desenvolver uma rede nacional (e depois internacional) de comerciantes que aceitariam os seus cartões. Segundo, iria reduzir drasticamente os custos com cada transacção e os custos tecnológicos, permitindo-lhes focarem os seus investimentos e a sua atenção no tipo de *branding* e de programas de serviço que podem conferir verdadeira diferenciação.

Para conseguir esses benefícios, os bancos formaram duas agências detidas pelos membros, que evoluíram para as actuais organizações da Visa e da MasterCard. Existem hoje mais de 1,5 mil milhões de cartões Visa e MasterCard em circulação, aceites por mais de 20 milhões de comerciantes em todo o mundo e usados para adquirir cerca de $4 biliões em artigos anualmente.

As agências de cartões de crédito criaram valor para todos. Aos clientes foram oferecidas mais opções de crédito e de pagamento – as agências foram pioneiras nos cartões de débito, entre outras inovações. As próprias agências geram receitas fortes através de comissões cobradas pelos serviços básicos e de valor acrescentado. E os bancos membros reduziram dramaticamente os seus custos e os riscos.

A maioria das colaborações na indústria começa dentro da própria indústria. Algumas vezes, no entanto, um intruso experiente pode actuar como catalisador que impulsiona os concorrentes na indústria a começarem a colaborar (tal como a Apple fez com a indústria da música). Por vezes, o catalisador pode ser um fornecedor da indústria que pode reforçar o seu negócio existente ajudando os clientes a trabalhar em conjunto para resolver problemas comuns e transversais.

Foi isso que a Cardinal Health conseguiu no negócio da prescrição de medicamentos através da sua empresa ArcLight Systems. A Cardinal convenceu os concorrentes farmacêuticos CVS, Albertson's, Wal-Mart, Kmart e cinco cadeias regionais de farmácias a formar um consórcio com o intuito de coligir e comercializar dados em tempo-real sobre a venda de medicamentos. A ArcLight fornece, *online,* os dados e as tendências a subscritores que pagam, tal como as empresas farmacêuticas, que querem monitorizar a eficácia das campanhas de publicidade, o impacto do lançamento de novos produtos e a introdução de medicamentos genéricos.

DEMASIADO POUCO, DEMASIADO TARDE

A colaboração pró-activa é ainda, todavia, penosamente rara, especialmente em situações onde pode reverter as tendências que estão a lançar dúvidas sobre negócios hoje saudáveis. Considere a indústria farmacêutica, onde muitas empresas continuam a beneficiar de margens de lucro invejáveis enquanto colhem os lucros do desenvolvimento de medicamentos há muitos anos atrás. As suas margens de lucro futuras, contudo, estão sob ameaça com a explosão dos custos de desenvolvimento de medicamentos. Em 1975, o custo médio suportado pelas farmacêuticas para lançar uma nova terapia no mercado era de $138 milhões. Em 2000, esse custo tinha chegado aos $802 milhões. Todavia, as empresas farmacêuticas continuam a competir em pleno, cada uma delas a prosseguir iniciativas separadas de desenvolvimento ou licenciamento para compostos semelhantes. Elas rejeitam, com frequência, partilhar até mesmo informação clínica básica, tal como os dados sobre a toxicidade do fígado, agarradas à crença de que isso irá conferir-lhes alguma vantagem competitiva. Se as farmacêuticas continuarem a ignorar as oportunidades para a colaboração estratégica, estarão predestinadas a sofrer o mesmo tipo de erosão das margens que vimos nos sectores automóvel, aéreo e outros.

O que é particularmente surpreendente é que em todas estas indústrias já existiram momentos no passado em que concorrentes colaboraram e com vantagens importantes como resultado disso. Os *Big Three* fabricantes automóveis, por exemplo, lançaram o U.S. Consortium for Automotive Research (USCAR) em 1992 para realizar estudos em áreas como a segurança e as emissões. A maioria das grandes empresas farmacêuticas utilizam parcerias sofisticadas de licenciamento para reduzir os custos e diversificar os riscos. Não obstante as suas próprias experiências positivas com a cooperação, elas continuam a evitar oportunidades mais amplas de colaboração estratégica. As suas relações competir/colaborar permanecem esmagadoramente enviesadas para a concorrência.

MELHORAR A RELAÇÃO COMPETIR/COLABORAR

Alterar essas relações requer, primeiro e acima de tudo, uma mudança na atitude empresarial. Requer, igualmente, um processo prático e objectivo de reflectir sobre as oportunidades de colaboração. Cada uma das empresas terá de ponderar diferentes factores na definição da sua estratégia de colaboração, dependendo da economia e da estrutura da sua indústria e do seu próprio posicionamento competitivo. As empresas terão de se focar nas partes da cadeia de valor da sua indústria onde podem encontrar as maiores vantagens da colaboração, nos tipos de colaboração que melhor conseguirão conquistar essas vantagens e nos parceiros certos.

As maiores vantagens da colaboração

A colaboração pode desbloquear valor de várias formas em áreas diferentes de um sistema económico de uma indústria. Na retaguarda do sistema, por exemplo, ela pode alterar o racional económico da inovação e da descoberta, permitindo às empresas reduzir investimentos redundantes com a resolução de problemas comuns, abordar problemas maiores com a agregação dos seus recursos e descobrir mais soluções criativas através do acesso a uma bolsa maior e mais diversa de talento. Nas operações, a colaboração pode alterar o racional económico da fabricação através do reforço da escala, da diversificação do risco, da agregação das compras e acelerando a curva da experiência. Na parte frontal do sistema, as empresas podem melhorar a satisfação do cliente com a integração das componentes de uma solução, ou podem reduzir os custos através da consolidação das actividades de vendas ou serviço de baixo valor acrescentado.

Comece por avaliar o actual desempenho da sua indústria na criação de valor ao longo de dimensões tais como a satisfação do cliente, a rentabilidade, a eficiência dos activos e a volatilidade. Concorrentes diferentes terão avaliações diferentes, mas será capaz de observar as tendências correntes e identificar os constrangimentos que limitam o desempenho da indústria. De seguida, faça o mesmo para a própria cadeia de valor.

Em geral, as empresas devem tentar identificar as actividades que apresentam pouca oportunidade para alcançar a diferenciação competitiva e que oferecem fortes oportunidades para reforçar as economias de escala, a eficiência dos activos, a produtividade do trabalho ou a inovação. São estas actividades que, tipicamente, apresentam os melhores retornos para a colaboração.

Os tipos adequados para a colaboração

A colaboração pode tomar muitas formas, desde a cooperação informal à parceria formal. E as formas adequadas de colaboração irão mudar ao longo do tempo à medida que concretiza os seus objectivos anteriores e que as preferências dos clientes se alteram.

Em indústrias que têm pouca experiência com a colaboração, pode ser sensato começar com esforços modestos de forma a construir a confiança, a aprendizagem e o entusiasmo. Pode estabelecer uma parceria num projecto definido de modo restrito com um pequeno número de empresas com quem já tem relações. A Timken trabalha com concorrentes, como o fabricante de rolamentos SKF, para partilhar as actividades da logística e do negócio electrónico. No sector aeroespacial, a Northrop Grumman juntou-se à BAE Systems North America para desenvolver uma linha de montagem a micro-ondas integrada para o caça F-15 Joint Strike.

Ou pode querer liderar uma comissão exploratória transversal à indústria para avaliar as oportunidades de colaboração e desenvolver os planos iniciais.

Por exemplo, vários operadores de telemóveis em países em desenvolvimento decidiram que a melhor forma de promover a adopção de telemóveis era reduzir o custo do aparelho. Portanto, os operadores juntaram-se para agregar o seu poder de compra e a Motorola acedeu em fornecer até 6 milhões de aparelhos por um preço inferior a $40 cada um. Tais esforços modestos providenciam uma forma de criar uma infra-estrutura colaborativa, desenvolver práticas eficazes e construir aptidões relevantes.

Os parceiros certos

Escolher os parceiros certos para a colaboração é um acto de equilíbrio. Aliar-se com muitos concorrentes num consórcio pode trazer mais vantagens de escala do que colaborar com apenas um pequeno grupo, mas os conflitos operacionais e a complexidade também tendem a aumentar à medida que mais parceiros são trazidos para o esforço colectivo. E colaborar com empresas que são similares à nossa – em dimensão, cultura e herança – pode reduzir os conflitos de gestão e operacionais, mas irão também tender a diminuir a diversidade, tornando mais difícil pensar 'fora da caixa'.

Na escolha dos parceiros, portanto, pondere cuidadosamente tanto os objectivos do projecto como as características dos potenciais colaboradores, colocando-se as seguintes questões:

- Até que ponto as organizações parceiras terão de estar integradas, dado o âmbito e os objectivos do projecto e os acordos de responsabilização?
- Até que ponto as estratégias e os contextos de operação dos potenciais parceiros são similares?
- Qual a base de conhecimento ou história partilhada que existe entre os potenciais parceiros? Se a indústria está muito unida, as relações existentes ou passadas irão ajudar ou prejudicar os esforços?
- Quais as semelhanças entre os potenciais colaboradores? Existe diversidade suficiente no esquema de colaboração? Existem outros parceiros potenciais, de dentro ou de fora da indústria, que possam injectar novas perspectivas?
- Existirão vantagens em trazer os fornecedores ou os clientes para o grupo?

ULTRAPASSAR A OBJECÇÃO DOS «INIMIGOS MORTAIS»

Há uma barreira psicológica à colaboração: *Não podemos colaborar com os nossos inimigos mortais.* No entanto, uma observação rápida dos registos históricos sugere que isso nem sempre é verdade.

A Hewlett-Packard (HP) e a Canon são rivais no negócios das impressoras e, todavia, trabalharam de forma muito eficaz em esquemas colaborativos, como a HP a acolher motores de impressão da Canon.

A WPP e a Havas, baseada em Paris, são rivais ferozes no negócios da publicidade e, no entanto, trabalharam proximamente em conjunto na aquisição de *media*.

A Sony e a Samsung são rivais globais no mundo da electrónica de consumo, mas ambas começaram a colaborar em várias áreas:

- Investindo em conjunto $2 mil milhões numa fábrica na Coreia do Sul para produzir écrans de cristais líquidos.
- Partilhando 24 000 patentes básicas que cobrem uma variedade de componentes e de processos de produção.
- Participando num consórcio que tenta estabelecer o padrão para a próxima geração de discos e leitores digitais de vídeo.

A General Motors e a Toyota trabalharam muito eficazmente na sua colaboração NUMMI, uma fábrica conjunta de produção na Califórnia, criando vantagens significativas para as duas empresas.

Mais recentemente, a indústria automóvel produziu outro exemplo em Dundee, no Michigan, onde uma parceria entre a Chrysler, a Mitsubishi e a Hyundai foi constituída para produzir pequenos motores para automóveis, partilhando os custos de arranque e alcançando poupanças que as empresas não teriam alcançado se tivessem construído três fábricas mais pequenas em separado. Inteligentemente, a aliança entre as três empresas aproveitou a oportunidade da nova fábrica para experimentar outras inovações. A fábrica usa tecnologia de ponta e celebrou um contrato com o sindicato United Automobile Workers com uma flexibilidade única para manter os custos baixos, incentivar a rápida resolução de problemas por equipas versáteis de trabalhadores e produzir até 840 000 motores por ano precisando apenas de 250 trabalhadores por hora – em comparação com os 750 trabalhadores necessários para produzir 350 000 motores na fábrica da Chrysler em Mack Avenue, Detroit.

Estabelecer uma colaboração eficaz nunca é fácil, especialmente quando os participantes são intensamente competitivos. Contudo, os registos mostram que uma colaboração rentável pode ser alcançada de formas que trazem enormes vantagens económicas aos parceiros e aos seus clientes.

Quando sai da esfera do mundo empresarial, não há, provavelmente, nenhum grupo no mundo mais intensamente competitivo do que os cientistas, para quem o reconhecimento e uma posição de destaque são tudo. Pense em Newton a competir com Leibnitz para desenvolver o cálculo, em Darwin ansioso por publicar a sua teoria da evolução assim que ouviu que Alfred Russel Wallace tinha tido a mesma ideia, a corrida para desvendar os segredos do ADN recontada por Francis Crick no seu livro memorável *The Double Helix* [*A Dupla Hélice*], ou a mais recente corrida entre equipas de investigadores para serem a primeira a sequenciar o genoma humano.

No entanto, este grupo incrivelmente hiper-competitivo é, simultaneamente, o mais colaborativo de todos. Existe uma forte tradição de partilha de informações científicas entre consórcios amplos que incluem as universidades, as agências governamentais e as organizações com fins lucrativos. Muitos projectos importantes teriam sido, de outra forma, impossíveis – por exemplo, o acelerador do CERN em Genebra, o maior centro mundial de física das partículas, fundado em 1954 como um dos primeiros esforços colaborativos da União Europeia e agora apoiado por vinte países. Os cientistas aprenderam a tornar-se colaboradores tão eficazes quanto concorrentes. Fizeram-no de uma forma que equilibra a relação competir/colaborar e deixa todos em melhor posição. Muitos negócios podiam aprender a fazer o mesmo.

O PARADOXO DA CONCORRÊNCIA

Em 1776, Adam Smith publicou a sua grande defesa sobre o capitalismo do mercado livre, *An Inquiry into the Nature and Causes of the Wealth of Nations*. Ao demonstrar que a concorrência melhora o padrão de vida na sociedade, Smith contrariou com sucesso os pedidos por uma maior regulação do comércio – e preparou o palco para os grandes ganhos da Revolução Industrial. Mais de 150 anos depois, o economista Joseph Schumpeter juntou um brilho memorável às ideias de Smith quando ele descreveu a forma como a concorrência cria um ciclo de «destruição competitiva» que traz continuamente novos e melhores produtos para o mercado.

Smith, Schumpeter e os outros grandes filósofos capitalistas providenciam o contexto intelectual para a nossa crença e confiança nas vantagens da concorrência vigorosa. No entanto, ao longo dos últimos 50 anos, distorcemos os seus ensinamentos ao utilizá-los para justificar uma devoção cega e, por vezes, fanática pela concorrência. Alguns executivos e especialistas empresariais promoveram a ideia do negócio como uma forma de campanha militar ou de desporto que só pode ganho através de conflitos ferozes e implacáveis. Essa é uma ideia simplista e perigosa sobre os negócios. Adam Smith e os seus seguidores compreendiam que em certos casos a concorrência desenfreada pode provocar muitos danos – a concorrência descuidada pode não trazer destruição criativa mas apenas destruição.

Dada a facilidade com que as pressões globais podem devastar a rentabilidade das indústrias, precisamos de regressar a uma ideia mais equilibrada sobre a concorrência e uma melhor apreciação do papel da colaboração para suscitar e sustentar economias saudáveis. Quando as empresas concorrem de forma ampla demais – batalhando em áreas que criam pouco valor para os clientes – elas acabam por desperdiçar enormes quantidades de dinheiro e por enfraquecer a própria estrutura da sua indústria. Ao refocar a concorrência em áreas que interessam realmente, a colaboração estratégica promove o tipo de rivalidade robusta que suscita melhores produtos, preços mais baixos e indústrias e economias mais fortes. Esse é o grande paradoxo da concorrência: ao reduzi-la nalgumas áreas, está a fortalecê-la nas áreas que providenciam maiores vantagens à maioria das pessoas.

REDUZA OS RISCOS (*DE-RISK*) DO SEU NEGÓCIO

Eis algumas questões para reflectir se está a gerir uma empresa que está a enfrentar – ou que em breve por ser ameaçada por – o espectro do risco de indústria.

1. Quais são as suas actividades empresariais que não são competitivas ou que acrescentam pouco ou nenhum valor? (Isso inclui qualquer actividade pela qual os seus clientes não pagam, ou que se recusariam a pagar por ela se tivessem essa opção.)
2. Em quais destas actividades poderia colaborar com outros para as executar? Os melhores resultados são possíveis trabalhando em conjunto na produção, no aprovisionamento, na I&B primária, nas aplicações, na distribuição, ou nos serviços/formação (por exemplo, programas de formação transversais à indústria que levem à criação de novos clientes e à geração de uma maior procura?)

3. Dentro de cada área, qual seria o melhor subconjunto de actividades para colaborar com outros? (Por exemplo, no fabrico de automóveis, pode ser a criação de uma fábrica comum para fabricar motores pequenos, transmissões ou outras partes do automóvel; no aprovisionamento, pode ser a definição de padrões comuns, processos comuns e a agregação do poder de compra através de programas conjuntos de compras.)
4. Onde estão os custos de fricção num processo (tal como reunir peças de demasiados fornecedores diferentes) que podem ser reduzidos através da integração (por exemplo, o uso de módulos pré-fabricados) ou de outros mecanismos?
5. Quais são as actividades que *poderiam* gerar um valor único, mas apenas se colaborar com outros para as realizar? (O iTunes é um exemplo: Os admiradores da música só se tornarão clientes habituais e regulares de um *site* que lhes permita fazer *downloads* de músicas de *todos* os principais distribuidores, e não apenas de um ou dois).
6. Quanto pode economizar se colaborar nessas actividades?
7. Onde poderia aplicar essas poupanças para melhor diferenciar a sua empresa da concorrência ou para criar mais valor para os clientes?

Não é suficiente apenas poupar dinheiro através da colaboração. Isso irá reduzir a pressão financeira criada pelo risco de indústria, mas não irá *reverter* o risco e transformá-lo numa oportunidade de *upside*. Para isso, precisa de investir o dinheiro que poupa nos esforços de diferenciação – as iniciativas que lhe permitirão criar ofertas únicas de produto ou serviço, alcançar novos mercados e expandir o valor que cria para os clientes.

HISTÓRIA ARTIFICIAL: OS FABRICANTES DE AUTOMÓVEIS PASSAM A COLABORAR

O que poderia ter sido diferente se uma das maiores indústrias do mundo tivesse aplicado as ideias praticadas por indústrias mais pequenas ao longo da década passada? Uma história artificial do mundo automóvel pode dar a resposta.

Estamos em Outubro de 1996. Os lançamentos de novos automóveis em Setembro acabaram de ser conhecidos. Os destinos dos maiores fabricantes de automóveis varia grandemente, com as empresas líderes japonesas, em geral, numa boa fase, enquanto as norte-americanas se debatem com dificuldades em muitas das suas linhas de produto excepto nos camiões e nos SUVs. Não obstante, é óbvio que existem alguns problemas partilhados por toda a indústria. Estes incluem a crescente necessidade por automóveis eficientes no consumo de combustível num mundo onde as reservas de petróleo estão a diminuir e dependem de regimes instáveis; a crescente procura por automóveis com atributos melhores em segurança, protecção e outras; e, especialmente, a sobrecapacidade global da indústria, que está a intensificar a concorrência, a aumentar o poder dos clientes e a impulsionar margens de lucro cada vez mais baixas. Além disso, é certo que o problema da sobrecapacidade irá piorar nos próximos anos, à medida que as novas indústrias automóveis na Coreia, China e Índia continuam a crescer.

Estes problemas não são novos. Todavia, neste momento, algo novo parece estar a acontecer. Os líderes dos maiores fabricantes de automóveis parecem agora reconhecer que enfrentam um conjunto partilhado de problemas, e pela primeira vez parecem convergir para a exploração de algumas soluções conjuntas.

A 24 de Outubro, a Associated Press publica o seguinte boletim noticioso sumário e misterioso: «A General Motors confirmou que o seu CEO, John Smith, irá encontrar-se hoje com os líderes da Toyota, da Ford e da Honda para discutir assuntos de preocupação comum. 'Dado que a reunião é privada, não haverá nenhum comentário público sobre os tópicos específicos que forem discutidos', afirmou um porta-voz.»

A reunião de 1996 não foi a primeira vez em que fabricantes rivais de automóveis ponderaram a colaboração. De facto, já existe uma história de alguns esforços conjuntos. Em 1986, A General Motors e a Toyota colaboraram na fundação da NUMMI. Em 1992, a USCAR foi lançada pela GM, Ford e Chrysler, uma *joint venture* para a investigação em tecnologias tais como o desenvolvimento de baterias. Contudo, esses eram programas modestos, especialmente quando comparados com o alcance dos desafios transversais à indústria agora iminentes.

Os fabricantes de automóveis reconhecem a seriedade do seu dilema partilhado e sentem a necessidade de trabalhar em conjunto para resolver esse dilema. Todavia, há uma atmosfera de tensão na sala. Cada um dos CEOs acredita – não sem razão – que traz para a mesa algo que é único e de maior valor do que qualquer coisa que os outros possam trazer. É uma mistura complexa de emoções num turbilhão: a velha arrogância norte-americana; o recém-encontrado orgulho japonês na sua vantagem inquestionável de qualidade e ressentimentos com afrontas do passado (como quando a candidatura da Toyota para participar no USCAR foi rejeitada pelas empresas norte-americanas).

A conversa depressa evoluiu para um jogo de póquer de milhares de milhões de dólares, com manobras subtis para alcançar uma vantagem individual atrás de cada proposta e contra-proposta. Contudo, no pensamento de cada CEO, um outro cálculo similar acontece: «Nós já colaboramos um pouco na nossa indústria. Mas apenas um pouco. A relação competir/colaborar é de cerca de 95/5. Até onde nos atrevemos a ir? Devemos colaborar 10% ou até mesmo 15% das vezes? Quanto iremos ganhar com isso? Irá compensar pelo controlo que iremos perder? E podemos realmente confiar uma parte do nosso futuro aos nossos rivais que estão sentados à volta da mesa?»

À medida que a manhã passa, uma lista de áreas possíveis de colaboração começa a tomar forma.

- Mais instalações comuns de produção, nas mesmas linhas que o NUMMI.
- Desenvolvimento conjunto de novos sistemas de propulsão – motores mais eficientes no consumo de combustível que irão reduzir as emissões e poupar dinheiros dos clientes.
- Investigação partilhada sobre a melhoria de sistemas tais como a transmissão – sistemas importantes e caros que os clientes nunca vêem e que não criam nenhuma vantagem competitiva para qualquer dos fabricantes.
- Desenvolvimento de padrões universais de segurança, protecção e comunicações – áreas sobre as quais os consumidores afirmam que se importam e onde melhorias partilhadas podem ajudar a todos.
- O mais ambicioso: um programa partilhado para desenvolver um pequeno automóvel de baixo custo para os mercados emergentes na Ásia e em África – um automóvel seguro e fiável, que possa ser comercializado por menos de $7000.

Cada um desses projectos foi discutido e orçamentado por todos os fabricantes de automóveis no mundo, e os números são avassaladores: $1 mil milhões para desenvolver um motor híbrido eficiente no consumo de combustível, outros $3 mil milhões a $4 mil milhões para converter toda a frota para híbridos; $500 milhões para um novo sistema de transmissão; $400 a $600 milhões para um sistema de protecção e comunicação no automóvel; $500 milhões para melhorias ao nível da segurança. O custo total seria proibitivo para qualquer empresa – mas para a indústria como um todo, é gerível.

A conversa termina com uma sensação de novas possibilidades, mas a agenda é ambiciosa e a mudança necessária na atitude é assustadora. Os CEOs regressam aos seus escritórios nas respectivas sedes para definirem mais estratégias e mais discussões, com o compromisso de se reunirem novamente passado um ano.

Em Dezembro de 1977, a conversa é retomada. A Toyota lançou o Prius e o automóvel teve um bom arranque, mas não é nenhum sucesso fantástico. O mesmo se passou com a Honda e o seu novo Insight. O sistema OnStar da GM para a comunicação e a segurança dentro do automóvel está a passar por dificuldades. Os preços das acções dos fabricantes de automóveis estão altos e a subir, mas no fundo todos os CEOs sabem que esses preços são insustentáveis.

À medida que reexaminam a lista de potenciais áreas para a colaboração, há uma nova urgência na discussão. E os estudos realizados pelos seus especialistas financeiros e de engenharia lá atrás nos escritórios da sede confirmam as enormes vantagens a obter com os esforços conjuntos. Depois de dois dias de negociação, os CEOs apertaram as mãos. Em cada um dos seus pensamentos está a mesma percepção emocionante mas de alguma forma assustadora: «Somos capazes de fazer isto.»

No início de 1998, eles dão o pontapé de saída. Numa conferência de imprensa conjunta, os CEOs dos principais fabricantes de automóveis anunciam um acordo para partilharem várias tecnologias básicas. O comunicado de imprensa emitido por todas as empresas afirma, em parte, «Nós percebemos que sem uma gestão do projecto altamente disciplinada e responsável perante a aliança, nenhuma vantagem será criada, quer para as nossas empresas, quer para os consumidores.» Com base nesta percepção, eles criaram um sistema de desenvolvimento em rede incluindo vários laboratórios de I&D, com uma liderança clara de projecto, compromissos específicos de investimento e prazos agressivos.

Ao longo dos oito anos seguintes, a relação competir/colaborar da indústria muda dramaticamente. Em 2002, a relação transitou de 95/5 para 85/15. Em 2006, a relação é de 80/20. No entanto, as empresas continuam a concorrer tão ferozmente como antigamente – no seu estilo e marca, na concepção dos interiores, na melhoria da experiência junto do concessionário e nas vendas crescentes de bens e serviços auxiliares.

Esta concorrência, todavia, está suportada numa base muito maior. Os motores híbridos e os novos sistemas de segurança, com melhorias dramáticas, foram introduzidos em toda a indústria em 2002. Um sistema OnStar melhorado de comunicações e de segurança, desenvolvido e detido conjuntamente, foi instalado em todos os novos automóveis vendidos a partir de 2003. Instalações fabris partilhadas, concebidas com as mais recentes técnicas flexíveis de produção, entraram em funcionamento na América do Norte, no Japão e na Europa, reduzindo os custos e poupando dinheiro aos consumidores. Não obstante, os lucros da indústria cresceram imenso – parcialmente como resultado de poupanças nos custos, parcialmente devido ao entusiasmo mundial dos clientes com os automóveis novos e melhores, e parcialmente devido ao grande aumento das vendas de serviços de valor acrescentado. (As empresas estão a ganhar centenas de milhões apenas com as vendas de minutos de conversação para os novos telemóveis universais e de mãos-livres instalados nos automóveis.)

Em Outubro de 2006, na altura em que os membros da aliança realizam a sua reunião anual, eles podem anunciar poupanças de cerca de $15 mil milhões desde 1998 – poupanças essas que continuam a crescer a cada ano que passa. Com a base mundial instalada de automóveis a ser rapidamente convertida para motores híbridos, o consumo global de combustível já foi reduzido em cerca de 5% anualmente. Em 2010, a redução será de 10%; em 2015, será de 20%. Não obstante, um avanço ainda mais importante pode acontecer se as células de combustível a hidrogénio poderem ser aperfeiçoadas. A equipa conjunta de investigação está a trabalhar arduamente para determinar se esta tecnologia será o próximo grande progresso na eficiência no consumo de combustível. Se for esse o caso, a tecnologia será desenvolvida num prazo amplamente acelerado, tornado possível pelo talento e pelos recursos partilhados através de contribuições de fabricantes de automóveis em todo o mundo.

Quanto ao automóvel de baixo custo para os mercados florescentes na Ásia e em África, o seu desenvolvimento está ainda em progresso, estimulado pelo anúncio da Tata Motors, da Índia, que está a desenvolver um automóvel que custará $4000.

Olhando em retrospectiva para as realizações da aliança, os CEOs têm razão para estarem satisfeitos. Contudo, estão longe de estarem satisfeitos de si mesmos. «Até agora, tudo bem», afirmam eles, «mas o que podemos fazer para uma repetição?» As negociações continuam...

O que teria sido diferente (para as empresas, os consumidores e as economias) se este tipo de colaboração *tivesse* sido criada nos últimos dez anos? Ou se for criada e desenvolvida nos próximos dez anos? Ou se for criada em inúmeras outras indústrias?

CAPÍTULO SETE

Quando o seu negócio pára de crescer

Inventar Novas Formas de Crescer

Um aperto da indústria que transforme uma indústria numa zona de não-lucro é uma coisa terrível. Quase igualmente letal é o risco que se manifesta quando as vendas, os lucros e a valorização das acções de uma empresa atingem um patamar e depois simplesmente param de crescer. Já observámos o *risco de estagnação* a atingir muitas empresas, onde o valor para o accionista estagnou e depois diminuiu como resultado da incapacidade das empresas em encontrar novas fontes de crescimento face à maturidade do mercado.

Quando esse tipo de risco se manifesta pela primeira vez, ele não *parece ser* assim tão mau. A empresa ainda tem lucros, ainda paga dividendos e a quota de mercado pode permanecer alta. À superfície, as coisas parecem ser as mesmas de sempre, e a maioria das pessoas no negócio assume ou tem esperança que o crescimento irá retomar no próximo trimestre ou dois. Todavia, assim que o verdadeiro fim do crescimento atinge uma empresa (em oposição a um patamar temporário por razões identificáveis e remediáveis), geralmente chega para ficar.

A longo prazo, as consequências da estagnação podem ser terríveis. Os fundos para investir em inovação começam a esgotar-se. O talento começa a sair da empresa, especialmente os gestores mais brilhantes e promissores. Eles fizeram as projecções e as extrapolações e sabem que as oportunidades serão poucas na sua empresa agora crescendo lentamente. Começam a acreditar que a sua progressão na carreira será determinada não pelo seu desempenho mas pela estrutura etária do alto comando, e começaram a ir para outro lugar. Como resultado, existe um pouco menos de energia na organização, um pouco menos de inteligência, e as decisões são um pouco menos acutilantes. Muitas delas estão apenas absolutamente erradas. As tendências negativas continuam e ganham força. A produtividade em I&D diminui, a introdução de novos produtos reduz-se a um gotejar lento, o crescimento das vendas pára completamente. Conhece o final deste filme: estabilidade, estagnação, declínio.

Se suspeita que a sua empresa pode estar a sofrer o risco de estagnação, não está sozinho. Na década de 90 e no início da década de 2000, à medida que os produtos e os mercados amadureceram e a concorrência internacional se intensificou, muitas empresas viram as taxas médias de crescimento das receitas diminuir do intervalo de 10 a 15% para o intervalo de 1 a 3%. O risco de estagnação é um problema iminente que centenas de empresas irão enfrentar nos próximos muitos anos.

A SÍNDROME DE SÍSIFO

O impacto do risco de estagnação está muito generalizado. Se passar algumas tardes de sábado a folhear as páginas da Value Line (que acompanha cerca de 2000 acções), encontrará muito poucas curvas consistentes do crescimento do preço das acções. Notará que a maioria das empresas gasta a maior parte do seu tempo a recuperar de golpes ao preço das suas acções. A maioria desses golpes é o resultado dos riscos estratégicos que abordámos, incluindo o risco de estagnação.

Esse trabalho constante de recuperação do valor perdido na senda desses colapsos é o obstáculo número um ao crescimento. Uma das mais fortes fontes de motivação para implantar um sistema eficaz de gestão dos riscos estratégicos do seu negócio (para além de evitar todas as rupturas e perdas que esses golpes geram) é permitir o crescimento real, em vez de deixar que a pedra role de novo pela colina abaixo para que tenha de a empurrar novamente de volta para cima, como o desgraçado do Sísifo na Mitologia Grega.

As duas primeiras tarefas de um sistema de gestão dos riscos estratégicos é evitar os golpes desnecessários e atenuar os golpes que não consegue evitar. Conseguir fazê-lo de forma conveniente resolve metade do problema de crescimento, dado que pode sustentar-se numa base mais forte ao invés de dispender tempo e recursos a reconstruir o preço da acção que tinha há cinco anos atrás.

No entanto, um sistema de gestão dos riscos estratégicos pode fazer muito mais do que defender. É também uma forma extremamente eficaz para encontrar algumas das maiores oportunidades de crescimento que o seu negócio enfrenta. Como vimos repetidamente, os seus maiores riscos são muitas vezes as suas maiores oportunidades de crescimento. Um radar de risco estratégico bem sintonizado e altamente sensível irá rapidamente detectar a erosão da marca, ou a mudança no cliente, ou o risco de transição ou o colapso da margem da indústria ainda incipientes. Irá proporcionar um tempo de avanço razoável e suficientemente grande para avaliar o risco e conceber a melhor resposta, quer ela seja de prevenção, de cobertura (*hedging*) ou de dupla aposta. Geridas de forma agressiva, essas respostas podem gerar um enorme novo crescimento para o negócio.

Contudo, os grandes riscos não aparecem numa altura confiável. Eles podem não estar lá quando a sua empresa precisa de uma grande infusão de novo crescimento. Felizmente, há outros dois novos vectores de crescimento que pode controlar: inovação da procura e a descoberta da próxima grande ideia para o seu negócio.

LITTLE BOX / BIG BOX: INOVAÇÃO DA PROCURA

O primeiro desses vectores, a *inovação da procura*, envolve olhar para os seus clientes e as suas perspectivas de forma diferente. Requer ver não só as suas necessidades funcionais (aos quais os seus produtos actuais respondem) mas também as suas necessidades económicas e outras necessidades de ordem superior, tais como o planeamento, a conveniência, as garantias, a redução de risco (para *eles*), e assim por diante. O *little box* é o seu produto, o *big box* é o racional económico total dos clientes. Servir as necessidades *big box* dos clientes pode multiplicar a dimensão do seu mercado.

A inovação da procura diz respeito a focar a sua criatividade económica no *big box*. Diz respeito a redefinir as ofertas para os clientes de uma forma que expanda o valor que pode oferecer aos seus clientes, ampliar radicalmente o seu mercado e reforçar o seu relacionamento com eles. As empresas que descobriram como praticar a inovação da procura conseguem resistir à ressaca fatal da estagnação e alcançar o crescimento nas vendas e nos lucros mesmo quando as empresas em seu redor se debatem para não perderem terreno.

A inovação da procura pode assumir muitas formas. Inclui dar apoio aos clientes através de serviços como a instalação, a manutenção, o financiamento e a formação; ajudar os clientes a poupar dinheiro reduzindo o desperdício, cortando nos custos e minimizando as ineficiências; tornar a vida dos clientes mais simples e agradável; ajudar os clientes a reduzir os riscos e as incertezas que enfrentam no uso dos seus produtos ou serviços; e, num contexto B2B, ajudar os clientes a fazer crescer o seu próprio negócio encontrando novos clientes, novas fontes de receitas e novas formas de rentabilidade.

O pensamento *little box* / *big box* teve origem em meados da década de 90 no mundo B2B. Empresas como a Continental AG, Air Liquide e outras enfrentavam o risco de estagnação e inventaram novas formas de crescer ao ajudarem os seus clientes a melhorar o seu racional económico. Esta disciplina da inovação da procura disseminou-se desde então, quer no mundo B2B, quer no mundo B2C.

CONTINENTAL AG: A INOVAÇÃO DA PROCURA CAPTA MAIS DO AUTOMÓVEL

O fabricante Alemão de pneus, a Continental AG, enfrentava um crescimento que definhava e lucros que diminuíam durante meados da década de 90. A liderança da empresa decidiu alargar o seu foco, do pneu para sistemas integrados de segurança automóvel, que se estavam a tornar cada vez mais complexos e onerosos graças a inovações em tecnologia de controlo computorizado.

Na década seguinte, a Continental evoluiu de produtor líder de pneus para fornecedor de sistemas inteiros de tecnologia automóvel, expandindo a sua posição na cadeia de valor dos fabricantes de automóveis, de 2-4% do total para uma estimativa de 13-16%. A Continental desenvolveu essas competências através tanto do desenvolvimento interno como de aquisições, adquirindo o fabricante de sistemas de travagem e chassis Teves à ITT (1998), o fabricante de chassis Temic (2001), a unidade de negócio do sensor de roda à Nagano Japan Radio (2003) e cerca de 76% da Phoenix, uma empresa de tecnologia de borracha e plásticos (2004). Mais recentemente (2006), a Continental concordou em adquirir a unidade de negócio da Motorola de electrónica automóvel orientada para a segurança.

A combinação dessas competências permitiu à Continental AG oferecer uma proposta de valor muito diferente aos seus clientes. Considere, por exemplo, a evolução da relação empresarial da Continental com a Mercedes-Benz. Antes de 1997, a Continental fornecia apenas pneus. Durante os muitos anos seguintes, a empresa começou a vender um leque mais alargado de equipamento electrónico relacionado. Em 2005, a empresa tinha-se tornado um dos principais fornecedores de sistemas fundamentais para as linhas da classe M e da classe R da Mercedes, incluindo programas para o controlo electrónico de estabilidade, controlo de tracção, *cruise control* adaptativo, sistemas de travagem, sistemas de suspensão a ar, sistemas de arrefecimento dos motores, sistemas de monitorização do óleo, sistemas de aquecimento, ignições e motores de arranque.

A resposta da Continental à revolução híbrida oferece outro exemplo admirável. Em parceria com a ZF Friedrichshafen AG, a Continental revelou recentemente uma transmissão híbrida que economiza espaço precioso ao integrar o motor eléctrico, a embraiagem, o amortecedor de torção, o volante de massa dupla e os hidráulicos no sistema. Agora, a Continental está a desenvolver um módulo híbrido que inclui um motor eléctrico, a electrónica de potência, o sistema de gestão da energia, os sistemas de travagem e os auxiliares eléctricos. À medida que os híbridos se tornam cada vez mais importantes no mundo automóvel, a perícia técnica da Continental irá ajudá-la a crescer em paralelo.

Graças ao seu processo, com uma década de existência, a ajudar os clientes a resolverem novos tipos de problemas, a Continental desenvolveu um modelo de negócio único e dinâmico. A empresa é agora o único fornecedor da indústria a vender a combinação de pneus, sistemas de travagem e suspensão, sistemas de segurança, sistemas de tecnologia híbrida e interiores. Através da educação pública e da investigação conjunta com as autoridades reguladoras em matéria de segurança, a Continental está a ajudar a convencer os fabricantes de automóveis a incluírem as suas soluções de segurança como atributos padrão nos seus SUV e noutros veículos de gama alta.

Como resultado da sua década de inovação da procura, a Continental tem vindo a superar as empresas concorrentes. Entre 2000 e 2005, o lucro da Continental AG cresceu a 11,5%. Em contraste, a Michelin, a Goodyear, a Bridgestone e a Sumitomo Rubber tiveram taxas de crescimento de 4,9, 6,5, 5,4 e 3,2%, respectivamente, enquanto a Pirelli, na verdade, diminuiu 5,8% anualmente durante o mesmo período.

AIR LIQUIDE: EXPANDIR A OFERTA AOS CLIENTES DE ARTIGOS COMODITIZADOS A SERVIÇOS ÚNICOS

Outras empresas estão a criar novas formas de procura através do desenvolvimento de formas de reduzir o risco *para os seus clientes*, bem como para elas próprias. Considere a Air Liquide, uma empresa francesa com um século de existência, que teve origem enquanto especialista no fornecimento de gases como o oxigénio e o nitrogénio para clientes industriais.

No final da década de 80, o negócio tradicional da Air Liquide era altamente vulnerável à *comoditização*. As margens tinham entrado em colapso e o crescimento era mínimo. Contudo, a liderança da empresa percebeu que o conhecimento técnico que a empresa tinha desenvolvido ao longo de décadas podia ser aproveitado para criar um novo valor único para os seus clientes.

Gases simples aparentemente de baixo risco, como o oxigénio, podem criar um risco grave de incêndio quando concentrados; outros gases, inofensivos por si sós, tornam-se tóxicos quando são misturados. Para gerir estes riscos e cumprir com os regulamentos cada vez mais rigorosos, a Air Liquide tinha desenvolvido sistemas sofisticados de medição e detecção, tecnologias de controlo de qualidade, automação de processos, métodos de tratamento de poluentes e técnicas de planeamento da produção. Muitas destas ferramentas e práticas tinham aplicação directa nos processos com materiais perigosos dos clientes e eram mais sofisticados do que a maioria dos clientes estava a fazer por si mesmo.

Estas ferramentas de gestão do risco tornaram-se na nova fonte de *upside* potencial de negócio da Air Liquide. Com o tempo, a empresa foi capaz de fazer a transição de fornecedor de gases industriais para gestor dos processos químicos mais abrangentes dos seus clientes. Por exemplo, a Texas Instruments (TI), um dos principais fabricantes de *chips*, recorria inicialmente à Air Liquide como simples fornecedor de gases especializados. Nessa altura, a TI fabricava, acondicionava e embalava os seus próprios químicos para uso na produção de *chips*. Interessada em encontrar formas de desinvestir em actividades não--*core*, a TI abordou a Air Liquide para assumir um papel na gestão do seu departamento de Operações Químicas.

As garantias de fiabilidade que a Air Liquide foi capaz de proporcionar ao assumir a gestão dos químicos conferiram liberdade aos gestores da TI para se concentrarem no seu negócio *core*. Em 2004, a TI renovou o seu contrato de longa-duração com a Air Liquide e assinou um novo acordo válido por quinze anos, tornando a Air Liquide o gestor exclusivo dos gases e químicos para uma nova fábrica da TI.

Outro exemplo sobre os novos tipos de procura que a Air Liquide está a inventar pode ser constatado no MicroTechPark em Thalheim, na Alemanha, um grande parque industrial multi-empresa do qual se espera que venha a ser um dos principais centros de produção de células solares na Europa. Em Janeiro de 2006, a Air Liquide acordou em se tornar o fornecedor exclusivo para a MicroTechPark de gases técnicos e especializados necessários para a produção das células solares. A Air Liquide vai também gerir toda a cadeia de valor do gás, fornecendo todos os serviços relacionados com a entrega e o manuseamento do gás. Muito mais do que um mero grossista de produto, a Air Liquide será uma parte integral da gestão do negócio para os seus clientes no MicroTechPark.

A Air Liquide está, inclusivamente, empenhada em projectos conjuntos de investigação e desenvolvimento com os seus clientes – por exemplo, a trabalhar como «projectista molecular» com fabricantes de equipamento electrónico para desenvolver soluções químicas necessárias para o fabrico de *chips*. Um desses projectos conjuntos, com a Aviza Technology, baseada na Califórnia, levou ao desenvolvimento de um processo, de muito alto valor, de deposição a baixas temperaturas para um vapor químico conhecido como SATIN, que está agora a ser comercializado por outros fabricantes. Actualmente, as duas empresas alargaram a sua relação para abranger o desenvolvimento de mais uma dúzia de materiais precursores e processos avançados para o fabrico de *chips*.

Ao inventar e capitalizar com estas oportunidades, a Air Liquide expandiu o seu mercado potencial do gás industrial para vários mercados que são, cada um deles, duas a três vezes maiores. Dado que os serviços cresceram mais rapidamente e têm margens maiores que o negócio tradicional de fornecimento de gás, esta transição ajudou, igualmente, a salvaguardar a Air Liquide das alterações económicas que afectam os seus concorrentes, permitindo à empresa aumentar a sua receita média por contrato e celebrar contratos de maior duração.

Como resultado, a Air Liquide gerou um crescimento médio anual das receitas e dos lucros na ordem de 10%, mais receitas recorrentes, melhorou a sua capacidade de planear para o crescimento futuro e reduziu a volatilidade do valor para o accionista, tudo isto num contexto empresarial mais difícil do que aquele que enfrentava nas décadas de 80 e 90.

PROCTER & GAMBLE: DOMINAR A ANTROPOLOGIA DA PROCURA

Embora a inovação da procura tenha tido origem no mundo B2B, ela tem, desde então, sido estendida ao mundo dos consumidores, e até mesmo a bens de consumo embalados. Algumas das inovações mais interessantes têm chegado da Procter & Gamble.

A P&G sentiu o impacto do risco de estagnação de forma dramática. Em 1999, os analistas de investimento eram da opinião de que havia pouco crescimento no futuro da empresa. Em resposta, o preço das acções caiu quase 50% no decurso de um trimestre (de $54 por acção, ajustada por fraccionamentos, no final de 1990 para apenas $28 no final de Março de 2000). Este declínio levou a uma mudança na gestão, com A.G. Lafley a substituir Dirk Jager como CEO em 2000, e a busca por crescimento foi levada muito a sério.

A empresa já tinha percebido que enfrentava uma potencial crise de crescimento. Em 1998, a empresa tinha lançado o Organization 2005, uma iniciativa global destinada a impulsionar mais rapidamente ideias inovadoras para os mercados mundiais, e alguns resultados preliminares já tinham sido alcançados. Sob a gestão de Lafley, o impulso para a inovação foi acelerado. A empresa quadruplicou a sua equipa de projecto e, pela primeira vez, começou a contratar especialistas de desenvolvimento de produto que tinham trabalhado noutras empresas e até mesmo noutras indústrias.

Durante os últimos anos, a P&G desceu ao nível da rua na sua busca por fontes inovadoras de crescimento – literalmente a arregaçar as mangas. A empresa desceu do plano alto do *marketing* e da construção da marca, da comunicação dos benefícios e da publicidade na TV até aos espaços onde o produto e o consumidor se debatem diariamente contra a sujidade: a lavandaria, o armário das vassouras, a sala de estar com tapete.

Tal como a Continental AG vive dentro do mundo dos seus clientes (o estúdio de projecto de automóveis e a linha de montagem da fábrica de automóveis), a P&G começou a viver no mundo dos seus clientes. As pessoas da P&G e os seus consultores passam semanas com os clientes nas suas casas, a observá-los a tratar da roupa, a esfregar o chão, a limpar as bancadas – a estudar o comportamento humano em relação a tarefas domésticas de rotina da mesma forma que os antropólogos estudam os costumes tribais em aldeias remotas.

Eles estão a fazer com o consumidor o equivalente à busca da Air Liquide e da Continental por pontos de tensão no processo do cliente. Eles observam o que acontece realmente, desenham a forma como o processo funciona hoje e colocam uma série de questões simples: O que há de errado com esta perspectiva? Onde estão as ineficiências? Onde está o atrito? O que não funciona? E depois descobrem como mudar essa perspectiva. Como fazer com que as coisas funcionem para os seus clientes – e como pode a P&G ganhar dinheiro nesse processo?

O Swiffer, a ferramenta de limpeza, é o exemplo típico. O Swiffer é um esfregão com um acessório de pano destacável que contém um solvente e uma carga electrostática para limpar a sujidade com uma eficácia maravilhosa. Quando o pano fica cheio, basta retirá-lo e colocar um novo. Rápido, limpo, eficaz.

A mitologia corporativa da P&G identifica a manhã de 15 de Fevereiro de 1995 como o dia em que o Swiffer nasceu – não num laboratório de I&D da empresa ou num *workshop* de *marketing*, mas na cozinha de uma idosa de Boston que estava a ser entrevistada por um consultor da P&G sobre a forma como ela limpava os seus pavimentos. Diz a lenda que, a meio da entrevista, enquanto a mulher enunciava os atributos atractivos do seu aspirador favorito, ela avistou alguns grãos de café caídos no chão. Sem sequer parar, ela colocou o aspirador de lado, pegou numa vassoura e numa pá que estavam num armário próximo, e usou-os para varrer os grãos.

Esse encontro de trinta segundos assombrou o consultor, um especialista em projecto de uma empresa chamada Continuum, Inc., que tinha sido contratado pela P&G para estudar o comportamento humano em relação à limpeza do chão. As acções da mulher revelaram muito mais do que as suas palavras. Ela adorava o seu aspirador – mas quando surgiu uma pequena necessidade momentânea de limpeza do chão, ela simplesmente abdicou da máquina por uma alternativa mais simples, rápida e fácil. Ela encontrou essa alternativa no conjunto, tradicional, abangunçado de vassoura e pá.

Sem sequer se aperceber, essa mulher tinha um problema. Como também outros milhões de homens e mulheres, para quem arrastar por todo o lado um aspirador pesado, desembaraçar o fio eléctrico e ligá-lo e desligá-lo dava simplesmente demasiado trabalho quando era necessário limpar pequenos derrames. Certamente que a P&G, com todo o seu conhecimento sobre limpeza, conseguia oferecer algo melhor.

Reconhecer o problema foi um avanço muito importante, e um progresso enorme. Resolver o problema era outro. O desenho final do Swiffer foi o resultado de muitos ensaios, experiências e modificações. Depois de várias tentativas e erros, cada repetição aproximava-se da meta da satisfação do cliente. O resultado final foi um esfregão prático de limpeza que utiliza uma carga electrostática para atrair o pó e as pequenas partículas de sujidade – precisamente o tipo de tarefa para a qual os clientes detestam arrastar o aspirador. E os clientes *estavam* encantados. O Swiffer era mais fácil, mais prático, menos desarrumado

– tudo o que se podia pedir, e ainda mais. O produto foi lançado em 1999, precisamente quando as acções da P&G estavam a resvalar. Em 2004, o Swiffer tinha alcançado $500 milhões em vendas.

Mais importante, o Swiffer representa uma grande mudança no modelo de negócio da P&G, de um jogo de «compre-um-produto» para um jogo de «gilete-e-lâminas». O esfregão Swiffer é a gilete, os panos que apanham a sujidade e precisam de ser substituídos periodicamente são as lâminas – um modelo de rentabilidade deliciosamente diferente do jogo tradicional de bens de consumo embalados.

Hoje, a marca Swiffer continua ainda a crescer rapidamente. Efectuaram-se sete grandes extensões da marca, e a mais recente foi a Swiffer CarpetFlick, um novo tipo de esfregão concebido para rápida e facilmente apanhar as pequenas sujidades dos 75% dos pavimentos norte--americanos que são alcatifados. Tal como com o Swiffer original, a ideia teve origem na investigação – neste caso, a constatação de que três em cada quatro vezes as pessoas que utilizam o aspirador o usam para limpar um pequeno pedaço de terra ou folhas ou recortes de um canto dos seus tapetes. O Swiffer é agora um produto de $1 mil milhões – o resultado inicial da medida da P&G dentro da bolha de realidade do cliente.

O Swiffer foi apenas o começo. A P&G está a desenvolver um repertório completo de medidas para novos crescimentos que começam com os problemas descobertos dentro da realidade dos clientes e que são trabalhados a partir daí para criar uma nova oferta e um novo modelo de negócio para providenciar essa resposta de forma rentável.

Outra medida no repertório, crescente, foi questionar: «Existem coisas que os profissionais façam para os consumidores que os consumidores poderiam fazer por si próprios?» Crest Whitestrips foi um dos resultados – uma linha de produtos concebida para suplementar ou mesmo substituir os serviços profissionais de branqueamento de dentes prestados tradicionalmente por dentistas num procedimento caro e inconveniente no consultório. O sistema Whitestrips, lançado em Maio de 2001, e agora disponível em seis estilos, é vendido a um preço médio de $29,95 – muito menos dispendioso do que uma visita ao dentista, mas uma parte grande das receitas para uma empresa cujos preços tradicionais de retalho estavam bem abaixo dos $10. E duas versões – Whitestrips Professional e Whitestrips Supreme – estão disponíveis apenas através dos consultórios dos dentistas, ajudando a aliviar a sensação de concorrência que poderia de outra forma incentivar os profissionais a desencorajarem os seus clientes a experimentar o produto da P&G.

Estas medidas foram tomadas no contexto de uma estratégia mais ampla de crescimento, uma estratégia que cria um foco intenso em três elementos:

- Grandes marcas
- Grandes geografias
- Grandes clientes retalhistas

A combinação dessas medidas começou a alterar o ponto de vista dos analistas. As acções da P&G começaram a recuperar, alcançando $54 por acção em meados de 2004. Foi uma recuperação excelente. Da perspectiva dos investidores, todavia, todos estes movimentos no preço estavam apenas a recuperar o terreno perdido. Em 2004, a P&G tinha conseguido regressar ao ponto onde estava em 1999 – de facto um trabalho à semelhança de Sísifo.

Actualmente, a P&G continua a seguir esta trajectória de novo crescimento. A empresa lançou alguns dos projectos de investigação mais ambiciosos do mundo sobre a antropologia do consumidor. Entre eles, o programa de 2001 no qual equipas de filmagem foram enviadas até oitenta casas em todo o mundo para filmar as famílias a executarem as suas rotinas quotidianas durante um período de quatro dias. O resultado: uma base de dados vídeo pesquisável que os especialistas da P&G agora utilizam para analisar os diferentes usos e hábitos dos consumidores da África subsaariana à Índia, à Alemanha, ao Centro-Oeste americano.

Desde então, os recursos dedicados pela P&G à antropologia dos consumidores continuam a crescer. Os 4000 estudos sobre os consumidores realizados pela empresa em 2001 aumentaram para mais de 10 000 em 2006, com um custo de mais de $200 milhões. E os resultados do crescimento são impressionantes. No período 2003-2005, as receitas da empresa cresceram a uma taxa anual composta de 12%, quando era de 4% apenas há cinco anos atrás. Talvez ainda mais impressionante, a percentagem de novos produtos a atingir os objectivos de vendas aumentou para mais de 70% em 2006 – mais do que duplicou a taxa em 2000.

As medidas da P&G (viver no mundo dos clientes, colocar serviços profissionais nas mãos dos consumidores) são parte de um repertório mais amplo de medidas para o novo crescimento. A inovação da procura, oriunda do mundo B2B, já passou para o mundo B2C com um repertório rico de medidas disponíveis, desde a produção de soluções integradas à ressegmentação do mercado para criar novos momentos, espaços e propósitos de compras. (Ver figura 7-1 para uma colecção dessas medidas.)

Medidas como estas permitem às empresas redefinir fundamentalmente as suas fronteiras de crescimento e evitar o risco de estagnação por mais alguns anos.

FIGURA 7-1
Inovação da procura – um reportório de medidas para o crescimento

Medida	Definição	Exemplo de Empresa
Soluções integradas	Expandir a definição de produto para incluir outras ofertas relevantes e assim reduzir o custo ou a complexidade da compra para o cliente	**Lunchables Lunch Combinations** (menu de sanduíche ou outro prato principal com uma bebida e uma sobremesa)
Transitar de ofertas de produtos para ofertas de sistemas	Transformar o produto no centro de um sistema pré-integrado de resolução de problemas que oferece maior valor ao cliente	**Bose Home Theater** (um sistema de som pré-fabricado que ajuda (facilita) os clientes a criar um *home theater* instantâneo com o seu próprio aparelho de TV)
Alterar a definição de comprador	Utilizar competências, conhecimento ou relações obtidas a servir os consumidores para focar em oportunidades com outros negócios	**Fidelity** (utiliza a sua experiência em *marketing* do investimento obtido a partir de interacções com os consumidores para servir um novo mercado de administradores corporativos de planos 401(k)[36] e outros gestores profissionais de investimento)

---

[36] **N.T.** Os planos 401(k) fazem parte de um grupo de planos de previdência. O nome deve-se aos números da secção e do parágrafo no código tributário federal: secção 401, parágrafo (k).

Medida	Definição	Exemplo de Empresa
Reengenharia do processo do cliente	Redesenhar o processo de selecção, aquisição, uso, reciclagem e recompra do produto para torná-lo mais conveniente, mais agradável ou mais acessível	**Netflix** (permite aos admiradores de filmes escolher entre milhares de DVD disponíveis *online*, e receber e devolver os DVD através de simples correio com portes pagos)
Transitar do profissional para o consumidor faça--você-mesmo	Permitir que os consumidores economizem tempo, dinheiro e energia, ajudando-os a executar serviços que antes exigiam a orientação ou ajuda de um profissional	**Crest Whitestrips** (permite que os consumidores branqueiem os dentes de forma segura e conveniente em casa ao invés de visitar um dentista para serviços profissionais)
Ressegmentar para novas ocasiões de aquisição	Redefinir o tempo, o local e a finalidade convencionais das aquisições para ir de encontro a necessidades desatendidas	**Enterprise Rent-A-Car** (deslocou o aluguer de automóveis dos balcões no aeroporto para locais na baixa da cidade para situações ocasionais, viagens fora da cidade ou substituições de veículos durante o serviço)
Extensão da marca ao estilo de vida	Converter a marca na base do estilo de vida do cliente no qual uma série de actividades e aquisições podem ser centralizadas	**Harley-Davidson** (cuja Harley Owners Group – HOG – transforma a propriedade de um motociclo na peça central de um estilo de vida que celebra a liberdade da estrada aberta)
Serviços de suporte ou licenciados	Suplementar ofertas de produtos com serviços que tornam o produto mais útil, produtivo, conveniente ou divertido	**GM OnStar** (que providencia aos proprietários de veículos da GM, e a outros veículos, atributos *online* de segurança e serviço que tornam a condução mais segura e agradável)

Medida	Definição	Exemplo de Empresa
Avançar para jusante	Expandir a base de clientes prestando serviços a clientes dos clientes	**John Deere Landscapes** (que presta serviços de paisagismo e financiamento aos clientes habituais das empresas que utilizam equipamentos da John Deere)
Inverter a pirâmide	Providenciar uma oferta personalizada mas de baixo custo a clientes de rendimentos baixos e médios	**Old Navy** (oferece roupa a preços mais baixos para um mercado mais amplo que a Gap ou a Banana Republic enquanto tira vantagem das sinergias de infra-estrutura com aquelas marcas de gama mais elevada)
Apoiar e servir a base instalada	Utilizar *hardware* instalado para acompanhamento rentável das vendas de consumíveis	**Swiffer** (ferramenta de limpeza de pavimentos da Procter & Gamble, cujas bases electrostáticas devem ser substituídas periodicamente)
Canalizar parceiros de negócio	Fornecer bens ou serviços aos clientes para tornar o negócio mais fácil ou mais lucrativo para as empresas que distribuem os seus produtos	**Clarke American** (que providencia um conjunto crescente de serviços administrativos e de *marketing* a bancos cujos clientes adquirem cheques impressos pela Clarke American)

O repertório da Figura 7-1 é apenas uma sugestão. Muitas empresas têm-no utilizado como um ponto de partida, aplicaram algumas medidas listadas e depois desenvolveram outras medidas únicas para a sua própria situação de negócio. Até que ponto a sua empresa poderia alargar este repertório, se assim o quisesses?

A PRÓXIMA GRANDE IDEIA

O segundo principal vector para além da inovação da procura é criar ou descobrir apenas uma grande ideia para o seu negócio. Por vezes uma grande ideia pode suportar uma década de novo crescimento. O pensamento *little box / big box* pode ser ampliado para incluir o «*bigger box*» [37] de uma ideia que abre um grande novo mercado adjacente ao seu espaço actual com potencial de crescimento equivalente a vários anos.

IKEA: do mobiliário para as casas para as próprias casas

Fundada na Suécia em 1943, a IKEA era uma pequena loja que vendia artigos como canetas, carteiras, toalhas de mesa e até mesmo meias de *nylon*. Em 1947, o mobiliário foi acrescentado ao reportório de produtos. Desde então, a empresa não tem tido problema algum com o crescimento. A empresa expandiu-se para 231 lojas em 33 países, emprega 90 000 trabalhadores e facturou em 2005 mais de $17,7 mil milhões, um aumento de 15% face ao ano anterior (em cima do aumento de 24% do ano anterior). Além do mais, há uma abundância de locais em todo o mundo disponíveis para vender aos clientes mobiliário com estilo, bem concebido e de custo ultra baixo. A IKEA ainda não chegou à maioria desses lugares. Ainda mal começou.

Não obstante, se fizer a simples aritmética de um negócio locacional, pode calcular quando irá contra a parede do crescimento. Para algumas empresas, tal como a IKEA, esse número é de quinze anos no futuro; para outros, tal como a Southwest Airlines, está à distância de cinco a sete anos. O momento para confrontar o risco de estagnação não é quando vai de encontro à parede do crescimento, mas alguns anos antes desse momento. A IKEA está muito à frente do tempo.

Em 1997, a IKEA construiu a sua primeira casa BoKlok na Suécia. (O nome significa «Vive de forma Inteligente.») Era uma casa pré-fabricada produzida através de uma parceria com uma empresa de construção chamada de Skanska. Era simples, acessível e tinha uma boa concepção.

---

[37] **N.T.** A "caixa" ainda maior.

Um Boklok duplex no Reino Unido traz o modelo de negócio único da IKEA para o enorme mercado de casas novas.

Os clientes adoravam a casa. Desde então, a IKEA tem expandido a sua actividade de construção de casas para várias partes da Escandinávia, vendendo casas de dimensões modestas mas sem paredes, arejadas e atractivas, pelo equivalente a $45.000. Agora está a esforçar-se muito por entrar no Reino Unido, onde as casas BoKlok se vendem a um preço que começa em cerca de £70.000. Tal significa que as casas estão ao alcance daqueles que compram uma casa pela primeira vez e que ganham entre £12.500 e £30.000. A IKEA adoça o negócio oferecendo £500 em cheques-presente para ajudar os compradores a mobilarem o seu novo alojamento.

A aceitação dos clientes é grande – cerca de 2500 BoKlok pré-fabricados foram vendidos. Quando um novo empreendimento de 60 BoKloks abriu fora de Oslo, as unidades foram vendidas em 45 minutos. E as casas da IKEA que têm cinco a seis anos de idade mostram que, à medida que a construção continua, estão a comportar-se muito bem. Elas aguentam-se tão bem quanto as casas construídas de forma convencional. A satisfação dos clientes é grande, e a força do passa-a-palavra está a começar a fazer o seu trabalho.

Nem todos são clientes do mobiliário da IKEA; nem todos serão clientes de uma casa IKEA. Não obstante, apenas para colocar em perspectiva, o mercado de mobiliário doméstico nos EUA vale $30 mil milhões. A indústria de construção de casas vale *$1 bilião*. Existe muito espaço para o crescimento futuro.

DoCoMo: o telefone como guardião universal

A NTT DoCoMo é uma empresa Japonesa com catorze anos que beneficiou de uma temporada fenomenal de sucesso como a pioneira mundial nos serviços móveis de telefone. Pressionada e incentivada pelo seu vice-presidente sénior, Takeshi Natsuno, com educação norte--americana (e presunção norte-americana), a DoCoMo (uma subsidiária da NTT, a companhia telefónica nacional japonesa) lançou o seu famoso serviço i-mode em 1999. O i-mode expandiu os usos dos telemóveis para incluir o acesso à Internet, a cotações de acções, a jogos de vídeo, a mensagens de texto e para albergar um conjunto de outras ofertas calculadas para apelar à «geração do polegar» tecnologicamente esclarecida e que adora *gadgets*. O modelo de negócio era simples: empresas de fora forneciam o conteúdo, cobravam comissões aos utilizadores através das suas facturas mensais de telefone e pagavam à DoCoMo uma taxa de acesso de 9%.

O i-mode foi um sucesso enorme e imediato. Dezenas de milhões de pessoas subscreveram o serviço, as vendas, os lucros e a capitalização bolsista da DoCoMo aumentaram exponencialmente e os especialistas em tecnologia proclamaram o i-mode como a onda do futuro em tecnologia sem fios. No entanto, actualmente, o crescimento da DoCoMo abrandou. A empresa é ainda enorme, com uma capitalização bolsista de mais de $80 mil milhões e 49 milhões de clientes japoneses, que representam mais de metade do mercado. Os novos negócios, como os toques de telemóvel que podem ser descarregados, continuam a expandir. Contudo, com o mercado a atingir a saturação, as empresas rivais a impulsionarem os preços para baixo e a invasão prevista para a Europa aparentemente adiada (com a DoCoMo a controlar apenas 4 milhões de 500 mil milhões de potenciais contas de clientes), a empresa sofreu em 2005 uma queda das receitas pela primeira vez na sua história.

Para reverter a tendência, Natsuno está a apostar numa grande ideia – um telemóvel da próxima geração que funcione como o equivalente de um cartão de crédito, dinheiro, identificação pessoal, chaves e uma câmara, bem como um dispositivo de comunicação digital. Se Natsuno conseguir alcançar o seu objectivo, os clientes Japoneses vão em breve usar os seus telefones para fazer funcionar equipamentos, comprar bilhetes de cinema e de metropolitano, pagar pelo combustível e pelas compras de supermercado, usar máquinas automáticas e até mesmo abrir as portas de casa. «Tudo aquilo que está na mala de uma mulher ou na carteira de um homem deve passar para o telefone», declarou ele.

As peças do quebra-cabeças já estão no lugar. A primeira versão do novo telefone, lançado em Julho de 2004, actua como um cartão de débito e pode armazenar até cerca de $450 em dinheiro. No início de 2006, tornou-se possível apanhar comboios suburbanos em Tóquio agitando o telefone perto de um sensor no torniquete. Em Abril de 2006, a DoCoMo adquiriu uma participação de 34% numa empresa Japonesa líder de cartões de crédito com a esperança de oferecer um serviço, em grande escala, de cartão de crédito baseado no telefone até 2007.

A ideia de Natsuno não é uma coisa garantida. Os clientes Japoneses não são tão afoitos do crédito como os norte-americanos, e têm a tendência de pagar todos os meses as suas dívidas por completo, o que reduz o fluxo de receitas potenciais através da cobrança de juros e comissões. Contudo, o risco de não fazer nada pode ser maior. «Temos que alargar o nosso campo de batalha», afirma Natsuno. E Kiyoyuki Tsujimura, o director geral do departamento de produtos e serviços da DoCoMo, acrescenta: «Se não mudarmos, não vamos sobreviver.»

O seu sonho: que milhões de clientes japoneses gostem da ideia de poder sair de casa todas as manhãs levando apenas os seus telemóveis. Em 2008 saberemos se esse sonho é susceptível de se tornar realidade.

Nike: transformar a boa condição física em algo emocionante

Desde 2006, a Nike está longe de ter um problema de crescimento. Tem um enorme espaço de crescimento internacional. A China é, já, um grande negócio, mas está apenas a começar a sua trajectória de crescimento; a Índia está ainda mais abaixo na curva do crescimento elevado. A diferença financeira é sugestiva: a despesa *per capita* em calçado desportivo nos EUA é de $56, mas na Índia a despesa comparável é de 16 cêntimos. Embora as economias em desenvolvimento não venham a atingir em breve o índice de saturação dos EUA em calçado desportivo de marca, existe ainda imenso espaço para o crescimento antes desse objectivo estar sequer à vista.

A Nike tem também muito espaço para crescer nos EUA, à medida que transita de uma marca (Nike) para uma carteira de marcas (Nike, Starters, Converse, Cole-Haan, Bauer, Hurley). Daqui a dez anos, a Nike será uma empresa de carteira ([38]) como a Unilever, a Nestlé, a Johnson & Johnson ou a P&G, e será duas a três vezes maior do que é hoje.

Com a parede do crescimento da Nike a uma década de distância, *agora* é o momento perfeito para a empresa surgir com a sua próxima grande ideia (ou duas).

Uma grande ideia potencial que já está a chegar ao mercado baseia-se no facto de a maior fonte inexplorada de crescimento da Nike continuar a ser o mercado *core* do calçado desportivo. Metade do mercado de calçado desportivo está a preços abaixo de $49 – território novo no que diz respeito à Nike, até agora.

A empresa está também à procura de grandes ideias de crescimento com mais visão de futuro. Essa é a tarefa de John R. Hoke III, o chefe de projecto da Nike. Hoke persegue a inspiração de formas pouco ortodoxas. Ele pode decidir levar a sua equipa à exposição mobiliária de Milão, ou ao salão automóvel de Detroit, ou ao Jardim Zoológico de San Diego – para observarem pés. A equipa teve várias ideias que têm o potencial de impulsionar durante muitos anos o crescimento da Nike.

Hoke é também apaixonado pela ideia – ou, para ele, o *imperativo* – do projecto sustentável. Ele pressiona os seus projectistas a criar um novo modelo de calçado que use menos energia, produza menos resíduos e empregue menos (ou *nenhuma*) cola, plásticos ou adesivos – todos os quais geram poluição do ar e da água, colocam em risco a saúde dos trabalhadores e criam problemas com a eliminação de resíduos mais a jusante. Hoke reconhece o quanto isso vai ser difícil, mas não se importa: «Vamos desafiar-nos a nós próprios a reflectir de uma maneira um pouco diferente sobre a forma como criamos os produtos.» Reflectir

---

([38]) **N.T.** O termo original é *portfolio company*. É um termo para se referir a uma empresa ou entidade na qual uma empresa de capital de risco, uma empresa de gestão das participações ou um outro fundo de investimento investe.

de maneira diferente significa usar a geometria em vez da química, os materiais naturais em vez de materiais sintéticos. Em vez da cola, por exemplo, o calçado «sustentável» de Hoke usará sistemas de encaixe e fecho reforçados com costuras de algodão; em vez de forro de espuma, irá conter enchimentos feitos de fibras de bambu renováveis.

Um calçado sustentável que funcione realmente pode estar a meses, ou anos, de distância. Isso confronta a Nike com um novo e altamente desafiador quebra-cabeças tridimensional, não diferente do quebra-cabeças híbrido que a Toyota por fim resolveu. Todavia, se, e quando, o calçado sem cola e renovável se tornar realidade, ele irá proporcionar não só sustentabilidade mas também mais do que o equivalente a uma década de crescimento para o seu criador.

E existe, ainda, uma outra grande ideia potencial que a Nike – e talvez *apenas* a Nike – está em posição de tornar realidade. É uma ideia construída à volta da intersecção das capacidades corporativas inexploradas, das necessidades sociais desatendidas e de um mercado ainda subdesenvolvido. Vamos ver como pode tomar forma nos próximos cinco anos olhando para um pouco de história artificial – desta vez a olhar para a *frente*, e não para trás, para um futuro de inovação da procura que a Nike pode simplesmente decidir criar.

Quando foi lançado no final de 2007, o programa de desporto e condição física «Kids Just Do It»[39] da Nike para os jovens foi aclamado como o progresso comercial do ano. Contudo, a abrangência total do seu impacto não seria perceptível durante vários anos. Actualmente, da perspectiva de 2012, podemos ver como o programa Kids Just Do It impulsionou um crescimento sem precedentes para a Nike entre o grupo das pessoas abaixo dos doze anos de idade – bem como desempenha um papel positivo na busca contínua para promover a boa condição física dos jovens. Contudo, estamos a adiantar-nos à nossa história...

O programa Kids Just Do It teve a sua origem numa série de programas pré-existentes da Nike. Em 2006, a empresa já estava significativamente envolvida na promoção dos desportos para jovens como forma de alcançar novos mercados. Por exemplo, a empresa tinha feito incursões no mercado

---

[39] **N.T.** A tradução literal é "Os jovens fazem-no simplesmente".

chinês para equipamento desportivo em parte através do seu patrocínio de campeonatos de basquetebol para jovens. Através do trabalho com as comunidades e as escolas para inscrever participantes e encontrar disponibilidade para campos de basquetebol, a empresa tinha criado parcerias locais em todo o país e tornou-se conhecida como apoiante de actividades positivas para os jovens.

A Nike tinha estado, também, a desenvolver conhecimento tecnológico único na área dos desportos e da condição física através da sua parceria com a Apple – a contraparte electrónica da empresa como o criador de produtos que exalam a «emocionante». As duas empresas trabalharam em conjunto para criar um calçado desportivo ligado a um iPod com a capacidade de monitorizar o nível individual de actividade – minutos de exercício, distância percorrida e coisas assim – e de providenciar actualizações periódicas ao atleta através de notícias no ecrã do iPod.

O programa Kids Just Do It (KJDI) combinou e apoiou-se nessas ideias para levar a promoção da condição física entre os jovens a um patamar mais elevado. A Nike começou a patrocinar campeonatos jovens no futebol, no basquetebol, na corrida a corta-mato e em outros desportos ao nível das escolas primárias, preparatórias e secundárias nos Estados Unidos da América – inicialmente em municípios seleccionados, e por fim onde quer que existisse procura a níveis pré-fixados de participação fossem atingidos.

Modelado com base nos programas de desporto da Nike ao nível das universidades, estes patrocínios providenciavam à empresa uma forma, eficiente nos custos, de criar ligações com milhares de treinados e professores locais e, através deles, com milhares de jovens atletas. A grande maioria dos jovens e dos seus pais estavam dispostos a cumprir a sua parte do acordo, de igual forma, comprando calçado personalizado da Nike desenhado especialmente para determinados desportos e equipados com sensores electrónicos e ligações a iPods concebidos pela Apple. «Olha, eu ia comprar *sneakers* e um iPod de qualquer forma», afirmava a maioria. «Porque não hei-de comprar o meu equipamento à Nike?»

No entanto, o verdadeiro entusiasmo do programa só se tornou evidente depois de os jovens começarem a usar o novo equipamento. Naturalmente, os iPods Nike especiais forneciam as melodias personalizadas para os seus exercícios e sessões de prática desportiva. Todavia, eles faziam também muito mais. Os jovens podiam descarregar e pôr a tocar *podcasts* exclusivos de atletas patrocinados pela Nike a oferecer conselhos únicos sobre desporto e a boa condição física ou simplesmente a falar sobre os seus momentos favoritos de carreira – LeBron James sobre o basquetebol, Ronaldinho sobre o futebol, Christin Wurth-Thomas sobre o atletismo. Os iPods monitorizavam, igualmente, o desempenho dos estudantes atletas, faziam o *upload* de dados para uma base de dados da empresa, e destacavam algumas das melhores realizações desportivas num *website* dedicado da Nike. Os jovens podiam entrar na sua página local e ler sobre si próprios: «Kelly Asher da Escola Secundária de Irvington alcança a sua melhor marca pessoal na corrida de 1000 metros pelo terceiro mês consecutivo.» Inúmeras cópias impressas foram colocadas nos álbuns de família e publicadas nas páginas desportivas de jornais locais e das escolas.

O melhor de tudo, quando os estudantes atletas se esforçavam por alcançar objectivos extraordinários, a recompensa incluía o reconhecimento por parte de membros da lista da Nike, sem igual, de referências atléticas de renome mundial. Quando Carlos Reys de Petaluma, com dezasseis anos de idade, completou a sua primeira corrida de maratona por caridade – envergando o seu equipamento de corrida KJDI, obviamente – a sua caixa de correio, uma semana mais tarde, continha um boné e uma *t-shirt* da Nike autografada por LeBron James. (James era a estrela que Carlos tinha seleccionado como o seu ídolo pessoal no *website* KJDI.) Imagine o olhar de admiração que Carlos recebeu dos seus colegas de escola no dia seguinte – e a corrida a novas inscrições no programa KJDI.

De repente, ao que parece, ficar e continuar em boa condição física estava a tornar-se emocionante – não apenas entre alguns poucos desportistas mas entre uma vaga alargada e crescente de jovens norte-americanos. Os professores, treinadores e funcionários de saúde pública, de cidade em cidade, ofereciam apoio público ao KJDI. Era possível ouvir os pais a comentar, «Graças a Deus por este programa – é a primeira vez há vários anos que o meu filho está mais interessado em sair para a rua ou para o pátio do que ficar sentado à frente da televisão.» E à medida que o KJDI crescia – impulsionando um crescimento recorde de vendas, quer para a Nike, quer para o iPod – as estatísticas nacionais de obesidade nos jovens começou a diminuir pela primeira vez em décadas.

Irá esta história artificial tornar-se alguma vez verdade? Veremos. Contudo, é o tipo de futuro em que os modeladores do risco na Nike podem estar a pensar neste momento.

Nesta altura deve estar a questionar-se: «Como é que faço para chegar a esta grande ideia?» Não existe um processo de raciocínio mental infalível para forçar as grandes ideias a aparecerem. Não obstante, eis algumas questões que o podem ajudar.

- Onde está o grande estrangulamento no sistema – o seu sistema ou o sistema do seu cliente? Onde é que você ou os seus clientes emperram e ficam frustrados repetidamente? Uma maneira simples para desobstruir esse estrangulamento poderia ser a sua próxima grande ideia, e potencialmente o seu próximo negócio de milhares de milhões de dólares.
- Onde está o grande desperdício – seja nas operações da sua empresa ou na vida do seu cliente? Como é que você ou os seus clientes estão a despender dinheiro, tempo e energia desnecessariamente, criando poluição ou desperdício desnecessários, ou a acumular coisas que realmente não querem?
- Qual é a grande vantagem que tem que ainda não está a funcionar plenamente? Pode ser um conjunto de talentos que os seus empregados têm, uma base de informação ou de conhecimento que não explorou, uma vantagem reputacional que ainda não capitalizou, ou uma forma de controlo estratégico que não alavancou.

E eis uma sugestão que o pode ajudar, inspirado não a partir do mundo empresarial mas a partir da literatura. O poeta e crítico T.S. Eliot comentou certa vez que enquanto o escritor medíocre espera que a inspiração chegue até ele antes de levar a caneta ao papel, o grande escritor está sempre constantemente a escrever sobre tudo no mundo, de modo que quando a inspiração *chega* até ele, ele está pronto a corresponder. Da mesma forma, a empresa que esteja constantemente a gerar, a testar e a descartar ideias de novos negócios estará em melhor posição do que os seus concorrentes mais desprevenidos para encontrar, reconhecer e capitalizar com a nova grande ideia quando ela chegar.

Dispender tempo a procurar a próxima grande ideia é a melhor forma de transformar a perspectiva deprimente de um ambiente empresarial sem crescimento numa experiência de rejuvenescimento de um mundo repleto de novas oportunidades. E, geralmente, não existe nenhum obstáculo a que comece a praticá-la hoje.

REDUZA OS RISCOS (*DE-RISK*) DO SEU NEGÓCIO

Os sinais de alerta precoce sobre o abrandamento do crescimento começam a assombrar a sua empresa? Eis uma série de questões que podem ajudá-lo a reconhecer o problema e a lidar com ele.

1. A estagnação é mesmo um risco que a sua empresa enfrenta? Se é o caso, qual é a verdadeira probabilidade de a estagnação o atingir, qual é o prazo provável para isso acontecer, e qual é o impacto potencial, especialmente no que diz respeito ao talento de topo?
2. Tem um sistema de gestão dos riscos concebido para ajudar o seu negócio a evitar os principais golpes ou a reduzir o seu impacto?
3. Quais dos principais riscos que descobriu representam uma boa matéria-prima para uma oportunidade de novo crescimento?
4. Quais são as suas principais oportunidades para a inovação da procura? Existem pessoas suficientes na sua organização que compreendam e se preocupem com isso para que seja bem sucedida?
5. Quanto tempo investiu no último ano para a busca da próxima grande ideia?

CAPÍTULO OITO

Ilha do Tesouro

Reverter riscos para crescer

Os gestores na Toyota gostam de afirmar que os «problemas são tesouros». Se isso é verdade, então os grandes riscos são tesouros enormes.

Recorde todos os exemplos das principais empresas que temos discutido até agora. Cada uma delas enfrentou uma força negativa que chegava a grande velocidade. Cada uma delas reverteu essa força para evitar danos e para criar um avanço importante no crescimento. Os resultados representam a recompensa de um processo eficaz de gestão dos riscos. Estas páginas finais foram concebidas para lhe providenciar um processo metódico para criar um crescimento rentável a partir dos seus próprios desafios de riscos.

FIGURA 8-1
Reversões de riscos

Empresa	Tipo de risco	Avanço importante no crescimento
Toyota	Risco de projecto	Uma década ou mais de crescimento para a frota híbrida
Apple	Risco de projecto	Cinco anos de forte crescimento, e ainda a continuar; principais portas abertas para o vídeo, alianças com Hollywood, descodificadores para televisão, telefones
Coach	Risco de cliente	Desde 1996, uma década de crescimento de dois dígitos
Tsutaya	Risco de cliente	Irá crescer de 1300 para 3000 lojas; outra década de crescimento e portas abertas para múltiplas parcerias
Microsoft	Risco de transição	Uma nova vaga de crescimento de 1996 a 2002
Target	Risco de concorrente único	Uma década de crescimento das receitas e dos lucros, e ainda a continuar
Samsung	Risco da marca	Uma década de crescimento desde 1997
Airbus	Risco de indústria	Três décadas de crescimento e inovação
Continental AG	Risco de estagnação	Aumento nítido de crescimento depois de 1997
P&G	Risco de estagnação	Aumento nítido de crescimento depois de 1997

ESCREVER A SUA HISTÓRIA DE RISCO

Comece por observar de perto o seu negócio em termos da sua actual história de risco. É uma tarefa desafiante, equivalente a várias exibições do espectáculo pessoal de horror da sua empresa, contendo cenas com todos os cenários mais assustadores que pode imaginar.

Naturalmente, o risco não se trata apenas de um potencial *Armaggedon*. Não pense nas sete variedades de risco estratégico em termos de preto-e-branco. Cada um deles existe num espectro, desde o mais extremo ao menos extremo – tal como o risco de um terramoto pode variar de um terramoto devastador que mede 8,0 na escala de Richter (que pode destruir comunidades inteiras e causar centenas de mortes, como aconteceu em San Francisco em 1906) até um abalo leve com uma classificação de 5,0 ou menos na escala de Richter (que pode simplesmente estilhaçar janelas e abrir fendas nas paredes dos prédios próximos do epicentro do terramoto).

Por exemplo, o risco de aperto económico da indústria pode ser extremo, caso em que toda uma indústria pode ser transformada numa zona de não-lucro, como aconteceu na indústria aérea durante os últimos vinte anos. Ou pode ser mais leve, como quando uma indústria sofre erosão das margens de lucro devido a custos crescentes de I&D (como no desenvolvimento da indústria farmacêutica) ou a custos crescentes de capital (como nos semicondutores). Pode reflectir sobre os riscos que enfrenta ao longo de todo este espectro, com a gravidade dos riscos a exigir níveis diferentes de resposta e preparação. (Veja a ilustração na Figura 8-2 para mais detalhes sobre o espectro do risco.)

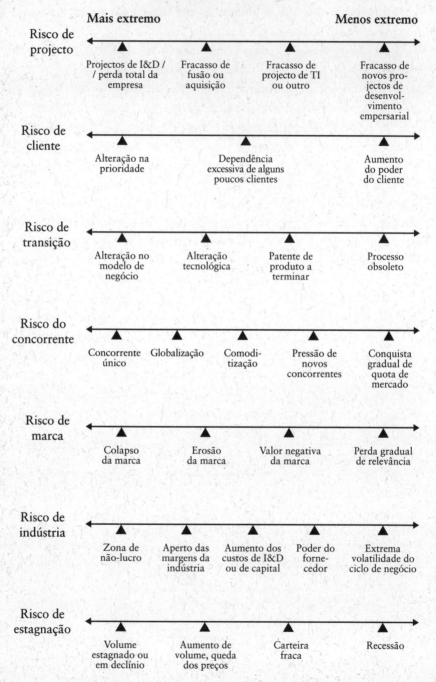

FIGURA 8-2
O espectro do risco estratégico

A Figura 8-2 é apenas sugestiva, uma ferramenta para o obrigar a reflectir sobre a sua própria situação. O seu próprio negócio irá, certamente, enfrentar categorias adicionais que não foram capturadas aqui; adicione os seus próprios riscos específicos à tabela.

Reflectir sobre o risco estratégico é uma atitude, não uma lista de lavandaria de ameaças para gerir. O seu contexto está a evoluir constantemente, e haverá sempre necessidade para uma reorientação regular do perfil de risco da sua empresa para corresponder à dinâmica do seu mercado. Tente reflectir em outras categorias de risco que podem ter um impacto sobre a sua empresa num futuro próximo. Por exemplo, as empresas têm enfrentado riscos de regulação e geopolíticos que têm o potencial de destruir o seu negócio. A batalha da Microsoft contra as autoridades da concorrência continua ainda hoje na União Europeia. A Arla Foods é uma empresa escandinava cujas vendas para o Médio Oriente no valor de $480 milhões entraram em colapso devido à sua associação com a Dinamarca, onde um jornal publicou umas caricaturas controversas sobre o profeta Maomé.

Para começar a escrever a sua história de risco, identifique os principais riscos que o seu negócio enfrenta – apenas aqueles que se lembrar nos próximos dois minutos. Talvez acabe com uma lista de dez, ou mais. A melhor forma de fazer isto é arregaçar as mangas e tornar-se num intruso em relação ao seu próprio negócio. Quais os riscos que encontraria se fosse um investidor, cliente ou concorrente? Com muita frequência, os intrusos conseguem ver os nossos riscos de forma mais evidente do que nós conseguimos.

Pode sentir-se relutante em realizar este exercício porque ele parece ser todo de *downside*. Todavia, recorde-se de Bill Belichick e como ele prepara a sua equipa de futebol, os New England Patriots, para cada jogo através de um exercício semelhante sobre a visualização do *downside*. De alguma forma, no final do processo, esses *downsides* tendem a converter-se em grandes vitórias.

Considere também a cidade de Nova Iorque sob a liderança de Rudolph Giuliani. No final da década de 90, Giuliani organizou e dirigiu uma série de exercícios de preparação decididamente desagradáveis destinados a identificar e a planear para os piores desastres de *downside* que a cidade poderia imaginar. Veja como Giuliani explica a sua abordagem na sua autobiografia, *Leadership*:

Durante todo o meu tempo enquanto Mayor, realizámos exercícios de mesa destinados a ensaiar a nossa resposta a uma grande variedade de contingências. Nós planeámos o que cada pessoa em cada agência faria se a cidade enfrentasse, por exemplo, um ataque químico ou um ataque biomédico. Nós estudámos a forma de agir no caso de um acidente de avião ou de um ataque terrorista num encontro político. Também não nos limitámos a coreografar a nossa resposta no papel, e realizámos exercícios nas ruas, para testar quanto tempo demorava a colocar os planos em prática. Nós até simulámos um acidente de avião em Queens e um ataque com gás *sarin* em Manhattan.

Durante estes exercícios de preparação para as catástrofes, foram tiradas fotos que se assemelham notavelmente a fotos de jornais sobre emergências reais. As fotos foram ampliadas e exibidas numa sala no Gabinete de Gestão de Emergência (Office of Emergency Management) da cidade que veio a ser conhecido como a «Galeria de Horrores».

Naturalmente, não há nenhuma forma de o governo de uma cidade se preparar completamente para todas as emergências possíveis. A única opção é preparar-se para todos os riscos que *consegue* imaginar – e criar sistemas para fazerem soar o alarme sempre que algo fora do comum acontece. Giuliani recorda:

> Nós implementámos um procedimento chamado Sistema de Vigilância Sindrômica para verificar junto dos hospitais, numa base diária, qualquer indício de níveis elevados de sintomas: uma cuidadosa análise dos dados podia prever que algo estava prestes a surgir quando determinados padrões estatísticos aparecessem. Mesmo que não soubéssemos exactamente o que era, podíamos começar a preparar-nos com pessoal muito perto da zona de perigo antecipada.

Pense sobre Belichick e os exercícios de Nova Iorque e no valor de estar preparado para o pior. De seguida, escreva as suas próprias listas. É como criar a sua própria Galeria de Horrores pessoal – uma experiência assustadora e desencorajadora, que frequentemente nos faz perceber o quanto dependíamos de uma combinação mágica de inércia e de sorte para nos aguentarmos. Não precisamos mais de apostar o nosso negócio nesses dois factores.

O PROBLEMA DA PERSPECTIVA

Se estivesse a fazer um discurso perante uma sala cheia de pessoas e tivesse uma mancha na sua testa, a única pessoa que não conseguiria ver a mancha seria você – apesar de ser a pessoa mais próxima da mancha.

Por vezes estamos na pior posição possível para nos apercebermos daquilo que nos pode causar mais danos. O que é óbvio para as outras pessoas é invisível para nós – não devido a qualquer falha de carácter ou fraqueza intelectual, mas simplesmente devido ao local onde nos encontramos.

O jornalista Michael Lewis do famoso *Moneyball* passou uma semana a seguir Bill Parcells, o lendário treinador dos Dallas Cowboys (e antes dos New York Giants, dos New England Patriots e dos New York Jets) e registou as suas observações numa história intitulada «What Keeps Bill Parcells Awake at Night» [40]. Um dos discernimentos mais astutos de Lewis foi o seguinte:

> Caminhando para cima e para baixo ao longo das linhas laterais, o treinador principal tem a pior vista do campo – excepto em relação a todos aqueles que estão também nas linhas laterais. As linhas laterais são um percurso de obstáculos de cabos grossos, a claque dos Cowboys, camiões das equipas de televisão cheios de câmaras, operadores de câmara agressivos e pessoas largas com pratos de som ainda mais largos. Portanto, a única forma de saber se uma jogada é boa ou má para os Cowboys é através da reacção dos espectadores e a repetição no ecrã gigante, que os próprios jogadores visionam quando estão curiosos sobre o que aconteceu. Quanto mais perto estamos da acção, ainda mais desesperadamente os nossos olhos procuram pela imagem televisiva. Tudo em tudo, as linhas laterais ilustram como a proximidade física a um acontecimento complexo não nos ajuda necessariamente a compreendê-lo.

Assim, como pode ganhar perspectiva sobre a sua história do negócio? Afinal, não tem o benefício da repetição instantânea no ecrã gigante. Contudo, pode ter o equivalente a outro melhor amigo do treinador

---

[40] **N.T.** A tradução literal é "O que mantém Bill Parcells acordado à noite".

principal: o treinador na cabine de TV, com som, que fornece relatórios da observação durante o jogo de uma posição bem colocada acima do campo de jogo.

Encontre e cultive um par de bons amigos em áreas de negócio diferentes da sua – ou, se possível, toda uma rede de amigos. Se trabalha na manufactura, trate de conhecer alguns gestores de empresas de serviços, *media* ou comerciais. Se estiver no sector da alta tecnologia, seja amigo de um bancário, de um gerente de uma loja de descontos, de um director criativo numa agência de publicidade e de alguém que gere uma cadeia de hotéis.

Transforme essas pessoas no seu conselho consultivo informal. Solicite-lhes que despendam alguns minutos todas as semanas a perscrutar notícias sobre a sua indústria – apenas o suficiente para conhecerem o vocabulário básico e alguns dos principais desafios que enfrenta. E quando tiver escrito a história de risco da sua empresa, convide-os para um almoço e gaste um par de horas a explorar as ideias deles. Coloque-lhes questões como: O que não estou a ver aqui? Que grandes riscos o preocupam na sua própria indústria que eu estou a ignorar – talvez correndo perigo? O facto de ter aprendido sobre o meu negócio faz com que se tente a entrar nele? Se não for esse o caso, porque não? Quais são as armadilhas sobre as quais nunca pensei? De onde poderá vir o meu próximo concorrente inesperado?

Tudo isto pode ser muito para se estar a pedir a alguém, mesmo a um bom amigo. Todavia, pode surpreender-se com o quanto, na verdade, os empresários astutos gostam de observar de perto uma indústria que é totalmente diferente da deles. Provavelmente irão divertir-se com isso e aprender uma coisa ou outra durante esse processo. E, claro, pode voluntariar-se para fazer o mesmo para eles quando eles criarem a sua própria história de risco.

DESENVOLVER UM SISTEMA DE GESTÃO DO RISCO ESTRATÉGICO

Tendo desvendado a verdadeira história de risco da sua empresa, existe um processo que pode seguir, de preferência com uma equipa de colegas de confiança e alguns intrusos solícitos (clientes, por exemplo, ou fornecedores, ou qualquer outra pessoa com um ponto de vista informado mas diferente), para começar a desenvolver um programa de gestão do risco estratégico para a sua empresa, divisão ou departamento. O processo segue seis etapas:

1. Identifique e avalie os seus riscos.
2. Quantifique os seus riscos.
3. Desenvolva planos de acção para mitigar os riscos.
4. Identifique o *upside* potencial.
5. Mapeie e atribua prioridade aos riscos.
6. Ajuste as suas decisões de capital.

À medida que avança através dessas seis etapas neste processo, pode acompanhar o seu trabalho na tabela de Enquadramento do Risco Estratégico (Figura 8-3).

FIGURA 8-3
A tabela do Enquadramento do Risco Estratégico

Risco	Qual a dimensão?	Qual a probabilidade?	Evitar	Mitigar	Maximizar o *upside*	Plano de acção Percentagem de finalização (0 20 40 60 80 100)
1.						
2.						
3.						
4.						
5.						
6.						
7.						
8.						
9.						
10.						

1. **Identifique e avalie os seus riscos.** Comece por realizar, de uma forma mais completa, realista e formal, o exercício de «*brainstorming* sobre os riscos» que descrevemos no início deste capítulo. (Pode fazer um debate de opiniões sobre riscos tal como faz um debate de opiniões sobre grandes ideias – afinal, eles são, geralmente, as faces opostas uma da outra.) Percorra cada uma das categorias principais do risco estratégico e liste os riscos específicos que a sua empresa pode enfrentar em cada categoria.

Naturalmente, os riscos que enfrenta serão variados, desde aqueles que aparentam ser extremamente prováveis aos que aparentam ser mais inverosímeis. Um exemplo dos primeiros pode ser um risco que foi amplamente previsto e que pode, de facto, já estar a acontecer – por exemplo, uma alteração no cliente que já está a afectar os utilizadores mais jovens dos seus produtos, provocando um aumento considerável da média de idades da sua base de clientes e ameaçando a sobrevivência a longo prazo da sua marca. (Tal como o romancista William Gibson afirmou uma vez. «O futuro já aconteceu, está apenas desigualmente distribuído.») Um exemplo dos últimos pode ser um risco que já aconteceu noutras indústrias, mas para qual não existe ainda nenhuma verdadeira nuvem no horizonte, e portanto parece ser apenas teoricamente possível.

2. **Quantifique os seus riscos.** Esta etapa do processo está dividida em duas partes. Em primeiro lugar, para cada um dos riscos na sua lista, estime o custo potencial para a sua empresa se o risco se materializar com toda a sua força. Determine um valor em dinheiro, calculado por aproximação com base nas receitas anuais da sua organização e na percentagem dessas receitas que podem ser perdidas no caso de um evento de risco.

Por exemplo, suponha que está a trabalhar num plano de gestão dos riscos para uma divisão da empresa com vendas anuais de $800 milhões. No próximo ano, pretende lançar um novo produto (que está agora em fase final de testes) que se espera vir a gerar 10% das receitas dessa divisão da empresa no seu primeiro ano. Assim, o custo potencial do risco de fracasso de um novo produto neste caso (se o mercado rejeitasse por completo o novo produto, por exemplo, ou se alguma agência governamental actuasse para proibir a sua venda por razões de saúde ou de segurança) seria de $80 milhões.

Em seguida, calcule a probabilidade do acontecimento de risco. Isso é complicado. Tal como já vimos, a tendência natural do ser humano é de *subestimar* a probabilidade de acontecimentos de risco. Assim sendo, é melhor errar por excesso quando estimar a probabilidade de um risco. As suas estimativas já são, provavelmente, mais exactas hoje do que teriam sido antes de ter começado a reflectir seriamente sobre os riscos estratégicos; elas serão ainda melhores quanto mais tempo despender a estudar a história e os antecedentes da sua empresa em áreas tais como o desenvolvimento de novos produtos, os planos de expansão, e outros assim.

3. **Desenvolva planos de acção para mitigar os riscos.** Este será o passo mais complexo e de maior valor em todo o processo. Você e a sua equipa irão analisar cada um dos riscos que foram identificados e determinar uma medida estratégica, um plano de acção ou um sistema de gestão, para eliminar ou, pelo menos, reduzir os danos potenciais causados por cada um deles.

Obviamente, as contra-medidas descritas em cada capítulo podem ser o ponto de partida para o seu desenvolvimento desses planos. No entanto, transformar esses planos em programas concretos de acção prática vai ocupar um tempo considerável e requerer muita investigação, análise e discussão. Este processo envolverá, provavelmente, equipas multifuncionais com conhecimento das áreas de negócio afectadas e a capacidade de se porem em contacto com outras pessoas que possam fornecer informações mais detalhadas com os quais seja possível avaliar e reforçar os planos específicos propostos.

Depois de desenvolvidos os seus planos de contra-medidas, irá querer questionar-se periodicamente: Para cada um dos dez principais riscos, quanto nos falta até termos planos efectivos de contra-medidas em vigor?

Esta questão deverá estimular um conjunto de conversas baseado num esquema algo parecido com o esquema da Figura 8-4. Ainda mais importante será um novo sentido de consciência e urgência sobre a natureza do risco estratégico – e um sentimento geral de desconforto sobre a dimensão do hiato que tolerou entre o verdadeiro estado de preparação e o seu estado actual.

FIGURA 8-4
Exemplo de folha de trabalho com perfil de risco
(empresa de manufactura e de serviços)

Risco	Probabilidade	Impacto	Contra-medida	Execução do plano
1. Colapso da marca	5%	80%	• Plano/sistema de resposta de emergência	100%
2. Alteração nos clientes	20%	20%	• Nova oferta de serviço	50%
3. Recessão	60%	20%	• Plano de redução de custos • Plano «Ajude os clientes a reduzir custos»	80%
4. Alteração tecnológica	10%	80%	• Preparação para a dupla aposta	30%
5. O nosso projecto mais importante fracassa	70%	10%	• Três alternativas ao modelo de negócio para melhorar a probabilidade de sucesso	90%
6. Erosão da marca	40%	40%	• Licenciamento de novos produtos • Melhoria radical dos níveis de serviço	90%
7. Carteira de projectos fracassa o objectivo	50%	35%	• Reduza a carteira / foque recursos nos «seis grandes»	35%
8. O talento no percentil dez de topo sai da empresa	20%	10% no curto prazo 30% a longo prazo	• Alterar plano de competência, plano de formação • Aumentar as iniciativas destinadas ao crescimento, investimento	80% 30%

Risco	Probabilidade	Impacto	Contra-medida	Execução do plano
9. Perda de patente para o produto principal	100%	20%	• Extensões de produto • Grande acordo de licenciamento	50% 50%
10. Erosão das margens da indústria	30%	20%	• Partilhe recursos de fabrico • Partilhe I&D de «pré--produto» com dois dos principais concorrentes	10% 10%

4. **Identifique o *upside* potencial.** É aqui que a reflexão criativa pode desempenhar o papel principal. Para cada um dos riscos, questione--se como é que essa potencial força negativa pode ser transformada numa força positiva. Se a sua empresa corre o perigo de perder toda, ou parte, da sua base de clientes, existirá alguma maneira de reorientar o desenvolvimento, a comercialização e a promoção de produtos ou os programas de gestão da informação dos clientes, de modo a não apenas manter esses clientes como também aumentar as suas compras e atrair, igualmente, novos clientes? Se a sua empresa enfrenta riscos significativos de fracasso de novos produtos, existirá alguma forma de redesenhar os seus esforços em I&D, testes, comercialização e o modelo de negócio, não só para reduzir aqueles riscos como também para melhorar o valor potencial das vendas da sua nova carteira de produtos?

5. **Mapeie e atribua prioridade aos riscos.** Com base nas informações desenvolvidas até agora, crie um Mapa de Exposição aos Riscos de forma semelhante ao mapa ilustrado na Figura 8-5. Os riscos específicos estão localizados neste mapa com base nos dois factores quantitativos que discutimos na segunda etapa – a dimensão potencial e a probabilidade estimada de um acontecimento de risco. Os acontecimentos localizados na parte superior do mapa são de maior dimensão e potencialmente mais onerosos; os localizados mais à direita do mapa apresentam uma maior probabilidade de ocorrência. Assim, os riscos no quadrante

FIGURA 8-5
O Mapa de Exposição aos Riscos

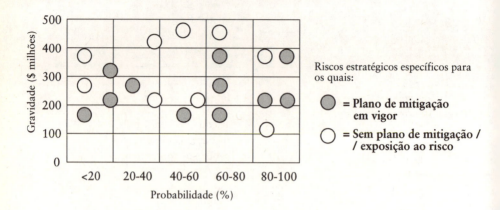

superior do lado direito merecem a sua atenção mais imediata e focada. Pode também indicar o estado actual dos seus programas de contra-medidas para cada risco. O resultado é uma espécie de «painel de risco» que lhe permite ver, de relance, onde estão os maiores riscos da sua empresa e perceber o estado actual dos seus esforços para os mitigar.

6. **Ajuste as suas decisões de capital.** O último passo na formulação do seu plano de gestão dos riscos requer a reestruturação das suas actuais decisões de investimento. Tal como vimos quando discutimos o risco de projecto, o risco da marca e o risco de transição, as decisões de investimento são algumas das suas ferramentas mais fundamentais para a gestão dos principais riscos que a sua empresa enfrenta. Não estará a lidar seriamente com a gestão do risco estratégico a menos que a sua avaliação sobre os riscos que enfrenta afecte as suas principais dotações financeiras. E, claro, as decisões que tomar nesta fase devem ser informadas com todas as informações que recolheu até esse momento, incluindo a dimensão e a probabilidade de um determinado risco, o custo estimado que o mesmo representa para a empresa, o valor de qualquer potencial *upside* e a natureza dos planos de contra-medidas propostos.

PROMOVER A ATITUDE E AS APTIDÕES
PARA A GESTÃO DOS RISCOS

Desenvolver um plano bem delineado para identificar, medir, monitorizar, minimizar e reverter os riscos estratégicos que a sua empresa enfrenta é apenas o início. É igualmente importante incutir a atitude de gestão e de reversão dos riscos entre os gestores a todos os níveis da sua organização. É extremamente importante e surpreendentemente difícil de concretizar.

Os gestores na linha de frente desempenham um papel crucial em qualquer programa de gestão dos riscos. Eles estão mais próximos das realidades do mercado, a recolher as reclamações dos clientes, a acompanhar as iniciativas competitivas e a lidar com fornecedores, distribuidores e outros intervenientes ao longo da cadeia de valor, numa base diária. Enquanto olhos e ouvidos da sua empresa, eles são aqueles que mais provavelmente irão reconhecer as ameaças de amanhã a tempo de reagir, bem como serão os mais susceptíveis de detectar as oportunidades misturadas com os riscos. E, naturalmente, os quadros intermédios terão a ser cargo a implementação das estratégias de gestão dos riscos desenvolvidas pela empresa. Se eles não entenderem ou apoiarem as iniciativas, nada de significativo acontecerá.

Um artigo recente publicado pela Babson Executive Education descreve a frustração que pode surgir quando os quadros intermédios estão relutantes em aceitar a estratégia de gestão dos riscos de uma empresa. A empresa em questão é o Harrah's, a empresa de casinos que se tornou no paradigma da gestão dos riscos de conhecimento intensivo:

> O Harrah's desenvolveu um sistema centralizado de gestão das rendas em tempo real para todos os seus hotéis que precisava de ser vendido a gestores de propriedades... Quando um cliente solicita uma reserva, os algoritmos do sistema ponderam várias variáveis e dados... para calcular um preço a propor ao cliente. O sistema quase sempre produz rendas maiores para as propriedades individuais quando é utilizado. *No entanto, os gestores de propriedades têm geralmente de ser convencidos de que o sistema é mais eficaz do que as abordagens tradicionais à gestão das rendas e à tomada de decisão local.* [ênfase do autor].

A dificuldade

O facto é que os quadros intermédios têm um poder de veto efectivo sobre qualquer sistema de gestão dos riscos que seja criado. Se eles não o aceitam, o sistema não se vai concretizar. Em alguns casos, eles podem impedir que seja implementando recusando-se a seguir o sistema (tal como alguns directores do Harrah's o fizeram). Noutros casos, podem bloquear a sua eficácia ao não participarem na descoberta, recolha, combinação, partilha e análise da informação necessária para manter as contra-medidas de risco actualizadas e exactas. De qualquer maneira, as boas intenções da gestão de topo não serão concretizadas.

Infelizmente, a cultura e os sistemas de comunicação da maioria das empresas *desencorajam* activamente, de várias formas, os quadros intermédios de contribuírem para a avaliação, a mitigação e a resposta aos riscos:

- As empresas tendem a punir aqueles que anunciam más notícias, o que é percebido muitas vezes como «negativo», «pessimista», «derrotista» ou «desencorajador». Como resultado, os desenvolvimentos desfavoráveis do mundo exterior acabam por demorar mais tempo a chegar à atenção da gestão de topo, ou tomam a gestão de topo de surpresa apesar do facto de os gestores de níveis inferiores terem consciência dos problemas que estavam iminentes.
- Valorizando demais a confidencialidade e o sigilo, muitas empresas tentam restringir o fluxo da informação que é considerada sensível, mesmo internamente. Em combinação com a estrutura tradicional do tipo 'silo' de muitas grandes empresas, esta tendência produz núcleos de gestores que estão bem informados apenas sobre os seus aspectos do negócio e, portanto, são incapazes de estabelecer ligações de uma forma que possa gerar uma perspectiva maior, mais informativa e mais accionável sobre como o mundo da empresa está a mudar.
- As estruturas do tipo silo entravam a gestão alargada de riscos de outras formas. A maioria das empresas incentiva os gestores com base, em grande parte ou mesmo totalmente, no desempenho dos departamentos ou divisões. E as promoções, naturalmente, são impulsionadas principalmente pelo sucesso percebido do próprio

grupo de um gestor. Isso é lógico e até certo ponto inevitável, mas o sentido de competição inter-departamental que cria reduz inevitavelmente a vontade dos gestores de partilhar informação e ideias. O resultado nem *sempre* é a retenção de dados, mas a energia que os gestores aplicam à fertilização cruzada do conhecimento é, no mínimo, drasticamente reduzida.

TRÊS DISCIPLINAS

Há três disciplinas que podem ajudar as equipas de gestão a ficarem constantemente melhores na gestão da sua carteira de riscos: conhecer a verdadeira probabilidade, perceber os primeiros sinais de alerta e comparar constantemente o perfil de risco do seu modelo de negócio com o perfil de risco de outros.

1. Conhecer a verdadeira probabilidade

A primeira disciplina é desenvolver um talento e uma competência institucional para a *avaliação da probabilidade*. Isso envolve desenvolver técnicas realistas para medir a verdadeira probabilidade de sucesso para qualquer novo empreendimento. Tal como os investigadores Daniel Kahneman e Dan Lavallo demonstram, os enviesamentos cognitivos e as pressões organizacionais levam os gestores a sobrestimar rotineiramente quer a probabilidade de sucesso, quer o retorno potencial de qualquer nova iniciativa empresarial. Como solução parcial para este problema, os autores recomendam o desenvolvimento daquilo a que chamam de «a visão de fora»: uma previsão baseada numa análise objectiva de iniciativas comparáveis extraídas das histórias de várias empresas e não apenas a partir de comparações internas ou de avaliações intuitivas.

O autor Bill James (que ajudou a fundar o campo da análise estatística do basebol conhecido como *sabermetrics*) recomenda que todos os directores aspirantes à liga principal invistam alguns meses a jogar um jogo de basebol de tabuleiro, onde os resultados de determinadas estratégias são determinados pelo lançamento dos dados ou pelo rodopio de uma roda. No mínimo, aponta James, isto irá proporcionar uma sensação visceral da plausibilidade relativa das várias estratégias – a probabilidade realista de que uma jogada *hit-and-run* ([41]) quando o batedor número sete está *at bat* ([42]) e o *tying run* ([43]) na primeira base irá, em última instância, produzir o resultado crucial *versus* a probabilidade de sucesso de um *sacrifice bunt* ([44]) na mesma situação. É uma maneira fácil para um estratega de basebol desenvolver a «visão de fora» de Kahneman sem precisar de se sentar no banco durante uma dúzia de temporadas reais.

Se os negócios são o seu desporto em vez do basebol, não existe nenhuma versão de jogo de tabuleiro disponível. Em vez disso, comece por observar a própria história de sucessos e fracassos da sua empresa na sua própria indústria. (Crie o seu próprio *sabermetrics*.) Por exemplo, pode começar com esta questão: Qual é a verdadeira taxa de fracasso sentida por si ou pela sua empresa no lançamento de novas iniciativas importantes – novos produtos, expansões, fusões ou aquisições da empresa – ao longo dos últimos quinze anos? Digamos que é de 70%. (Embora lhe possa parecer bastante elevado, verifique os registos. Em muitas empresas, a verdadeira taxa de fracasso está mais perto de 90%.) Agora, ajuste-a por *tipo* de iniciativas. Para extensões de marca, a taxa de fracasso pode ser de 50%. Para produtos completamente novos, pode ser de 90%.

Construir a amostra interna da sua empresa é um óptimo começo; essa experiência pode ser incrivelmente reveladora. Contudo, a amostra é provavelmente demasiado pequena para ser tão útil quanto precisa que seja. Procure lá fora. Examine as experiências de outras empresas na sua indústria e em outras indústrias. Na indústria alimentar, na indústria farmacêutica, na indústria cinematográfica, as taxas de fracasso nos lançamentos de novos produtos situam-se no intervalo de 60 a 90%.

([41]) N.T. Um *hit-and-run* é uma jogada no basebol em que os corredores da base estão em movimento antes da bola ser batida e o batedor procura fazer contacto com o arremesso da bola.

([42]) N.T. De frente para o lançador.

([43]) N.T. É um *run* que iguala a pontuação para as duas equipas.

([44]) N.T. Em basebol, um *sacrifice bunt* é um acto de acertar deliberadamente na bola de leve de forma a permitir que o corredor (*runner*) na base avance para outra base. O batedor é quase sempre sacrificado (e de certa forma essa é a intenção do batedor), mas por vezes alcança a base devido a um erro ou a um *fielder's choice*.

FIGURA 8-6
Taxas de fracasso na indústria farmacêutica, por fase de desenvolvimento

	Taxas de fracasso
De compostos rastreados a pré-clínicos	95% não é bem sucedida
De compostos pré-clínicos a clínicos	98% não é bem sucedida
De compostos clínicos à aprovação pela FDA[45]	80% não é bem sucedida

Naturalmente, assim como o risco de produto é apenas um tipo de risco estratégico, as taxas de fracasso de produtos não são o único tipo de análises estatísticas que o podem ajudar a determinar os verdadeiros riscos que a sua empresa enfrenta. Vimos as probabilidades para as transições de indústria no Capítulo 3 e para a erosão da marca no Capítulo 5. As suas áreas prioritárias podem ser diferentes, mas encontrar as verdadeiras probabilidades para os principais tipos de eventos e decisões no seu negócio podem conferir à sua empresa uma enorme vantagem competitiva.

2. Perceber os primeiros sinais de alerta

A sua empresa enfrenta o risco do concorrente único? A maioria das empresas considera que não. Se não tem a certeza, pode dever-se ao facto de não estar a olhar para os números certos, ou para os mapas de batalhas adequados, ou ambos. Na maioria dos casos, o advento de um concorrente único é acompanhado por sinais iniciais claros de que a maioria dos concorrentes os podiam ter visto e agido em conformidade. Tal como vimos no Capítulo 4, os retalhistas e as companhias aéreas competitivas podiam ter previsto claramente a chegada iminente de um concorrente único nos seus mercados simplesmente através do acompanhamento da expansão gradual da actividade desse concorrente único em vagas cada vez maiores no panorama norte-americano.

---

[45] **N.T.** Food and Drug Administration.

Talvez não se sinta preocupado com o risco do concorrente único, mas talvez se preocupe com o risco da marca. Se é assim, o processo que descrevemos no Capítulo 5, para proceder a uma análise do valor da marca, irá providenciar-lhe os sinais de alerta precoce sobre as fraquezas da sua marca. O processo pode ajudá-lo a identificar os desafios no seu programa de investimento na marca que podem impedir a erosão antes dela atingir a marca. Classificar o valor da sua marca em função dos atributos chave valorizados pelos seus clientes pode ser muito revelador, especialmente quando compara o seu desempenho com o desempenho do concorrente mais eficaz. Por exemplo. A figura 8-7 ilustra como o desempenho da marca de uma empresa financeira se compara com o desempenho de um concorrente crucial em oito áreas de importância para os clientes:

FIGURA 8-7
Classificações comparativas

Importância para o cliente	Elemento de valor	Como o cliente me classifica	Como o cliente classifica o meu melhor concorrente	O diferencial de risco da marca
5	Confiança e paz de espírito	3	4,5	-1,5
5	Força local	3,5	5,0	-1,5
4	Relações profissionais	3,2	4,2	-1,0
4	Desempenho	3,5	4,3	-0,8
3	Serviço exclusivo	3,7	3,9	-0,2
2	Personalidade projectada do cliente	3,9	3,2	+0,7
2	Orientado	4,3	4,0	+0,3
1	Moderno com serviços inovadores	4,3	3,9	+0,4

É assim que o risco da marca começa

Infelizmente, as áreas nas quais a empresa cliente pontuou menos eram aquelas com o maior impacto na satisfação do cliente, enquanto as áreas nas quais a empresa pontuou mais eram aquelas com o menor impacto na satisfação do cliente. A tabela resultante é uma imagem arquétipa de um sinal de alerta precoce sobre o risco da marca.

E se a sua principal preocupação for o risco de cliente – a mudança inevitável nas preferências e nas necessidades dos clientes que, a seu tempo, se manifesta em virtualmente todos os negócios? Nesse caso, considere os sinais de alerta que uma análise estatística simples e metódica poderia ter feito soar a alguém ligado aos principais produtos automóveis cuja erosão da quota de mercado se vinha a manifestar progressivamente ao longo do tempo. A tabela da Figura 8-8 conta a história do que foi outrora um produto dominante na indústria.

FIGURA 8-8
Quota de mercado por estado

Quota de mercado	1999	2003
4% +	4 estados	1 estado
3,0 – 3,9 %	9 estados	5 estados
2,0 – 2,9 %	17 estados	9 estados
0 – 1,9 %	20 estados	35 estados

Esta tabela é um subconjunto de dados que era possível monitorizar ao longo de vinte anos. As maiores perdas de quotas de mercado ocorreram primeiro nos Estados costeiros; depois começaram a avançar para o interior. O ritmo desse movimento era mensurável com exactidão e providenciava um alerta mais do que suficiente sobre uma alteração sistemática e generalizada no cliente.

O futuro nem sempre irá providenciar-lhe um sinal perfeito. O sinal será, frequentemente, débil e incompleto – é assim que ele nos chega. Os seus ouvidos têm de estar treinados e os seus olhos terão de completar os detalhes em falta.

De certa forma, os sinais de risco no futuro são um pouco como os «pequenos retratos carregados» dos Carraccis (família de pintores oriundos de Bolonha, do século XVI) – incompletos, mas apenas o suficiente para se perceber o retrato:

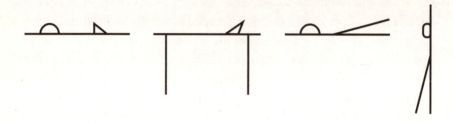

Tal como foram descritos um século mais tarde: «O primeiro esboço é um pedreiro visto do outro lado do muro; ele aparece por cima do muro com a parte de cima da cabeça e da sua colher de pedreiro. O segundo é um púlpito no qual um monge Capuchinho, depois de ter proferido a primeira parte do seu sermão, se inclina para baixo para ganhar fôlego para a segunda parte. O terceiro é um cavaleiro, que combate numa justa do outro lado da cerca com a sua lança; e o quarto é um pedinte cego encostado ao outro lado da esquina, do qual nos apercebemos do nosso lado apenas através da sua taça e bengala.»

Assim, também nós não obteremos o retrato completamente formado na antecipação dos principais riscos. Não obstante, obteremos o suficiente para, pelo menos, levantar as nossas suspeitas e nos motivar a observar mais de perto. Muito frequentemente, é até a percepção mas uma leitura de perto da própria história da empresa que é mais importante. Tal como um gestor sénior numa empresa industrial o afirma: «A maioria dos riscos futuros é o resultado de bombas-relógio que nós próprios colocámos no passado.»

A verdade é que a maior parte da gestão dos riscos estratégicos não é muito esotérica. O problema não é que os sinais sejam fracos, mas que os nossos receptores estejam fechados. Se nos treinarmos, através da simples observação, a ter um bom domínio do que é *totalmente previsível*, iremos provavelmente conseguir estar muito à frente dos nossos concorrentes.

3. **Comparar constantemente os perfis de risco**

Discutimos duas disciplinas importantes para qualquer equipa que queira melhorar as suas competências na gestão dos riscos. A primeira é *conhecer a verdadeira probabilidade de sucesso* em qualquer situação de negócio. A segunda é *perceber os primeiros sinais de alerta sobre o risco* para que possa ter o maior tempo de avanço possível para se preparar.

Há mais uma disciplina, igualmente importante como as primeiras duas, que o pode ajudar a reconhecer os riscos que enfrenta e a formular planos para os controlar. É a compreensão do seu próprio perfil de risco por comparação com os perfis de risco de outras empresas na sua indústria.

Considere o exemplo da Figura 8-9. É uma versão mais detalhada da tabela que discutimos na Introdução.

FIGURA 8-9
Perfis de risco comparativo: Ford *vs*. Toyota

	Ford	Toyota
Custos Fixos	Elevado	Baixo
Risco de inventário	Elevado	Baixo
Concentração da carteira	Elevado	Baixo
Tempo de instalação / Tempo de Ciclo	Elevado	Baixo
Flexibilidade da plataforma	Baixo	Elevado
Projecto: abordagem de melhoria da probabilidade	Fraca	Forte
Risco de transição	Atraso de cinco anos	Dupla aposta / cinco anos de avanço
Ímpeto da Marca	Espiral descendente	Espiral ascendente

O nível de risco do modelo de negócio também afecta as características financeiras do negócio.

	Ford	Toyota
Rentabilidade média dos activos (2005)	0,8%	4,8%
CAGR(46) de receitas a 5 anos (2000-2005)	0,8%	11,1%
Notação de risco S&P do capital próprio	B-	Sem notação de risco
Notação de risco S&P da dívida	B	AAA
Beta	1,85	0,58

Outro exemplo de uma comparação do risco do modelo de negócio pode ser extraído da indústria do vestuário.

FIGURA 8-10
Perfis de risco comparativo: Gap *vs*. Zara

	Gap	Zara
Flexibilidade da produção (% do volume planeado)	~20%	~45%
Informação sobre o cliente	Periódica	Contínua
Rotação do inventário (2005)	5,6	6,7

---

(46) **N.T.** Taxa anual composta de crescimento ("*compound annual growth rate*").

	Gap	Zara
Prazo de entrega do produto (pequena alteração)	8 semanas +	1 semana
Prazo de entrega do produto (novo produto)	30 semanas	3 semanas
Risco da moda	Elevado	Baixo
Sistema de alerta precoce	Pouca cobertura	Elevada cobertura
Ímpeto da marca	Estagnada	Espiral ascendente
Rentabilidade média dos activos (2005)	12,6%	16,6%
CAGR de receitas a 5 anos (2000-2005)	3,2%	30,0%
Notação de risco S&P do capital próprio	BBB-	Sem notação de risco
Notação de risco S&P da dívida	BBB+	Não disponível
Beta	1,39	0,49

Tal como vimos em toda a parte, as empresas que modelam o risco não só revertem os riscos para crescerem; elas aprenderam também a reduzir os riscos (*de-risk*) dos seus modelos de negócio de forma a criar retornos mais elevados e riscos mais baixos do que os seus concorrentes.

Se realizou os outros exercícios descritos neste capítulo, estará provavelmente numa boa posição para criar um perfil de risco para a sua empresa e os seus principais concorrentes. Trace o perfil das principais características de risco do seu modelo de negócio (custos fixos, tempo de ciclo, informação sobre o cliente, etc.) e compare-o com o da empresa concorrente que mais o preocupa – ou talvez com a qual *devesse* preocupar-se – usando a Figura 8-11. A comparação será esclarecedora e irá gerar ideias específicas para melhorar o perfil de risco do seu modelo

FIGURA 8-11
Perfis de risco comparativos:
O meu principal concorrente *vs.* A minha empresa

	O meu principal concorrente	A minha empresa
Custos Fixos		
Risco de inventário		
Concentração da carteira		
Tempo de Ciclo		
Sistema de alerta precoce		
Informação contínua sobre o cliente		
Ímpeto da Marca		
Rentabilidade média dos activos (2005)		
CAGR de receitas a 5 anos (2000-2005)		
Notação de risco		
S&P do capital próprio		
Notação de risco S&P da dívida		
Beta		

de negócio, movendo-o para uma posição de maiores retornos *e* menor risco (tal como a Toyota, a Coach, a Samsung e outros fizeram).

No final, há três variáveis-chave que têm impacto no seu negócio; flutuações de volume, flutuações de custo e flutuações de preço. O risco estratégico, em todas as suas formas, manifesta-se através dessas três variáveis.

Para estar preparado para lidar com essas variáveis, precisa de um modelo de negócio que seja suficientemente flexível para acompanhar para cima e para baixo com essas flutuações. Pode conseguir isso através de várias estratégias específicas:

- Reduzir os seus custos fixos (excepto se usar os custos fixos elevados como uma barreira à entrada ou um ponto de controlo estratégico).
- Projectar as suas instalações fabris de produção para serem tão flexíveis e fáceis de alterar quanto possível.
- Desenvolver uma rede forte de fornecedores a quem possa recorrer para fazer o *outsourcing* de tantas funções quanto possível.
- Analisar todos os tempos de ciclo e reduzi-los, quer sejam tempos de instalação da manufactura, prazos de entrega de fornecimentos, programas de desenvolvimento de produtos ou processos de tomada de decisão.
- Garantir múltiplas fontes para cada *input* importante.

Curiosamente, há indícios de que os Patriots de Bill Belichick aplicaram este tipo de reflexão sistémica sobre o risco e os eventos negativos «inesperados» ao futebol. Nos desportos profissionais, a maioria das variáveis chave está relacionada com a equipa – a qualidade das escolhas de recrutamento, o risco de perder jogadores talentosos com o *free agency* [47] e, acima de tudo, as lesões. Bilichick gere os Patriots de forma a maximizar a flexibilidade da equipa e a minimizar a sua vulnerabilidade a estes tipos de flutuações. Ele contrata jogadores que são capazes de jogar em diversas posições, treina-os em todas essas posições e até treina os jogadores quer para a ofensiva, quer para a defensiva. É frugal com as compensações de forma que o destino da equipa não dependa do desempenho de uma mão-cheia de estrelas extremamente bem pagas. Presta mais atenção do que a maioria à profundidade da sua lista (tal como quando contratou o *quarterback* veterano Vinny Testaverde com um contrato relativamente pouco dispendioso de forma a assegurar a continuidade numa posição-chave no caso de lesão do líder da equipa Tom Brady). E no campo de treinos, desenvolve e ensina

---

[47] **N.T.** O estado de um atleta profissional que está livre para negociar um contrato para jogar por qualquer equipa.

uma selecção invulgarmente complexa de jogadas, especialmente na defensiva, de forma a criar a flexibilidade máxima, a atirar muitos «esquemas» defensivos confusos às equipas adversárias e a estar preparado para virtualmente qualquer estilo de ofensiva.

GESTÃO SEM SURPRESAS

O CEO de uma empresa asiática de tecnologia encomendou a criação de um sistema de gestão dos riscos transversal a toda a empresa. Tendo liderado a empresa através de uma campanha de qualidade de zero--defeitos bem sucedida, desejava incrementar a sua reflexão criando um estilo de gestão «sem surpresas.» «Naturalmente que sei que não podemos evitar *todas* as surpresas», admitiu ele. «Mas ao longo dos últimos vinte anos descobri que 90% delas são absolutamente desnecessárias. Essas são aquelas de que me quero livrar – a começar agora.» (E ele acrescentou, «As outras, iremos tratar delas mais tarde.»)

Os resultados da campanha «sem surpresas» do CEO foram gratificantes. Em resumo, a empresa desenvolveu um sistema de gestão dos riscos para lidar com uma série de alterações tecnológicas, de regulamentação e competitivas que se anteviam nos próximos dois anos. Os gestores da empresa descobriram que eram capazes de antecipar a maioria das alterações e de se prepararem para elas através da dupla aposta, da alteração no investimento na marca, da melhoria do desenvolvimento e do uso de informação proprietária e de outras técnicas descritas neste livro.

No entanto, existiram outros benefícios de longo prazo que o CEO nunca antecipou:

- Todos na organização começaram a despender mais tempo a reflectir sobre o futuro.
- Melhoraram significativamente na compreensão da natureza elusiva da probabilidade e começaram a estimar a probabilidade de eventos futuros específicos com mais exactidão.
- Eles começaram a identificar problemas seis a doze meses mais cedo do que anteriormente, o que lhes permitiu resolver esses problemas quando era económico fazê-lo. («Eles resolveram problemas

por um cêntimo que teriam custado dez cêntimos no mês seguinte e um dólar no ano seguinte. Assim, o sistema pagava-se a si próprio muito mais depressa do que alguma vez imaginámos.»)
- Ainda mais importante, as pessoas alteraram a forma como gastavam o seu tempo. Elas dedicavam menos horas a responder a crises e mais tempo à inovação e ao crescimento.

Estes impactos de segundo nível permitiram melhorias significativas no desempenho da empresa. Nunca perceberá o verdadeiro custo dos riscos até que comece a eliminá-los, um por um por um.

O *UPSIDE* DO RISCO

Bill Russell, a estrela do basquetebol, foi um grande jogador de ressaltos, apoderando-se do controlo da bola quando um jogador adversário falhava uma jogada. Embora a conquista de ressaltos seja considerada uma aptidão defensiva, Russell sempre insistiu que «o ressalto é o começo do ataque». No momento em que Russell agarrava a bola, ele já estava a pensar no colega de equipa a quem iria passar a bola e, em última instância, a jogada que ele estava a preparar. Ele estava constantemente a transformar uma jogada defensiva numa oportunidade de ataque.

De forma semelhante, a gestão dos riscos estratégicos permite-lhe transitar da defesa para o ataque. As pessoas focam-se, tipicamente, nos perigos do risco, e a resposta da gestão é procurar formas para minimizar a exposição ao risco. De facto, as maiores oportunidades estão, frequentemente, dissimuladas no seio das contra-medidas defensivas que discutimos.

O risco não gerido é a maior fonte de desperdício no seu negócio e na nossa economia como um todo. Os grandes projectos falham; as alterações nos clientes tornam as nossas ofertas irrelevantes; marcas de mil milhões de dólares sofrem erosão, e depois entram em colapso; indústrias inteiras deixam de ganhar dinheiro; as mudanças tecnológicas ou os concorrentes únicos aniquilam dezenas de empresas de uma vez só; as empresas estagnam desnecessariamente. Quando estes acontecimentos de risco ocorrem, perdem-se milhares de empregos, as organizações brilhantes são desmembradas, perde-se conhecimento e os activos são destruídos. No entanto, todos esses riscos podem ser compreendidos, identificados, antecipados, mitigados ou revertidos, evitando assim centenas de milhares de milhões de dólares em perdas desnecessárias.

É fácil? Não. Todavia, na última década, as empresas pioneiras tais como aquelas a quem traçámos o perfil demonstraram a força de uma variedade de ferramentas para controlar e transformar o risco. Nos próximos anos, terá mais e mais oportunidades para modelar os riscos que você e a sua empresa enfrentam através do domínio e da aplicação das disciplinas explicadas nestas páginas.

Vivemos num mundo onde o risco está sempre presente e, por muitas medidas, está cada vez maior. Há poucas dúvidas de que provavelmente a sua empresa enfrentará um momento de perigo máximo – uma crise Little Round Top – algures no futuro não muito distante. Se tiver sorte, será abençoado com uma liderança firme e perspicaz de um Joshua Chamberlain, que vislumbrou o *upside* potencial escondido numa situação aparentemente sem esperança e apoderou-se da oportunidade de actuar em conformidade.

Você tem a oportunidade *agora* de se preparar a si e à sua empresa para as crises de amanhã. Seguindo uma página do livro de Bill Belichick, pode examinar o contexto, a natureza do jogo que está a jogar e as jogadas que os seus adversários provavelmente irão usar contra si. Estude as cassetes incansavelmente, esforce-se por identificar as principais fontes de risco iminente e desenvolva formas inovadoras de fazer o adversário perder o seu norte. Tal como os Patriots de Belichick, pode dar consigo a ganhar alguns dos jogos que aqueles que ditam as probabilidades afirmam que não devia ter ganho.

Finalmente, mantenha presente a experiência de Frank Lloyd Wright e o seu Imperial Hotel em Tóquio. As decisões de projecto que ele tomou para proteger o edifício contra o risco de terramoto – os alicerces flutuantes flexíveis, os tijolos leves e ocos, a cobertura de cobre e o resto – foram inovadoras e brilhantes. Todavia, mais do que isso, podemos admirar a integridade pessoal e intelectual que ele trouxe ao processo *antes* de tomar uma única decisão de projecto.

Imagine que é um dos maiores arquitectos na história, um artista do aço e da pedra, a quem foi entregue uma das mais desafiantes tarefas da sua carreira. E agora imagine que realiza o que a história geológica das ilhas do Japão significa para o projecto: vai construir um dos edifícios mais bonitos que alguma vez projectou, colocando toda a sua arte e conhecimento no seu projecto – sabendo sempre que, mais cedo ou mais tarde, este será destruído por um grande terramoto. Como é que essa realização o faria sentir-se? Como reagiria?

Para muito mérito de Wright, ele reagiu com realismo, previdência e determinação. Enfrentando os riscos de frente, ele repensou o ofício da arquitectura e transformou o perigo numa oportunidade para a criatividade e a inovação.

Todos que estejam hoje num negócio enfrentam um desafio análogo a aquele que Wright enfrentou. Todos nós estamos a construir negócios em zonas susceptíveis de terramotos, onde as sublevações são inevitáveis. Podemos seguir o exemplo de Wright e projectar contra os riscos que enfrentamos. Se o fizermos, as estruturas que criarmos terão uma hipótese de perdurar e criar valor duradouro para os nossos clientes, empregados, investidores e comunidades.

Reverter o risco estratégico

O workshop de meio dia sobre o Lado Positivo

Qualquer equipa de gestão (corporativa, divisional, de unidade de negócio, geografia ou função) pode desenvolver o seu próprio perfil de risco estratégico e de *upside*. Tudo o que é necessário é uma sala, uma manhã, três *flip charts* e uma dúzia de gestores com um grande vontade para a criação de valor e a paciência para trabalharem a fundo todas as questões relevantes.

A nossa história de risco

- Qual é, hoje, o nosso processo de gestão dos riscos estratégicos? Como é que analisamos e lidamos com os riscos estratégicos? (5 minutos)
- Quais são os três a sete principais riscos que podem prejudicar todo, ou parte, do nosso modelo de negócio? (10 minutos)
- Qual é a probabilidade de esses riscos se virem a manifestar nos próximos três anos? Se isso acontecer, qual será o impacto no valor da nossa empresa? (10 minutos)

Projectos

- Quanto dinheiro, tempo e custo de oportunidade perdemos nos projectos que falharam nos últimos três anos? (10 minutos)
- Qual é a verdadeira probabilidade de sucesso dos nossos projectos em cada uma das principais categorias? (10 minutos)
- Investigação e desenvolvimento
- Tecnologia de informação
- Fusões e aquisições
- Desenvolvimento de um novo negócio
- Outros
- Quantos projectos estão, hoje, activos em cada uma das categorias? Quais os projectos que devem ser descontinuados? Quais os projectos em que devemos investir excessivamente para melhorar a probabilidade de sucesso? (20 minutos)
- O que podemos fazer para assegurar que projectamos o modelo de negócio tão obsessivamente quanto projectamos o projecto? Considere todos os elementos-chave do modelo de negócio. (10 minutos)
- Selecção dos clientes
- Proposição única de valor
- Modelo de lucros
- Controlo estratégico
- Âmbito

Cliente

- Geramos informação proprietária sobre os clientes? Quanta? Até que ponto a utilizamos convenientemente? (5 minutos)
- Tipicamente, obtemos a nossa informação mais perto do ponto T_2 ou do ponto T_3? (5 minutos)

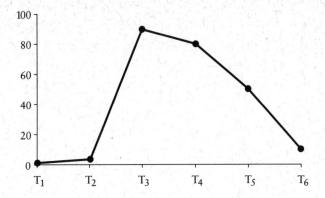

- Onde estamos no espectro entre o modelo de negócio convencional e o modelo de conhecimento intensivo? (ver Figura 2-2.) (5 minutos)

Transição

- Existiram algumas transições importantes de tecnologia ou de modelo de negócio na nossa indústria nos últimos dez a vinte anos? Até que ponto gerimos bem essas transições? (5 minutos)
- Existirá alguma transição importante nos próximos muitos anos? Qual é a probabilidade de sucesso de sobreviver a ela? Como podemos melhorar essa probabilidade? (15 minutos)

Concorrente único

- Existe, ou virá a existir, um concorrente único no nosso negócio? (5 minutos)
- Qual é, hoje, o grau de sobreposição entre o nosso modelo de negócio e o modelo de negócio do nosso concorrente único? Como pode ser reduzido? (10 minutos)
- Podemos *nós* tornar-nos no concorrente único no nosso negócio? (5 minutos)

Marca

- Qual é o valor da nossa marca? Está estável, a aumentar ou a diminuir? Porquê? (10 minutos)
- Numa escala de 1 a 10, sendo 10 a classificação mais elevada, como classificamos o nosso produto, a nossa marca e o nosso modelo de negócio? (10 minutos)
- O nosso produto, a nossa marca e o nosso modelo de negócio reforçam-se uns aos outros ou colidem uns com os outros? (5 minutos)

Indústria

- Qual é a história da margem na nossa indústria? Qual será a margem nos próximos cinco a sete anos? Porquê? (5 minutos)
- Qual é a relação competir/colaborar na nossa indústria? Qual é que deveria ser? Quais são algumas das melhores áreas para trabalhar em conjunto? (10 minutos)

Estagnação

- Qual tem sido a nossa taxa de crescimento da receita ano-a-ano nos últimos quinze anos? Qual será nos próximos cinco anos? (5 minutos)
- Qual é a nossa perspectiva *little box / big box*? Qual é a nossa próxima grande ideia? (15 minutos)

O nosso sistema de gestão dos riscos

- Que outros tipos de grandes riscos estratégicos enfrentamos? (5 minutos)
- O que podemos / devemos fazer sobre eles? (15 minutos)
- Dada a nossa conversa:
  - Que dados precisamos? (5 minutos)

- Como, se necessário, devemos mudar os nossos processos? (15 minutos)
- Que sistemas de alerta precoce:
  - Já temos em vigor? (5 minutos)
  - Precisamos de criar? (5 minutos)
- Além do *brainstorming* sobre os nossos riscos estratégicos, temos mais algum bom motor de busca dos riscos? Até que ponto esse motor é sofisticado / exacto / orientado para as respostas? Se não temos um, o que podemos fazer para criar um? (10 minutos)
- Como é que o nível de risco do nosso modelo de negócio se compara com o de outras empresas? (10 minutos)
  - O nosso melhor concorrente?
  - A melhor empresa numa indústria similar?
- Que medidas de redução dos riscos (*de-risking*) podemos utilizar para projectar um modelo de negócio mais resistente a choques e mais resiliente? (10 minutos)
  - Sinais de alerta precoce
  - Níveis de inventário mais baixos
  - Custos fixos mais baixos
  - Parcerias com rivais
  - Tempos de ciclo reduzidos
  - Flexibilidade da produção
  - Informação contínua sobre os clientes
  - Relações ao alto nível com os clientes
  - Diversificação produto / oferta
  - Sobreposição competitiva reduzida
  - Ajuste constante (versus periódico) do *mix* de investimento
  - Opções múltiplas
  - Redução de complexidade
  - Repertório de planos de contingência
  - Transparência da rentabilidade (onde exactamente é que ganhamos dinheiro?)
  - *Mix* / equilíbrio geográfico
  - Compensação com base no desempenho

Notas

Introdução: Do risco à oportunidade
Fontes e referências

A história de Joshua Chamberlain em Little Round Top foi contada várias vezes, talvez de forma mais memorável na novela clássica de Michael Shaara, *The Killer Angels* (Nova Iorque: Modern Library, 2004). Relatos não-ficcionais incluem:

Stand Firm Ye Boys from Maine: The 20th Maine and the Gettysburg Campaign, por Thomas A. Desjardin. Gettysburg, Pa.: Thomas Publications, 1995.
Gettysburg: The Second Day, por Harry W. Pfanz. Chapel Hill: University of North Carolina Press, 1987.

Os dados sobre os lucros das empresas de serviços públicos foram extraídos de «A Comparables Approach to Measuring Cashflow-at--Risk for Non-Financial Firms», por Jeremy C. Stein, Stephen E. Usher, Daniel LaGattuta, e Jeff Youngen. *Journal of Applied Corporate Finance* 13, no. 4 (Inverno 2001).

As «regras» de Warren Buffett's sober a preservação do capital foram retiradas de *The Essays of Warren Buffett: Lessons for Corporate*

America, por Warren E. Buffett e Lawrence A. Cunningham (Boston: The Cunningham Group, 2001).

As fontes de informação sobre a abordagem de Bill Belichick ao treino no futebol incluem:

The Education of a Coach, por David Halberstam. Nova Iorque: Hyperion, 2005.
«Belichick Is Always Interested in Learning», por Judy Battista. *New York Times*, 7 Novembro, 2005, página D1.

A informação sobre o projecto de Frank Lloyd Wright para o Imperial Hotel em Tóquio foi retirada de *Frank Lloyd Wright: The Masterworks*, editado por Bruce Brooks Pfeiffer e David Larkin (Nova Iorque: Rizzoli International, 2000).

Alterar a probabilidade: a história de Dick Light

A noção de que é possível melhorar radicalmente a probabilidade de sucesso em qualquer tipo de situação estende-se às nossas vidas pessoais. Pense, por exemplo, sobre a carreira educacional de uma pessoa média. Quantos são verdadeiramente bem sucedidos? Quantos estudantes retiram o *máximo* dos seus anos de faculdade, em termos não apenas de credenciais, mas também de conhecimento, aptidões, sabedoria e maturidade? E pode alguma coisa ser feita para melhorar a taxa de sucesso?

Richard J. Light, um professor na Harvard's Graduate School of Education, decidiu procurar respostas para estas questões. Mais importante, ele queria descobrir formas de melhorar a probabilidade de sucesso do estudante universitário médio. A sua principal ferramenta: o Harvard Assessment Project, no qual equipas de estudantes entrevistadores treinados entrevistaram cerca de 6% dos estudantes universitários de Harvard, ou 380 estudantes. Eles colocaram questões desenvolvidas por um painel alargado de docentes e outras pessoas interessadas e, em seguida, usaram essas questões como a base para entrevistas exaustivas de duas horas.

O resultado final foi um conjunto de medidas específicas para melhorar a probabilidade de sucesso para qualquer educação universitária:

- Não adie as disciplinas nas quais está realmente interessado em frequentar. A abordagem-padrão é despachar as disciplinas obrigatórias durante o ano de caloiro e adiar as disciplinas que achamos mais fascinantes. Não o faça.
- A cada semestre, escolha um professor com quem gostaria de aprender alguma coisa e *fale* com ele ou ela.
- Escolha disciplinas que providenciam *feedback* relativamente cedo sobre o seu desempenho e não aquelas em que a classificação final é baseada exclusivamente num exame final ou num único trabalho.
- Frequente turmas *pequenas* (definidas como aquelas que contêm quinze alunos ou menos). Light reporta que: «A correlação entre o número de turmas pequenas que qualquer aluno frequente e a sua auto-satisfação pessoal com a experiência académica global é de cerca de 0,52. Isso indica uma relação muito forte.»
- Quando frequentar uma disciplina de ciências, junte-se a um grupo de estudo. («Concretamente, aqueles alunos que estudam fora da sala de aula em pequenos grupos de quatro a seis, mesmo que apenas uma vez por semana, beneficiam enormemente.»)
- Construa uma lista de actividades em que quer participar durante o seu ano de caloiro – depois reduza essa lista para *metade*.
- Faça amizade com um colega estudante que seja o *oposto* de si nos interesses, nos antecedentes, na religião, na filosofia ou nos valores.

Todos nós conhecemos pessoas para quem a universidade foi, sobretudo, um desperdício de tempo e dinheiro. Para outras, a universidade é um período áureo de excitação intelectual, de expansão de amizades e de maturidade crescente. A investigação de Light demonstra que a diferença não se deve a uma questão de sorte ou de qualidades pessoais que são praticamente impossíveis de mudar, mas antes que se deve a comportamentos específicos que podem ser facilmente alterados para melhorar a probabilidade de sucesso.

Além do mais, o sistema da Light não só aumenta a probabilidade de sucesso (digamos, de 40% para algo perto de 70%), como também o limite daquilo que o sucesso em si mesmo pode significar, abrindo um novo patamar de oportunidades com o qual, de outra forma, a maioria dos alunos apenas poderia sonhar.

Multiplique essas propinas pelo número de alunos que poderiam beneficiar do sistema e estamos perante um sistema de redução de risco que vale literalmente milhares de milhões de dólares.

Pode encontrar mais informações sobe o sistema de Light em *Making the Most of College: Students Speak Their Minds*, por Richard J. Light. (Cambridge, Mass.: Harvard University Press, 2001).

Capítulo 1: Alterar a probabilidade
Fontes e referências

Para uma análise perspicaz de como e porquê é os líderes empresariais avaliam consistentemente mal a probabilidade de sucesso, veja «Delusions of Success: How Optimism Undermines Executives'Decisions», por Dan Lovallo e Daniel Kahneman. Harvard Business Review, Julho 2003, página 56.

As probabilidades de sucesso do projecto foram retiradas das seguintes fontes:

Filme de Hollywood
Análise da Oliver Wyman baseada em dados das Estatísticas da MPAA de 2003, dos Resultados Operacionais da MGM em 2003 e de http://www.factbook.net/ wbglobal_rev.htm.

Capital de Risco
«Why Good Projects Fail Anyway», por Nadim F. Matta e Ronald N. Ashkenas. *Harvard Business Review*, Setembro 2003.

Fusões e Aquisições Corporativas
Investment Dealers'Digest, 24 Novembro, 2003.
«The Acquisition Process Map: Blueprint for a Successful Deal», por Paul Mallette. Southern Business Review, Primavera 2003.

Tecnologia de Informação
Does IT Matter? por Nicholas G. Carr. Boston: Harvard Business School Press, 2004.

Alimentação
«Most Pioneers Got Killed, but Some Got Rich», por John L. Stanton. *Food Processing*, Julho 2003.

Farmacêuticas
Pharmaceutical Industry Profile. Pharmaceutical Research and Manufacturers of America, 2004.

A noção de James Surowiecki sobre as vantagens da tomada de decisão em grupo é desenvolvida no seu livro *The Wisdom of Crowds* (Nova Iorque: Anchor Books, 2004).

A informação sobre o desenvolvimento do Toyota Prius foi obtida a partir de entrevistas com clientes, a entrevista do autor com o executivo da empresa Takeshi Uchiyamada (26 Setembro, 2006) e fontes publicadas que incluem as seguintes:

The Toyota Way: 14 Management Principles From the World's Greatest Manufacturer, por Jeffrey K. Liker. Nova Iorque: McGraw-Hill, 2003.

«Building Ba to Enhance Knowledge Creation and Innovation at Large Firms», por Ikujiro Nonaka, Ryoko Toyama, e Otto Scharmer. Junho 2001. Disponível em http://www.dialogonleadership.org/Nonaka_et_al.html.

«Prius Got Top Support», por James B. Treece. *Automotive News*, 23 Fevereiro, 1998, página 30.

«Hybrids'Rising Sun», por Peter Fairley. MIT *Technology Review*, Abril 1, 2004.

«The Birth of the Prius», por Alex Taylor III. *Fortune*, 24 Fevereiro, 2006.

«Takehisa Yaegashi: Proud Papa of the Prius», por Chester Dawson. *Business Week*, 20 Junho, 2005.

«Cost Cuts Are Key to Success of the Prius», por James Mackintosh. *Financial Times*, 16 Junho, 2005, página 28.

«Why Hybrids 'Are Here to Stay'» por Chester Dawson. *Business Week Online*, 20 Junho, 2005. Disponível em http://www.businessweek.corri/print/ magazine.content/052 5/b3938029.htmlchan=gl.

«What Makes a Hybrid Hot», por David Welch. *Business Week*, 14 Novembro, 2005, página 41.

No momento em que este livro é publicado (Fevereiro 2007), o mundo em que a Toyota e o Prius competem está novamente em mudança. Os preços dos combustíveis diminuíram do seu patamar elevado de meados de 2006, reduzindo a percepção da vantagem de se ser proprietário de um híbrido económico em combustível. Os créditos federais de imposto dos EUA que ajudaram a encorajar as vendas dos híbridos acabaram tendo em conta o limite mandatado de 60 000 veículos. E a EPA [Environmental Protection Agency] acabou de anunciar que as classificações de eficiência no consumo de combustível para os automóveis modelo de 2008 serão calculadas usando um método novo e mais exacto que monitoriza factores tais como a condução em alta velocidade em auto-estrada, a aceleração mais rápida e a utilização do ar condicionado. Estas alterações irão baixar as classificações para todos os automóveis, mas espera-se que tenha o maior impacto psicológico nos clientes que estejam a considerar o Prius e outros automóveis famosos pelas suas qualidades de poupança em combustível.

Em combinação, estes factores estão a amortecer o crescimento das vendas dos híbridos – o primeiro obstáculo sério para o Prius. Tendo adicionado recentemente nova capacidade produtiva, a Toyota terá de se ajustar ao enfraquecimento da procura – por exemplo, oferecendo, pela primeira vez, incentivos às vendas nos automóveis híbridos.

Qual a lição? A gestão do risco estratégico é uma história interminável, com um novo desafio sempre à espreita atrás da esquina. O facto de existirem tantos factores no contexto empresarial que estão para além do poder de previsão de qualquer pessoa – quanto mais o controlo – coloca um aliciante ainda maior para trabalhar os factores que *pode* controlar, fazendo com que seja mais fácil adaptar-se com sucesso a qualquer coisa que o futuro traga. A Toyota goza, ainda, de uma posição forte nos veículos híbridos entre todos os fabricantes, e a classificação sobre a eficiência no consumo de combustível do Prius e do resto da frota híbrida continuará a ofuscar as classificações de praticamente todos os outros automóveis, ainda que o factor «Uau!» dos números arregalados da quilometragem diminua. Iremos ter oportunidade de ver se a aptidão da Toyota para a redução do risco a ajudará a superar as actuais alterações melhor do que fabricantes de automóveis concorrentes.

A informação sobre os antecedentes na história do iPod e do iTunes da Apple (discutidos aqui e no Capítulo 6) foi obtida a partir de entrevistas com clientes e de fontes incluindo as seguintes:

«Songs in the Key of Steve», por Devin Leonard. *Fortune*, 12 Maio, 2003.

«From Discs to Downloads.» *The TechStrategy Report*, Forrester Research, Agosto 2003.

«Show Time!» by Peter Burrows. *Business Week*, 2 Fevereiro, 2004.

«iTunes Sounds the Alarm», por Adam Woods. *Financial Times*, 6 Abril, 2004, página 2.

«How Big Can Apple Get?» por Brent Schlender. *Fortune*, 21 Fevereiro, 2005.

«Apple, Digital Music's Angel, Earns Record Industry's Scorn», por Jeff Leeds. *New York Times*, 27 Agosto, 2005.

«How Apple Does It», by Lev Grossman. *Time*, 24 Outubro, 2005, página 66.

«Video Comes to the iPod», por Nick Wingfield e Ethan Smith. *Wall Street Journal*, 13 Outubro, 2005.

Para mais detalhes sobre o projecto Pathfinder, veja *Sojourner: An Insider's View of the Mars Pathfinder Mission*, por Andrew Mishkin (Nova Iorque: Berkley Trade, 2004).

Alterar a probabilidade de uma carteira: MGM e Merck

O desafio da gestão da carteira é um desafio assustador, cheio de obstáculos:

- O jardim luxuriante de projectos, cada um competindo por atenção, recursos, recursos de estrangulamento, talento, dinheiro, tempo.

- Os diferentes níveis de paixão que as suas pessoas trazem para os projectos, nem sempre como resultado de factores racionais de negócio mas simplesmente devido a interesses e valores pessoais (o factor «emocionante»).
- Estrangulamentos que tendem a obstruir qualquer sistema, impedindo os recursos de chegarem atempadamente aos projectos cruciais.
- O equilíbrio entre a supervisão prudente das empresas (para evitar que entusiasmos desenfreados drenem recursos numa tentativa fútil de nutrir uma iniciativa quixotesca) e a micro-gestão excessiva (que esmaga ideias novas mas apenas parcialmente formadas antes de terem uma hipótese de se desenvolverem).

O projecto Pathfinder ilustra numerosas técnicas que podem ser usadas para reduzir os riscos (*de-risk*) dos projectos apesar das sérias restrições financeiras. Todavia, existem também outras técnicas que se aplicam especificamente à tarefa do gestor de carteiras de projectos, das quais os modeladores do risco Irving Thalberg da MGM e Roy Vagelos da Merck foram precursores.

Na década de 30, Irving Thalberg era o «menino-prodígio» que geria a MGM durante os anos de glória do *studio system*, quando as personalidades criativas (desde os produtores, directores e escritores aos actores, músicos e *designers*), eram controladas por contratos exclusivos rígidos e organizadas em equipas em constante mudança encarregue de produzir centenas de filmes por ano para um público voraz.

Thalberg sabia como fazer o sistema funcionar melhor do que qualquer outro executivo. Como é explicado em *The Genius of the System*, a história brilhante de Thomas Schatz sobre Hollywood na era do estúdio (Nova Iorque: Owl Books, 1996), Thalberg foi pioneiro em técnicas como opções em excesso e engenharia paralela, aplicando-as ao processo de produção de filmes: «Thalberg não pensava duas vezes em colocar uma meia dúzia dos seus melhores escritores num projecto em momentos diferentes – ou até ao mesmo tempo a trabalhar separadamente – para manter uma abordagem fresca e para variar as interpretações do material.»

Thalberg também gastou livre, mas habilmente, em elementos do filme que ele sabia que iriam melhorar a probabilidade de sucesso da bilheteira:

NOTAS | 295

Desde os seus filmes com aparência de alto brilho e elencos cheios de estrelas ao exército de escritores bem pagos e ao apoio de direitos pré-vendidos [isto é, filmes baseados em romances de maior venda e peças de sucesso da Broadway], existia uma lógica de excesso, uma extravagância calculada na Metro. De facto, até ao início dos anos 30, o sistema Thalberg era, em muitos aspectos, menos eficiente e menos sistemático do que o de qualquer outro estúdio. Não obstante, Thalberg estava convencido de que a sua estratégia iria resultar no longo prazo – literalmente, em termos de lançamentos de longas-metragens – desde que ele controlasse todo o processo... Ele conduziu o direito de cada história à medida que ela passava pelo desenvolvimento do guião e até à preparação final antes da filmagem, depois monitorizava a própria produção através de relatórios escritos e da visualização dos *dailies* ([48]), em seguida supervisionava o processo de pós--produção de edição, pré-visionamento, repetição e reedição até que o filme estivesse pronto para ser classificado e enviado para Nova Iorque. Assim, sem nunca aparecer no estúdio, Thalberg estava intimamente envolvido em todas as produções da MGM.

Repare na semelhança com os sistemas da Toyota e da Apple. Tal como esses mestres de projecto, Thalberg empregou métodos que pareciam excessivos, até extravagantes. Contudo, o seu objectivo era o de aplicar a máxima atenção, intensidade e recursos nos pontos de pressão chave onde a probabilidade de sucesso podia ser melhorada em 3, 5 ou 7% numa sequência. Onde a Toyota dedicou dois terços da sua capacidade de prototipagem ao desafio do Prius e Jobs obrigou que os seus melhores *designers* fizessem noitadas após noitadas até que acertassem no aspecto e no toque ([49]) do iPod, Thalberg era obcecado com detalhes no desenvolvimento do guião, do *casting*, do projecto e da edição, não deixando nenhum elemento de um filme da MGM ao acaso. Em todos

---

([48]) N.T. A primeira cópia, não editada, do filme, geralmente visualizada depois de um dia de filmagens.

([49]) N.T. A referência original do autor é ao *look and feel* do iPod. Na concepção de *software*, o *look and feel* é um termo usado em relação ao interface gráfico do utilizador e abrange aspectos do seu *design*, incluindo elementos tais como as cores, as formas, a disposição (*layout*) e as fontes de letras – o *"look"* – , bem como o comportamento dos elementos dinâmicos tais como botões, caixas e menus – o *"feel"*.

os três casos, o investimento excessivo conduziu à vitória. Negócios diferentes, problemas diferentes, a mesma abordagem subjacente.

Os instintos de melhoria da probabilidade de Thalberg estavam absolutamente correctos. Sob a sua liderança, a MGM apresentou uma sequência inédita de sucessos artísticos e financeiros em quase todos os géneros de filmes, desde musicais como o *Broadway Melody* e o *The Merry Widow*, a dramas como o *The Champ*, *Anna Christie*, *Grand Hotel* e *The Barrett of Wimpole Street*, bem como às comédias mais populares dos Irmãos Marx, *A Night at the Opera* e *A Day at the Races*. Quando Thalberg faleceu repentinamente, com 37 anos de idade, em 1936, ele tinha acabado de proporcionar à MGM o ano de maior sucesso na sua história, apresentando cinco dos dez filmes nomeados para o Óscar de Melhor Filme e lucros maiores do que os restantes estúdios, os Big Eight ([50]), combinados. Nunca mais um único estúdio iria dominar Hollywood desta forma.

O Roy Vagelos da Merck foi outro pioneiro de melhoria da probabilidade. Em 1979, quando a Merck enfrentava uma série de termos das patentes, a meio da década de 80, dos seus produtos mais lucrativos, Vagelos percebeu que o sistema tradicional da empresa para gerir a investigação e o desenvolvimento nunca iria substituir as perdas que iam acontecer em meados da década de 80 à medida que os genéricos inundassem o mercado concorrendo com os medicamentos mais rentáveis da Merck. Nessa altura, 70 a 80 projectos de I&D estavam a avançar na Merck. A probabilidade de sucesso de qualquer um destes projectos era mínima.

Vagelos tinha uma escolha. Ele podia avançar com uma acção defensiva da retaguarda, tentando afastar os genéricos com acções judiciais, reduções de preços e experimentações do produto, ou podia abordar de frente este problema de *pipeline* ([51]).

Solicitando orientação aos vinte principais directores de investigação da empresa, Vagelos delineou um plano para reformular a carteira de

---

([50]) N.T. É a nomenclatura utilizada para se referir aos oito maiores estúdios de cinema: Fox Film Corporation (mais tarde 20th Century-Fox), Metro-Goldwyn-Mayer, Paramount Pictures, RKO Radio Pictures, Warner Bros, Universal Pictures, Columbia Pictures e a United Artists.

([51]) N.T. Neste caso, o número de projectos de I&D em carteira, susceptíveis de criarem novas patentes para a empresa.

projectos. Ele focalizou fortemente a empresa em meia dúzia de projectos identificados como tendo um potencial de mercado verdadeiramente elevado. Os recursos e a atenção foram canalizados para estes projectos--chave. Como resultado, a Merck produziu mais medicamentos com enorme êxito na década seguinte do que o conjunto das três empresas farmacêuticas concorrentes imediatamente a seguir.

Hoje, na era pós-Vagelos, o *pipeline* da Merck diminuiu significativamente, levando a Merck de volta onde estava em 1979. Os próximos anos mostrarão se os actuais gestores da Merck conseguem reconstruir o recorde de tomada de risco controlado da década de 80.

A probabilidade de sucesso do produto será sempre longa. E ter de lidar com uma carteira de projectos apenas aumenta o desafio. Todavia, os gestores podem melhorar a equação, (1) sistematizando o seu processo de gestão das carteiras, (2) identificando e focando os poucos projectos mais promissores ao invés de espalhar os recursos limitados, (3) localizando e atacando os principais pontos de pressão onde a probabilidade de sucesso pode ser melhorada e (4) acelerando os projectos individuais o quanto for necessário para maximizar a hipótese de sucesso quando os recursos são escassos. Fácil? Não. Contudo, extremamente importante – e possível de alcançar, não apenas uma vez mas de forma consistente, tal como as carreiras dos modeladores do risco tais como Thalberg e Vagelos demonstram.

Capítulo 2: Porque é que os clientes nos surpreendem?
Fontes e referências

A informação sobre a utilização de informação sobre os clientes pela Coach para reduzir risco foi obtida a partir de entrevistas com os clientes, das entrevistas do autor com os executivos da empresa Lew Frankfort, Andrea Resnick e Kathleen Newman (Nova Iorque, Junho 19, 2006) e de fontes publicadas incluindo:

«Style and Substance: A Yen for Coach», por Ginny Parker. *Wall Street Journal*, 11 Março, 2005, página B1.

«Keeping Their Firms on Top – The Best of 2004.» *Investor's Business Daily*, 3 Janeiro, 2005, página A4.

«Case by Case», por Ellen Byron. *Wall Street Journal*, 17 Novembro, 2004, página Al.

«Coach Has Japan in the Bag», por Yuri Kageyama. Associated Press, 30 Setembro, 2004.

«How Coach Pulled into Luxury's Fast Lane», por Lauren Foster. *Financial Times*, 30 Junho, 2004, página 12.

«Coach's Driver Picks Up the Pace», por Robert Berner. *Business Week*, 29 Março, 2004, página 98.

«Consumer Research Is His Bag», por Marilyn Much. *Investor's Business Daily*, 16 Dezembro, 2002, página 3.

«How Stodgy Turned Stylish», por Erin White. *Wall Street Journal*, 3 Maio, 2002, página Bl.

«Coach's Split Personality», por Diane Brady. *Business Week*, 7 Novembro, 2005, página 60.

A informação sobre os sistemas de informação sobre os clientes da Tsutaya foi obtida a partir de entrevistas com os clientes, das entrevistas do autor com os executivos da empresa Muneaki Masuda, Ken Kiyoshi e Dennis S. Miyata, e de fontes publicadas que incluem as seguintes:

«How Do You Say 'Cool' in Japanese? Tsutaya», por Irene M. Kunii. *Business Week*, 13 Maio, 2002.

«Interview: Video Rental Chain Seeks 'Lifestyle' Business», por Akio Tamesada. *Nikkei Weekly*, 16 Agosto, 2004.

«Convenience Done Cheap Is the King of Cool», por Tomiko Saeki. *Japan Inc.*, 1 Maio, 2003, página 13.

«Customers Are Disappearing», por Eric Almquist. *Across the Board*. Julho/Agosto 2002, página 61.

«Broadband Era Tunes In Synergy.» *Nikkei Weekly*, 11 Julho, 2005.

«Case Study: Tsutaya, a Tokyo Video Store, Goes Mobile.» *Ziff Davis CIO Insight*, Fevereiro 2002.

«Voices from Entrepreneurs: Creating the Effect Is More Important than the Result», por Muneaki Masuda. *Career Quest – Axiom* Website, 2000. Disponível em http://www.careerquest.jp/e/voice/rnasuda_e.html.

Capítulo 3: A encruzilhada no percurso
Fontes e referências

As fontes de informação sobre a dupla aposta da Microsoft incluem:

«Inside Microsoft», por Kathy Rebello. *Business Week*, 15 Julho, 1996.
How the Web Was Won, por Paul Andrews. Nova Iorque: Broadway, 1999.
http://www.cornell.edu/about/wired.

As fontes de informação sobre o conto da «história sintética» da Netflix *versus* a Blockbuster incluem:

«The Mail-Order Movie House That Clobbered Blockbuster», por Timothy J. Mullaney. *Business Week*, 5 Junho, 2006, página 56.
«Blockbuster Set to Offer Movies by Mail», por Martin Peers e Nick Wingfield. *Wall Street Journal*, 11 Fevereiro, 2004.
«Netflix Bets on DVD Rental Market», por Adam L. Freeman. *Dow Jones Newswires*, 30 Abril, 2003.

Capítulo 4: Imbatível
Fontes e referências

A informação sobre a abordagem de Bill Russell à estratégia do basquetebol foi retirada de *Russell Rules.– II Lessons on Leadership from the Twentieth Century's Greatest Winner*, por Bill Russell com Alan Hilburg e David Falkner (Nova Iorque: NAL, 2001).

A informação sobre a abordagem da Target Corporation ao retalho foi obtida a partir de entrevistas com os clientes e de fontes publicadas que incluem:

«Bob Ulrich: Chairman, CEO, Dayton Hudson and Target», por Richard Halverson. *Discount Store News*, 4 Dezembro, 1995.
«Target Flush with Cash, and Cachet», por Keith McArthur. *Globe & Mail* (Toronto), 14 Agosto, 2004, página B4.

«Robert J. Ulrich, 1944-.» *Business Reference: International Directory of Business Biographies*. Disponível em http://www.referenceforbusiness.com/biography/S-Z/Ulrich-Robert-J-1944.html.

On Target: How the World's Hottest Retailer Hit a Bull's-Eye, por Laura Rowley. Hoboken, N.J.: John Wiley & Sons, 2004.

«How Target Does It», por Julie Schlosser. *Fortune*, 18 Outubro, 2004.

«Masters of Design: Robyn Waters», por Linda Tischler. *Fast Company*, Junho 2004, página 73.

A informação sobre os recordes e métodos de treino de Mike Leach no Texas Tech foi retirada do *website* da universidade (disponível em http://www.csrv.com/printable/schools/text/sports/m-footbl/mtt/leach_mike00.htmPframe= bottom) bem como do artigo «Coach Leach Goes Deep, Very Deep», por Michael Lewis, *New York Times Magazine*, 4 Dezembro, 2005.

Capítulo 5: Forte, orgulhosa e vulnerável
Fontes e referências

A afirmação de Jeremy Bullmore («As marcas são diabolicamente complicadas...») foi retirada da sua palestra British Brands Group, «Posh Spice & Persil», 5 Dezembro, 2001, disponível em http://www.britishbrandsgroup.org.uk/Lecture%202.pdf.

A informação sobre o declínio da marca da Sony foi retirada de várias fontes incluindo:

«The Welshman, the Walkman, and the Salaryman», por Marc Gunther e Peter Lewis. *Fortune*, 12 Junho, 2006, página 70.
«Sony's Sudden Samurai», por Brian Bremner em Tóquio, com Cliff Edwards em San Mateo, California, e Ronald Grover em Los Angeles. *Business Week*, 21 Março, 2005, página 28.

A informação sobre o problema de segurança com pneus da Ford//Firestone foi retirada de várias fontes incluindo:

«Inside the Ford/Firestone Fight», por John Greenwald. *Time*, 29 Maio, 2001.

«Tire Trouble: The Ford-Firestone Blowout», editado por Dan Ackrnan. *Forbes.com*, 20 Junho, 2001. Disponível em http://www.forbes.com/2001/06/20/tireindex.html.

«Ford: A Crisis of Confidence.» *Business Week*, 18 Setembro, 2000. Disponível em http://www.businessweek.com/2000/00_38/b3699191.html.

As classificações anuais de valor das marcas da Interbrand podem ser encontradas em http://www.ourfishbowl.com/images/surveys/ BGBO6 Report_072706.pdf.

A citação de James Surowiecki sobre o efeito «halo» que os grandes produtos podem produzir para as marcas advém do seu artigo «The Decline of Brands», *Wired*, Novembro 2004. Disponível em http://www.wired.com/wired/archive/12.11/brands.html?pg=1&topic=brands&topic_set=.

A informação sobre a reviravolta da marca da Samsung foi obtida a partir de entrevistas com os clientes, bem como de fontes que incluem:

«Raising the Bar at Samsung», por Martin Fackler. *New York Times*, 25 Abril, 2006.

«Flooring the Research Engine: Samsung Is First with WiBro Phones and Aims to Unseat Intel as No. 1 in Chips», por Moon Ihlwan. *Business Week*, 28 Novembro, 2005.

«A Perpetual Crisis Machine», por Peter Lewis. Fortune, 19 Setembro, 2005.

«Samsung and Sony, the Clashing Titans, Try Teamwork», por Ken Belson. *New York Times*, 25 Julho, 2005.

«Samsung Design: The Korean Giant Makes Some of the Coolest Gadgets on Earth», por David Rocks e Moon Ihlwan. *Business Week*, 6 Dezembro, 2004.

«Seoul Machine», por Frank Rose. *Wired*, Maio 2005. Disponível em http://www.wired.com/wired/archive/13.05/samsung.html.

Capítulo 6: Quando ninguém ganha dinheiro
Fontes e referências

Para fontes de informação sobre a história de colaboração do iTunes na indústria na música, ver a lista de fontes dada para a história do iPod nas notas do Capítulo 1.

As fontes para a história de colaboração do Airbus incluem:

«Rivals in the Air.» BBC News, 23 Junho, 2000.
«New Approach: Airbus Revamp Brings Sense to Consortium, Fuels Boeing Rivalry», por Daniel Michaels. *Wall Street Journal*, 3 Abril, 2001.
«Reshaping European Aerospace», por Arthur Reed. *Air Transport World*, 1 Maio, 1993.
«Birth of a Giant: The Inside Story of How Europe's Toughest Bosses Turned Airbus into a Global Star: EADS», por John Rossant. *Business Week*, 10 Julho, 2000.
«Airbus Industrie Executive Sees Collaboration or Attrition.» *Aerospace Daily*, 25 Fevereiro, 1994.

Para uma discussão contextual da lógica técnica e empresarial da indústria de fabrico de *chips* no final da década de 80 e início da década de 90, e o correspondente papel da Sematech, ver «Debating George Gilder's Microcosm: TJ Rodgers vs. Robert Noyce.» *Harvard Business Review*, 1 Fevereiro, 1990.

Para uma discussão sobre a forma como o governo dos Estados Unidos da América influenciou a colaboração na indústria de fabrico de *chips*, ver «The Sematech Story.» *The Economist*, 2 Abril, 1994

A informação geral sobre a TruServ, os seus componentes e a sua estrutura foi recolhida do resumo e da história da empresa disponível no *website* oficial da empresa: www.truserv.com.

A história e evolução das poderosas empresas de cartões de crédito, MasterCard e Visa podem ser encontradas no International Directory of Company Histories, editado por Thomas Derdak, e nos *websites* oficiais das empresas. Leituras adicionais incluem:

«Visa Stirs Up the Big Banks – Again», por Arthur M. Louis. *Fortune*, 3 Outubro, 1983.
«How a New Chief Is Turning Interbank Inside Out.» *Business Week*, 14 Julho, 1980.

Para detalhes adicionais sobre a unidade de negócio ArcLight da Cardinal Health, ver:

«Pharmacies Band Together to Share and Sell Drug Data», por Christopher T. Heun. *Information Week*, 6 Agosto, 2001.
«Pharmacy Venture Pools Efforts to Cull Prescription Marketing Information», por Mike Duff. *DSN Retailing Today*, 20 Agosto, 2001.
«Pharmacies to Market Sales-Trend Data.» *Chain Store Age*, Setembro 2001.

A informação sobre os custos exorbitantes da I&D farmacêutica, e os esforços de algumas empresas para colaborarem através de acordos de licenciamento – em particular a da Pfizer – pode ser encontrada em:

«Success and Failure in Collaborative Research Alliances», por Ripert Winckler e Katie Lay da PharmaceuticalVentures. *Pharmaceutical Discovery and Development*, 2002 / 2003.
«Marathon Man: Interview with Pfizer CEO William Steere», por J. P. Donlon. *Chief Executive (U.S.)*, Setembro 1998.
«Finding New Drugs Through Alliances: Pfizer's Search for Drug-like Compounds Leads to Investments in File Enrichment Programs to Boost Its Chemistry Efforts», por Tanuja Koppol. *Drug Discovery and Development*, 1 Dezembro, 2003.

O United States Council for Automotive Research (USCAR) foi fundado em 1992 para fortalecer a base tecnológica da indústria automóvel dos EUA através de cooperação pré-competitiva na investigação e desenvolvimento. Para mais informação e notícias recentes, ver o *website* da organização: www.uscar.org.

Capítulo 7: Quando o nosso negócio pára de crescer
Fontes e referências

A informação sobre as estratégias de crescimento da Continental AG foi retirada de fontes que incluem:

«Driving Force: An Old-Line German Tire Maker Sees Radical Innovation as the Way to Break Out of the Pack», por Christopher Rhoads. *Wall Street Journal*, 25 Setembro, 2000.
«Continental: A Company in Transition – or Transformation?» *Automotive Components Analyst*, 1 Abril, 2000.

Para uma discussão alargada sobre a estratégia de inovação da procura da Air Liquide, ver Capítulo 8 de *How to Grow When Markets Don't*, por Adrian Slywotzky e Richard Wise com Karl Weber (Nova Iorque: Warner Books, 2003).

A informação adicional sobre as estratégias de crescimento da Air Liquide foi retirada dos relatórios anuais da empresa, dos comunicados de imprensa e de «Air Liquide Carves Niche in Semiconductors», por Ivan Lerner. *Chemical Market Reporter* 266, no. 7, 6 Setembro, 2004.

A informação sobre as estratégias de crescimento da Procter & Gamble foi obtida a partir de entrevistas com os clientes, bem como de fontes que incluem:

«Get Creative! How to Build Innovative Companies», por Bruce Nussbaum. *Business Week*, 1 Agosto, 2005.
«Studying Messy Habits to Sweep Up a Market», por Sarah Ellison. *Wall Street Journal*. 14 Julho, 2005.
«Observe. Learn. Invent. Newton Product Designers Keep an Eye on the Consumer», por David Arnold. *Boston Globe*, 7 Abril, 2005.
«Welcome to Procter & Gadget», por Robert Berner. *Business Week*, 7 Fevereiro, 2005.

A informação sobre o Ikea foi obtida a partir de entrevistas com os clientes, bem como de fontes que incluem as seguintes:

«Ikea: How the Swedish Retailer Became a Global Cult Brand», por Kerry Capell. *Business Week*, 14 Novembro, 2005, página 97.

«Ikea Are Bringing Flatpack Houses to Drumchapel», por Vivienne Nicoll. *Evening Times* (Glasgow), 9 Setembro, 2005. Disponível em http://www.eveningtimes.co.uk/print/news/5043277.shtm1.

«Prefab Homes Get Fabulous», por Reena Jana. *Business Week*, 1 Novembro, 2005.

«Ikea's 'Boklok'Houses.» *Website* de *Houses of the Future*, 14 Junho, 2006. Disponível em http://www.housesofthefuture.com.au/hof_whatO6F.html.

A informação sobre a DoCoMo foi retirada de fontes que incluem:

«Takeshi Natsuno: The Incrementalist.» Entrevista em *Japan Inc.*, Junho 2001, página 34.

«Dialing for Dollars», por Ginny Parker Woods. *Wall Street Journal*, 16 Agosto, 2005, página Al.

«A Remote Control for Your Life», por Charles C. Mann. *Technology Review*, 1 Julho, 2004, página 42.

A informação sobre as estratégias de crescimento da Nike foi retirada de fontes que incluem:

«Can Nike Still Do It Without Phil Knight?» por Daniel Roth. *Fortune*, 4 Abril, 2005, página 58.

«Nike Is Entering Discount Arena with Starter Line», por Stephanie Kang. *Wall Street Journal*, 12 Agosto, 2004, página B6.

«Green Foot Forward: Nike's Hoke Is Prodding His Designers Back to Nature and Away from Plastics», por Stanley Holmes. *Business Week*, 28 Novembro, 2005, página 24.

Capítulo 8: Ilha do Tesouro
Fontes e referências

A informação sobre a abordagem de Rudolph Giuliani à gestão dos riscos enquanto *mayor* de Nova Iorque foi retirada de *Leadership*, por Rudolph W. Giuliani com Ken Kurson (Nova Iorque: Miramax Books, 2002). Para uma perspectiva céptica sobre o recorde de Giuliani, ver

Grand Illusion: The Untold Story of Rudy Giuliani and 9/11, por Wayne Barrett e Dan Collins (Nova Iorque: HarperCollins, 2006).

O artigo sobre Bill Parcells é «What Keeps Bill Parcells Awake at Night», por Michael Lewis, *New York Times*, 29 Outubro, 2006.

O referido *paper* que examina o Harrah é «Competing on Analytics», por Thomas H. Davenport, Don Cohen, e Al Jacobson, Babson Executive Education, Maio 2005.

Os leitores interessados numa introdução à abordagem de Bill James à estratégia do basebol podem consultar *The New Bill James Historical Baseball Abstract*, por Bill James (Nova Iorque: Free Press, 2003).

Os «pequenos retratos carregados» dos Carracis são descritos no texto clássico de Carlo Cesare Malvasia, *Felsina Pittrice*, publicado originalmente em Bolonha, Itália, em 1678.

Os dados financeiros para as tabelas comparativas entre Ford e a Toyota foram compilados da Compustat e da S&P. Os dados financeiros para as tabelas comparativas entre a Gap e a Zara (Inditex) foram compilados da Compustat, S&P e Thomson Financial. Os betas para todas as empresas foram compilados da Reuters, para o mês de Fevereiro de 2007.

Agradecimentos

O *Lado Positivo* decorre do trabalho para clientes na Oliver Wyman. A experiência obtida através do trabalho em proximidade com clientes levou-nos a olhar para além das tradicionais ferramentas de crescimento e das ferramentas de gestão dos riscos, para explorar as dinâmicas do risco estratégico. Queremos agradecer aos gestores empresariais que partilharam pontos de vista de grande valor, *on* e *off the record*, sobre os desafios de conseguir que as organizações se foquem no risco estratégico e que o vejam como ele é realmente: um percurso não convencional mas eficaz de criar novo crescimento.

Em particular, agradecemos a vários CEOs e executivos séniores pelas suas conversas de grande alcance e penetrantes sobre risco estratégico e crescimento: Lew Frankfort, CEO da Coach; Muneaki Masuda, CEO da Tsutaya; e Takeshi Uchiyamada, o engenheiro-chefe do projecto de desenvolvimento do Toyota Prius. Apreciamos, igualmente, as perspectivas e o apoio de Andrea Resnick da Coach e Tomomi Imai da Toyota.

A compreensão das causas na origem do risco e da mudança empresarial requer inevitavelmente numerosas conversas em profundidade com clientes – os árbitros, em última instância, do sucesso e do fracasso no mercado. Estamos também gratos a muitos clientes que conversaram connosco acerca das suas próprias perspectivas (e frequentemente, também acerca do seu entusiasmo) sobre as empresas e os produtos que discutimos, incluindo os híbridos da Toyota, o iPod, as malas e os acessórios da Coach, os *media* da Tsutaya, a electrónica de consumo da Samsung, as lojas da Target, os artigos de uso doméstico da PG& e outros.

Muitas pessoas contribuíram para a produção de *O Lado Positivo*. Karl Weber deu forma à escrita e preservou o ritmo da narrativa através da sua habilidade de comunicar análises complexas, bem como de contar uma boa história. John Mahaney no Crown Business providenciou a motivação para produzir um tratado sobre o assunto com a dimensão de um livro, e nunca esmoreceu no seu entusiasmo pelo projecto. A gestão de topo da Oliver Wyman – John Drzik e Bob Fox – forneceu suporte organizacional crucial.

Vários colegas na Oliver Wyman partilharam as suas aptidões, ideias e entusiasmo. John Campbell ajudou a escrever um artigo inicial sobre o risco estratégico que foi publicado na *Harvard Business Review* e proporcionou várias inserções e sugestões para o manuscrito. Valerie Sachetta foi incansável em manter-se a par das muitas revisões e iterações ao longo do projecto. Eric Almquist partilhou o seu vasto conhecimento sobre a estratégia da marca e o valor da marca. Hanna Moukanas, Peter Baumgartner e Jan Dannenberg esclareceram a dinâmica competitiva de várias empresas e indústrias. Nancy Lotane ofereceu conselhos de muito valor sobre como melhorar a mensagem. Ted Sato da Marsh Japan ajudou a agendar as entrevistas no Japão e recebeu-nos lá. Nancy Schwartz organizou e realizou muitas das entrevistas com os clientes. E um muito obrigado à equipa de investigação de Steve Won, Jason Tsai, Jonathan Bernstein e Beth Hamory, que coligiram muito do material de investigação sobre as empresas, as indústrias e as pessoas referidas neste livro. A sua energia e os seus discernimentos foram inestimáveis.

Além disso, Nicholas Carr contribuiu significativamente para desenvolver a lógica e a narrativa do Capítulo 6.

Finalmente, quero deixar uma nota especial de agradecimento à minha mulher, Christine, não só pela sua paciência infinita durante um processo de escrita muitas vezes acidentado, mas ainda mais pela sua leitura repetida, cuidadosa e meticulosa dos esboços, dos rascunhos e da redacção final. A sua objectividade inabalável, sempre transmitida de forma gentil, fez uma diferença enorme, tanto no manuscrito como em todo o processo de o levar até à conclusão.

Adrian J. Slywotzky
Cambridge, Massachusetts. Dezembro 2006